国家出版基金项目
NATIONAL PUBLICATION FOUNDATION

常青藤·汉译学术经典

现代欧洲经济制度史

[美] 弗雷德里克·L. 努斯鲍姆
（Frederick L. Nussbaum） 著

罗礼平　秦传安　译

上海财经大学出版社

本书由上海文化发展基金会图书出版专项基金资助出版

图书在版编目(CIP)数据

现代欧洲经济制度史/(美)努斯鲍姆(Nussbaum,F. L.)著;罗礼平,秦传安译. —上海:上海财经大学出版社,2012.4

(常青藤·汉译学术经典)

书名原文:A History of the Economic Institutions of Modern Europe

ISBN 978-7-5642-1099-1/F·1099

Ⅰ.①现… Ⅱ.①努… ②罗… ③秦… Ⅲ.①经济制度-经济史-欧洲-现代 Ⅳ.①F150.9

中国版本图书馆 CIP 数据核字(2011)第 109313 号

□策　　划　　吴晓群
□责任编辑　　黄　荟
□封面设计　　张克瑶
□责任校对　　王从远

XIAN DAI OUZHOU JINGJI ZHIDUSHI
现代欧洲经济制度史

[美] 弗雷德里克·L. 努斯鲍姆　著
　　　(Frederick L. Nussbaum)

罗礼平　秦传安　　译

上海财经大学出版社出版发行
(上海市武东路 321 号乙　邮编 200434)
网　　址:http://www.sufep.com
电子邮箱:webmaster@sufep.com
全国新华书店经销
上海华教印务有限公司印刷
上海春秋印刷厂装订
2012 年 4 月第 1 版　2012 年 4 月第 1 次印刷

787mm×1092mm　1/16　20.75 印张(插页:2)　372 千字
印数:0 001—4 000　定价:39.00 元

序 言

在本书中,为了方便美国的读者和研究者,我试图把沃纳·桑巴特的《现代资本主义》(Der Moderne Kapitalismus)一书中所包含的对欧洲经济史的综合阐述的主线挪用过来。尽管我双手并用,从桑巴特教授所积累的卷帙浩繁的材料中拿来了不少东西,但为了对他公平起见,我还是应该声明:我并不打算假装自己局限于他的材料或他的阐述。另一方面,疏漏之处,过错在我,而且这样的疏漏比比皆是。

桑巴特的综合阐述,对今天的美国读者和研究者有着特殊的价值。我们不得不承认美国与欧洲之间的牵连,但同时还必须认识到,在经济意义上,欧洲的政治单位并不像它们在政治意义上所宣称的那样彼此独立和自决;一些重要的制度变革总是越过政治边界,而且常常无视这些边界的存在。在本书中,我特别费尽周章,试图保留甚至强化桑巴特著作中普遍化的"宏观经济"特征。我还作出了持续不断的努力,以避免用政治史或技术史来取代对经济行为的模式和制度的记录,取代对挣钱和花钱方式的记录。因此,必须尽可能地避免持续不断的、习惯性的定义对政治史的普遍误解,这个术语总是用于各种不同的内容。我希望,在每个部分和每个章节中所界定的形式依然是运动的,并因此既是历史的材料,也是理论的素材。我并没有试图以对现今情况的研究来取代历史研究的真正职能,对过去经验的认识与我们对今天的认识无疑是一致的。

很多经济学家和经济史家在不同的阶段阅读过本书的手稿,并依据他们各自的思想流派作出了不同的回应,但在一次涉及内容如此广泛而复杂的冒险中,他们有益的批评始终是最有价值的。在此,我想对弗兰克·H. 奈特(Frank H. Knight)教授、马克斯·汉德曼(Max Handmann)教授、维特·鲍登(Witt Bowden)博士、E. P. 切尼(E. P. Cheyney)教授、A. P. 瓦茨(A. P. Watts)教授和J. D. 麦基(J. D. Magee)教授所提供的建设性帮助表示衷心的感谢。对于桑巴特教授和他的出版商(Duncker & Humblot 出版公司),我要深表感谢,感谢他们的慷慨许可,让我可以不受限制地使用《现代资本主义》中的材料。

对桑巴特教授的感激,我觉得远远超出了任何个人喜好的意义,这是一个相距遥远的弟子对于长期研究他的作品所带来的智力成果表示感激,他的作品渗透到了我的整个历史观当中。我最初的意图是打算扩展这篇序言,以便把我对《现代资本主义》一书对当今历史学的重要性所作的分析包括在内。然而,这一冒险在我的手上已经远远超出了一篇序言的恰当限制,只好等另外的机会了。在此期间,塔尔科特·帕森斯(Talcott Parsons)教授在他的重要专著《晚近德国文献中的资本主义:桑巴特和韦伯》(*Capitalism in Recent German Literature: Sombart and Weber*)中,弥补了这样一个不足:至今尚没有人用英语从经济学的观点来阐述桑巴特作品的重要性。

如果说本书中有什么可取之处的话——套用桑巴特在解释他与马克思之间的关系时的说法——那不仅要归功于《现代资本主义》的精神,而且这些可取之处就来自它。我不可能自吹把那部超过3 000页的巨著中一切有价值的重要东西都集中到了本书有限的篇幅之内。如果这篇摘要在某种程度上像桑巴特的原著一样,起到了为读者开启新的、有意义的思考路径的作用,尤其是,如果它起到了给桑巴特本人的作品开山引路的作用的话,那么,我的目的也就达到了。

弗雷德里克·L. 努斯鲍姆
1933年1月31日,怀俄明州拉勒米市

目 录

序言/1

导言 欧洲经济史问题/1

第一篇 前资本主义时代的经济

第一章 生存经济/13
第二章 向交换经济过渡/23

第二篇 现代资本主义的基础

第三章 作为经济组织的国家/45
第四章 资本主义的技术装备/58
第五章 不同人口群体对资本主义的适应/77

第三篇 早期资本主义

第六章 经济动机和经济形态的转变/105
第七章 市场转变之一:外部方面/118
第八章 市场转变之二:买与卖/132
第九章 生产的转变:从手工业体系到工厂/145
第十章 18世纪末作为一个经济社会的欧洲/164

第四篇 占主导地位的资本主义

第十一章 经济能量的释放/183
第十二章 新重商主义和新帝国主义/189
第十三章 现代技术及其在工商业中的应用/198
第十四章 与企业有关的资本结构/206
第十五章 人口与劳动力供应/217
第十六章 市场的合理化/231
第十七章 企业组织的合理化/246
第十八章 整体经济生活的合理化/266
第十九章 经济生活的不同形式/283

参考文献/294

作者简介/323

译后记/324

导言　欧洲经济史问题

历史问题

历史是在残存证据的基础上对过去经验的想象性重构。这一重构行为的创造性品格，迫使历史学家不得不思考这样一个抽象的问题：如何界定他打算处理的那个实体？即便是传记作者，尽管他对自己要处理的东西颇有把握，可一旦传主是某种类型人物的范本，有着所有或大多数种类特征，那他就不得不创造他的人物了。如果他着手写一部政治史，他的任务只会更加复杂。没有了对生物身份的把握，他所面对的难题，就是要建立彼时彼地政治生物体的品格和特征，要把彼时彼地的人民所采取的政治行动的各种形式聚合起来。更重要的是，有必要把这一聚合体表现为不断进化、不断经历，就像生物有机体一样，生长和衰朽。这个难题常常被忽视了。例如，我们经常听到有人声称，英国政府或法国政府遭到了教会或封建贵族的蚕食，仿佛那时的政府具有充分发展的现代政府所具有的全部职能和权利似的；而事实上，像我们如今所构想的那种政府，才刚刚开始发展，并已经开始蚕食历史上早已确立的教会和封建贵族的职能，注定要发展到把几乎所有职能都吸纳进来。同样的难题被强加给宗教史家、艺术史家，或在人类经验的其他任何方面的历史学家。

经济史问题

界定这个问题的重担同样也交给了经济史家，你甚至可以说，他的这副担子更沉重。与实体名词比起来，形容词有某种含糊的不确定性。因此，形容词短语"经济史"（economic history）的使用，使得经济史家对于他们认为在这一类别下应该谈论什么的构想有更多机会呈现出多样化,而且,事实上他们所谈论的内容也会呈现出多样化。有一个共同点始终存在,即像所有动物一样,人也必须寻找食物。很遗憾,这个共同点由于同样适用于第一个人和最后一个人,因而没有历史。然而,不像野兽,人对食物的追寻首先是一个社会事实。他靠物品交换、合作生产来谋取生计。这是一个政治事实。人们不得不为别人劳动。在一切经济社会中,财产都是根据政治权力来定义的;劳动条件也是如此。这也是一个技术事实。人显而易见地、独一无二地是一种使用工具的动物。在人类存在的整个历史上,除了最近的大约占到1%的那段时期之外,对于人类的经济生活,我们所知道的一切就是他们留下的工具。这还是一个数量事实。社会与个人所积累和消费的物品的数量,与时俱变,大不相同。经济生活的所有这些方面,都有其历史特性,换言之,就是要经过我们所熟悉的一切人类事物和尘世事物的循环:出生、生长、成熟、衰朽和消亡,在时间和空间里不断演化。

与经济生活的这些不同方面相对应,有几种不同的研究其历史问题的方法,这些方法一直被人们以突出而重要的方式使用着。正是令人印象深刻的技术进步,充当了波特(Porter)的《国家的进步》(*Progress of the Nation*, 1836)及塞缪尔·斯迈尔斯(Samuel Smiles)的《工程师列传》(*Lives of the Engineers*, 3卷本, 1861~1862)的出发点。这种类型的经济史编纂在阿诺德·汤因比(Arnold Toynbee)的《工业革命讲稿》(*Lectures on the Industrial Revolution*, 1884)中达到了顶峰,那本书在语言上明确地显现了那种有点荒谬的表达。

我们可以称之为政治的经济生活史的那种东西——换句话说,就是政治权力对经济生活的态度和作用——是另一组重要著作的材料和主旨,其中最重要的作品包括:坎宁安(Cunningham)的《英国工商业的发展》(*Growth of English Industry and Commerce*, 第6版, 2卷本, 共3册, 1915~1921);莱瓦瑟(Levasseur)的《1789年之前法国工人阶级和工业的历史》(*Histoire des classes ouvrières et de l'industrie en France avant 1789*, 第2版, 2卷本, 1900~1901)、《1789~1870年间法国工人阶级和工业的历史》(*Histoire des classes ouvrières et de l'industrie en France de 1789 à 1870*, 第2版, 1903~1904)以及《法国商业史》(*Histoire du commerce de la France*, 2卷本, 1911~1912);冯·因纳玛—斯特奈格(Von Inama-Sternegg)的《德国经济史》(*Deutsche Wirtschaftsgeschichte*, 3卷本, 共4册, 1879~1901)。这些19世纪下半叶的著作,都是在当今的社会学观点得以发展之前阐述的,主要处理法律对经

济生活的调整，阐述并认识各国政治权力所制定的经济政策，尤其是商业政策。可以说，它们是法律的历史，而不是经济生活的历史。

作为一个社会学事实，经济生活一直由社会学家在他们所说的"历史"中加以描绘，但称之为"回顾性的社会学"没准更合适些。在此类著作中，最有才华的当数伟大的德国社会学家马克斯·韦伯(Max Weber)的《经济通史》(*General Economic History*，英译本，1927)。在同类作品中，卡尔·毕歇尔(Karl Bücher)的《国民经济的形成》[*Die Entstehung der Volkswirtschaft*，1893年及后来的各种版本；1897年英译本题为《工业发展》(*Industrial Evolution*)]确立了经济生活发展所贯穿的连续阶段的概念。毕歇尔的"阶段"如今不再按照他所构想的那样被人们接受，但他的基本观念卓有成效地被应用于其他人的著作中，如诺曼·S. B. 格拉斯(Norman S. B. Gras)的《经济史导论》(*Introduction to Economic History*)。严格来说，这些作者的目标根本不是历史，不是重构过去的经验，甚至也不是根据不同人的类似经验所共有的元素进行科学的归纳。

然而，史学思想和经济思想的发展，使得另一种方法成为可能——即便不是直接口授了这一方法。几十年来，历史学家一直试图把世界史构想为一系列的文化，各自有其作为一个截然不同的实体在时间和空间中不断演化的特性、目标和价值；经济学家同样试图把经济活动构想为一套制度，作为相关文化的一部分在不断演化。从这个观点来看，经济史就是制度史，是获取和支出的社会方式在一种或几种文化中不断演化的历史。这样的经济史包括技术和立法，作为其核心问题的次要特征。它不同于回顾性的社会学家的方法，因为它的目标纯粹是历史的，换句话说，它描绘的是独一无二的演化，而不是从几种演化中的相似性推导出一般性的概括。当然，这样的历史必然有着共同的起源。作为整体的文化以及作为其特殊组成部分的经济制度，都是按照生命的角度来构想：生长、成熟、衰朽和消亡。这样的历史，其问题的基本部分，就是特定文化中的人在着手解决食物和利润的问题时所采取的不断变化的心理态度。经济生活被构想为有机群体的众多功能中的一个单位，而特定文化中的人，正是在这个有机群体中发展的。这样一段简短的概括，就是沃纳·桑巴特(Werner Sombart)教授在其《现代资本主义》(*Der moderne Kapitalismus*，3卷本，共6册，1916~1927)一书中所使用的方法，也是本书——它主要源自桑巴特的著作——所使用的方法。

欧洲经济史问题

作为一个地理概念，欧洲是一片大陆，或者更准确地说，是欧亚大陆的一个半岛，从乌拉尔河一直延伸至北极、大西洋和地中海。作为一个世界史概念，它是一个社会动态实体，与地理概念并不完全一致。毫无疑问，这个社会实体起源于上述半岛的内部，但绝不可能把这两者解释为一致的。如果从亚得里亚海至易北河口画一条线，再画一条线切掉意大利半岛和西班牙半岛的大部分，那么，我们就有了一幅相当准确的图画，这个最初的社会有机体就出现在这幅图画中。另一方面，它的发展已经使它远远超出了这些最初的界限，远远超出了整个半岛的界限，事实上到了地球的最远边界。澳大利亚人和美国人与那个产生他们的社会并不完全一致，因为他们生活的地方远离其文化和祖先的古老家园。欧洲文化的经济组织在扩大其统治范围上特别有效率，甚至进入了其他组织完全不能渗入的区域，更准确地说，就是欧洲的政治控制、宗教影响、审美或道德标准都无法进入的区域。那么，从我们的观点来看，我们将要研究其经济方面的这个欧洲，其起点比地理意义上的欧洲更狭小，其最终的发展却是世界范围的。

现代欧洲

这样说的隐含意义是：我们要研究的问题，并不是几个欧洲国家历史的累积性组合。政府和资本主义作为欧洲文明互补的两个方面，彼此对对方来说一直是最重要的，正如我们将要看到的那样。但是，我们并不关注政府的经济方面；我们对政府的关注，更多的是关注资本主义的政治方面。[1]

欧洲经济文化在世界史中的位置

如果说欧洲的经济社会在空间上是有限的，那么它在时间上也是有限的。它与世界史的关系，以及它对其他文化的继承或不继承，也需要加以考察。

本节标题所暗示的问题的这一部分，将是我们在整个研究中始终关注的，换言之，就是不断演化的欧洲经济社会在世界史中的位置。然而，在开始讲述这个漫长而惊人的发展故事之前，有必要试着陈述一下我们所定义的一个社会动态实体的欧洲经济生活与之前的经济生活的一般关系。

这个经济意义上的欧洲，毗邻所谓的"拜占庭—阿拉伯文化"，并短暂地与之处于同一时期。这一文化的政治形态是双重的，其宗教形态也是如此——基督教与伊斯兰教，东罗马帝国与伊斯兰。把它设想为一个世界史的单位，它在时间上就可以追溯到西方尚未开化的时期，当时，罗马的野蛮（但武力强大）服膺于它所征服的那些民族的新兴文化力量。这不是一个可以标定准确年代的时期，但我们可以通过某些征兆来标示一般事实的出现。一个最清晰的征兆是罗马帝国的建立。就算直到公元 212 年卡拉卡拉（Caracalla）才把罗马的公民身份扩大到整个帝国，就算直到公元 285 年戴克里先（Diocletian）才建立了名副其实的东方专制主义政体，就算直到公元 325 年君士坦丁大帝（Constantine）才在博斯普鲁斯海峡建立了新罗马（君士坦丁堡），但是，公元前 52 年的情况依然表明：罗马在地中海世界的征服实在是太强大了（无论在经济上还是在文化上），不可能仅仅是占有它。长期以来，东方宗教一直以其对超自然经验的独特坚持，困扰着罗马城。密特拉教和基督教都是东方宗教，早在一场互相残杀的决斗使其中之一独霸至高无上的位置之前，它们就开始征服整个罗马世界。罗马的年轻人去雅典、士麦那、亚历山大城受教育。东方的教师

---

[1] 在桑巴特的影响下，我们将习惯性地把欧洲不断演化的经济社会称作"资本主义"。这一表述在后文将会得到更明确的定义。在这里只需指出，其含义并不是说，只有这个社会使用"资本"；甚至也不是说，与经济活动有关的较大数量资本的存在是它的重要特征。从经济学的观点来看，资本始终出现在任何经济活动中，就这方面而言，现代经济社会与早期社会的不同，仅仅是在程度上，而不是在性质上。

们在西方找到了他们最赚钱的活动场地。

当君士坦丁大帝把首都迁到新的城市时,他只是在承认一个由来已久的事实:可用的力量之源不再来自西方,而是在我们所说的"东地中海"地区——这个说法颇为含糊。

那么,就经济方面而言,拜占庭文化在地理上与东地中海地区是一致的。查士丁尼(Justinian)所赖以组织他的政府——还有他的贸易政策——中心的,便是拜占庭、士麦那、贝鲁特、安条克和亚历山大城。他的政府活动中所反映出来的生机勃勃的经济生活,已经与严格意义上的西方罗马文化的最终衰败所带来的痛苦和恐惧毫无关系。

查士丁尼用来装饰其首都的圣索菲亚大教堂是一个符号,标志着这个社会有能力生产巨额的剩余。罗马法典的编纂是一个明证,表明这个社会有非常复杂的情况要处理。查士丁尼希望与中国和印度建立直接联系的志向,反映了这一经济组织有能力渴求并掏钱购买异国他乡的贵重商品。桑蚕的引入说明了一种企业精神,这种精神在路易十四时代之前的西方无人匹敌。当罗马再次衰落为一座座村落,杂乱地散落在七山之间,散落在纪念过去辉煌的古迹中间,君士坦丁堡却有百万居民,我们完全可以相信,他们不是靠互相给对方洗衣服为生的。

这种文化,正如我们已经指出的那样,有着双重的政治和宗教品格。在公元630～公元875年之间,阿拉伯人建立穆罕默德的宗教和政治帝国,从东印度群岛沿着南地中海沿岸,直到比利牛斯山脉。两者之间的经济关系是如此紧密,以至于在我们看来,完全可以将它们视为一体。两者之间有着密切的商业和金融交易,各自都有着高度发展的产业协会的形式,然而,政府对行会的控制,比我们稍后将会看到的西欧的类似制度更加彻底。两者都以高度发展的技术为标志,这样的技术让少数在公元1000年前看到它的西方游客惊讶不已。两者都有远程贸易,商路从中国和东印度一直延伸到俄罗斯、德国北方的原材料产区,延伸到意大利和高卢。显然,两者都有巨大而充分的贵金属的供应。阿拉伯人重新开发了被忽视的西班牙银矿。希腊金币是整个地中海世界的标准硬币。在11世纪,刚好就在十字军东征之前,拜占庭政府的年收入高达近5亿美元。

到这一时期,两者都在衰落,而且就像任何正在衰落的文化一样,很容易受到野蛮人的入侵。从东方来了土耳其人,从西方来了十字军。拜占庭在西方的前哨——威尼斯、阿马尔菲、热那亚——开始掉头而去,转向西方,并为西方人效劳,就像他们曾经为东方效劳一样。讲述拜占庭和阿拉伯衰落的故事,

东罗马帝国的首都：君士坦丁堡

并不是我们在这里操心的事，但在别的地方，我们将看到，在1095~1453年，这一古老文明的地区是如何为最早的欧洲殖民帝国的发展而效力的。

罗马人的经济组织在东方被更高级的拜占庭—阿拉伯文化所取代；而在西方，它甚至衰落到了快要消失的尽头，而且并没有面对任何同等组织的竞争。

有一段重要的时期，我们所关注的那个欧洲与这种东方文化紧密相连。尽管罗马在经济上依然是希腊文化的前哨，但与此同时，它已经征服了西班牙、高卢和不列颠；而且，这些帝国内部的国家，以及莱茵河与多瑙河对岸的日耳曼边疆，亦即帝国的外部，充当了工商业更先进的东方的殖民地区。它们是原材料的来源地和非竞争性的市场。

罗马征服高卢的直接后果是一次繁荣的增长，繁荣本身就显示了一次相当可观的人口增长，中心城市尤其变得人口众多。工业在行会中被很好地组织了起来，特别是发展出了大规模生产廉价外衣和廉价陶瓷的能力；农业则由于藤本植物和灌溉技术的引入而得以改进。马赛衰败了，但纳博讷、尼姆、阿尔勒、里昂、波尔多、图卢兹、鲁昂，甚至还有巴黎，都拥有了各自作为城市的开端，回应罗马的政府集中、罗马的贸易和罗马的和平所带来的刺激。特里尔、科隆和美因茨充当了"两个德国"那些巨大的永久性兵营的供应基地，某种程度上也是与莱茵河对岸的野蛮人做生意的贸易基地。

一部关于罗马行省的权威著作[查波特(Chapot)的《罗马世界》(*The Roman World*),英译本,1928]告诉我们:"关于罗马不列颠的经济生活,我们的材料来源非常少。"看来,只有一部分被罗马化的不列颠,与高卢相比,依然保持着更纯粹的殖民地特性。尽管罗马的道路网络四通八达,但它们主要是军用的而不是商业的。生活方式本质上依然是农业的,没有任何值得一提的中心城市。我们发现,很多豪华的乡村宅第都带有人工供暖系统,以及另外几种适应气候变化的装置。推测起来,这些应该是从某种成功商业的利润中掏钱置办的。农业似乎由于引入了更高级的意大利技术而得以改良;有大量的牲畜出口。锡矿的开采转为政府垄断,它们的生产率和销路得到了极大的改进。此外,很多陶瓷也被生产出来了。

颓败的罗马城

然而,高卢和不列颠似乎都没有非常牢固地与罗马帝国的经济生活整合在一起,而且最早感觉到了3世纪和4世纪的分崩离析。原因与结果之间不可能清楚地区分开来,但经济的衰退和政治的衰弱看来是一致的。到了4世纪,法兰克人已经能够畅通无阻地进入比利时那些明显被人抛弃的广袤地区。从2世纪末起,不列颠仅仅是非常宽松地被控制着,而且当罗马的军队在公元407年撤走的时候,就连留给凯尔特土著人和日耳曼人侵者模仿和采用的罗马组织也比高卢的要少。

罗马把一个令人扼腕叹息的损失，始终留在了历史上曾经易动感情的野蛮人的心里，这些野蛮人是我们的祖先，他们进入了罗马西部地区，决心要抓住它的价值，要成为它的一部分；同时也把这个遗憾留在了我们的心里，从那时起，我们这些后世子孙，每每在试图抓住它的时候，却眼睁睁地看着它消失不见了，不由得迷惑不解，暗自哀伤。从来没有一个人试图解释波斯帝国的消失或埃及文化的消失，但人们却总是试图解释罗马帝国的衰亡。人们提出了各种"理由"：罗马人所谓的不道德，生育率的下降，大庄园的发展（由奴隶和不自由的劳工打理），等等。所有的这些过度解释，迫使你退回到一个简单的自明之理：一切持续过漫长时期的文化，到最后都消失了。像生物学中的生与死一样，这一事实本质上依然是无法解释的、是神秘的。我们能够做到的一切，就是以简略的方式描述衰亡的过程。

我们已经看到，衰落是西罗马的事。在东罗马，东方文化依然强盛而充满活力，足以产生伟大的表现——最伟大的法律综合：《查士丁尼法典》；最伟大的建筑成就之一：圣索菲亚大教堂；最高品位的新宗教：伊斯兰教；尤其是这一文化有能力再存活一千年。那么，消失的是西罗马的文化，以及西罗马所彰显的东方文化。从经济的观点来看，所发生的事情是：(1)人口的下降，城市与乡村同为荒墟；(2)技术的衰微，如建筑艺术几乎衰减为最简单的形式；(3)商业衰退到了这样的程度，以至于沿街小贩的出现竟然成了特别立法的对象，比如在早期的盎格鲁—撒克逊人的法律中；(4)重要的资源，像西班牙的银矿，都被闲置了。

有些经济衰退反映在阻止这种衰退的努力中，比如戴克里先在公元302年颁布的那项著名法令，一步步试图把人民固定在他们现有的地位上，迫使鞋匠（包括他们的儿子）依然做鞋匠，中上层阶级则继续承担征税的重任以及各自治市的其他政府职责。似乎很明显，不管有什么样的理由，作为从一个繁荣社会的政府发展而来的罗马政府，其负担被证明对西罗马社会来说太过沉重，而此时也已经不再繁荣。听任政府的职能落入地方权贵、元老院议员和教士之手，这些人把大片的土地置于自己的控制之下。格里高利一世（Gregory the Great，公元590~公元604年担任罗马主教）的通信载录，显示了他那个时代所发生的变化是如何天翻地覆的。自公元4世纪末起，罗马的作家们就不断讲述人们如何逃到野蛮人那里，并发现与野蛮人在一起生活更好、更轻松。当野蛮人作为征服者到来的时候，他们养活的那种政府——简单政府——足以胜任好几个世纪。

在现代欧洲经济制度史(这刚好是本书的主题)中,帝国经济生活在西罗马的消亡,其理论的或哲学的含义,多半比它与这些制度的特定历史联系更为重要。人们所珍视的经济制度和政治制度,甚至还有技术,都有可能消亡,尽管人们一直在想方设法保护和维持它们。

欧洲的经济生活,正如我们将要看到的那样,从罗马那里"继承"了某些重要遗产,尤其是罗马法。然而,典型的方式是通过重新发现,而不是通过直接继承,这样的遗产继承才得以实现。到9世纪末,整个经济形态和生活方式的庞大的罗马聚合体已经从西欧消失不见了。在某种意义上,西欧的经济生活即便在当时也远非原始。诸如纺织、烹饪、货币的使用、铁的使用这样一些技术,作为人类遗产的一部分仍在继续传承。在另外的意义上,对我们来说是在更加重要的意义上,经济生活的社会组织,在罗马帝国曾经达到了那样高的水平,也已经几乎彻底消失了。从这个角度来说,历史悠久的欧洲,其经济生活是重新从头开始的,几乎没有来自过去的传统来决定它的形态、它的过程以及它的发展。一言以蔽之,它是欧洲文化不可或缺的组成部分。

第一篇

前资本主义时代的经济

第一章 生存经济

中世纪早期西欧经济生活的特征

在我们所说的欧洲文明开始成形的那几个世纪里,经济生活,像其他形式的社会生活一样,也非常简单。在经历了几百年的衰落之后,罗马的经济体系,就像罗马的法律、罗马的学术、罗马的艺术和建筑一样,也成了纯粹的记忆——光荣的记忆;几百年来,人们徒劳地试图重温这样的记忆。不管其消亡的理由是什么,那套伟大的生产和分配体系——从英格兰到幼发拉底河的罗马大道,以及沿地中海和跨地中海的航线,曾为这一体系服务——已经从西罗马消失得了无踪迹。

在帝国的东部,老的经济组织表现得更加强大,不仅在很高水平上维持了几百年(大抵来说,一直维持到了十字军东征时代),甚至在一些新的、重要的方向上有所发展。一些大城市,如君士坦丁堡、安条克、士麦那,都是活跃的商业和工业中心,与此同时,在阿拉伯人的统治下,巴格达、大马士革和亚历山大城甚至超越了希腊的中心城市。拜占庭—阿拉伯经济的故事尽管引人入胜,但不属于本书的范围。这里之所以提及,仅仅是为了提醒读者:在如今称霸世界的欧洲沦入原始简陋环境的同时,东地中海地区依然兴盛而强大,无论是在相对意义上,还是在绝对意义上。对西方人来说,东方的先进文明究竟有多么强盛,公元10世纪意大利国王的一位公使利乌特普兰德(Liutprand)所带回的关于君士坦丁堡奇迹的故事作出了生动的说明。谈到自己被东罗马帝国皇帝接见，他写道：

　　在皇帝宝座的前面，立着一棵镀金的铁树，树枝上栖满了各种各样的鸟儿，也是用铁做成的，并镀了金，发出不同种类的鸟啼声。宝座……两旁各有一尊巨大的狮子守卫着，我不知道它们是金属的还是木制的，但裹着黄金，用它们的尾巴抽打着地面，嘴巴张开，舌头活动，吼声如雷。

　　在我走进去的时候，狮子咆哮，鸟儿啼鸣，各从其类；但我既不害怕，甚至也不感到惊讶，因为之前我已经不厌其烦地从那些熟悉这些东西的人那里听说过它们。[1]

害怕和惊讶，利乌特普兰德天真地认为是自然而然的事，可以有把握地认为是整个西欧社会典型的反应。

拜占庭帝国的建筑：圣索菲亚大教堂

　　拜占庭—阿拉伯的工业，在行会或商号中被强有力地组织起来，技术上非常先进，在公元6世纪拥有对世界其余地区的无人挑战的支配地位。东罗马帝国保持着对国际贸易的垄断，地中海和黑海是其中心。有一套庞大的陆地和海上运输体系，以及拥有精力充沛的、具有生产力的人口，它的贸易在11世纪达到了如此的高度，以至于东罗马帝国国库的岁入如果换算成今天的货币，

---

[1] 詹姆斯·哈维·鲁宾逊（James Harvey Robinson）：《欧洲史阅读材料》（*Readings of European History*），第1卷，第341页。

将高达近5亿美元。港口呈现出一幅非凡活跃的景象。交易手段被组织得井然有序。拜占庭帝国的金币几百年来一直是西欧唯一值得信赖的硬币；信用证被广泛使用；道路和桥梁按照很高的效率标准被维护。

当时机成熟的时候,西方人便开始在拜占庭和阿拉伯的伟大中心学习很多工业和贸易的方法。然而,几百年来,西罗马的原材料来源相当贫瘠。它生产的剩余价值如此微不足道,以至于作为一个市场,对东方的商人而言并没有多大的吸引力。然而,把经济活力的复兴——这在10世纪和11世纪已经变得很明显——归因于东罗马的影响是个错误。当西罗马的经济生活正在衰退和瓦解的时候,这种"影响"甚至在更大程度上可资利用。只有当西罗马发展出了新的生活方式和生产活力的时候,当它开始靠自己的力量发现新观念、发明新制度的时候,它才开始把东罗马的观念和制度据为己有。

在这几百年里,西罗马的生活几乎成了纯粹的农业生活。早在公元4世纪,罗马帝国在莱茵河沿岸、高卢、不列颠,甚至在意大利的那些繁荣城市,就已经开始失去了它们的繁荣。在随后的几个世纪里,它们几乎全都成了纯农业人口的家园。比方说,阿拉伯的旅行者大约在公元1000年前后就曾这样描述美因茨。另外一些城市则索性化作神秘兮兮的废墟,成了纪念死去光荣的古怪遗址,比如巴斯,在那位愁思满怀的盎格鲁—撒克逊诗人看来,似乎就是如此:

> 没有窗户的是这垛石墙,命运女神已把它砸得粉碎;
> 倾颓的是那片市区,巨人的作品已经崩溃;
> 倒塌的是屋顶的横梁,那巍峨的高塔已沦为废墟。

公元845年,有人描述,斯特拉斯堡在很大程度上成了无人居住的空城。当帝国从西罗马消失的时候,早已失去了作为工业和市场中心的大都市特征的意大利城市,如今也失去了作为政府和税收中心的功能。伦巴第人的国王们,在他们还能够做到的时候把这些城市全都给毁了。弗雷德加里乌斯(Fredegarius)告诉我们,罗斯哈里乌斯(Rotharius)国王"曾下令,它们应该被称作村庄"——在经济意义上,它们确实已经成了村庄,成了农业人口的居住地。乡村本身人口稀少,稀稀落落的村庄、山寨和庄园之间延伸着广袤的荒山野地,成群结队的野狼捕食人的生命。意大利的排污和灌溉系统都已坍塌。8世纪伦巴第人的历史学家、教会助祭保罗(Paul)抱怨道:"如今,肥沃的土地被人们抛弃,没有任何耕作。"在西欧的大部分地区,人类文明被大片的森林所取代。尽管我们没有办法确定——哪怕是近似地确定——当时的人口密度,但所有的迹象都表明,这个数字确实很低。

乡村经济

在这样的环境下,经济生活的形态当然比较简单和原始。农业生产的组织形式,我们不得不称之为"乡村经济"。定居的形式在组成定居点的不同民族中有很大的不同。斯拉夫人有圆形的村落和统一的耕地;凯尔特人和诺曼底人在未分割的土地上建立家园;日耳曼人有不规则的村落,耕地散落在公共土地中;罗马殖民地依然存在,石头房子墙挨着墙修建,还有长方形的田地。然而,在这些五花八门的外在形式中,我们发现了一个共同的经济观念:普遍都是为了食物,而不是为了利润而生产。欧洲各民族都显示了从游牧和田园制度开始转变(或者说是向它们回归)的很多特征。农业技术非常低级,他们的群体依然通过血缘的观念紧密相连,土地大抵是按照每个家庭的需要和权力来分配。食物的观念似乎是这一转变的一个标志。就像田园部落依靠其牛羊牲畜提供食物、衣服和庇护所一样,中世纪的村民也是依靠原始农业提供他们所需要的一切。就连准备初级产品供自己使用——工业生产,建筑,衣服、工具和食物的生产——也都是自家的事情。如果需要一家比较大的企业,其所属的社群就会提供水磨坊和铁匠铺。在《末日裁判书》(Domesday Book)中,麦特兰(Maitland)指出:"有时候,一座磨坊的所有权是如此分散,以至于我们忍不住认为,这家磨坊想必是村里出钱建造的。"在巴伐利亚,磨坊和铁匠铺就像教堂和宫殿一样,为了保护它们免遭骚乱和暴力的损害,法律也规定了严厉的惩罚。这些公共作坊是社区的共同财产,可以被每个居民按需轮流使用。这些乡村很早就出现了铁匠和车匠作为专门的技术工人,然而,他们并不是独立的手艺人,而是作为社区的公职人员,他们履行的职责是必不可少的打铁和造车,供社区的农业生产共同使用。

在这些类型的乡村经济中,有一种类型的工作机制我们知道得更多一些,这就是日耳曼人的公耕制,它在德国西部、法国北部和英格兰东部很常见。因此,我们在这里更详细地考察一下这一制度是可行的,也是有益的,但我们应该记住,这一制度在欧洲绝不普遍,甚至也不占主导地位。对它的外在特征略加考察,就能够让我们认识到生计观念的实际作用,认识到一座中世纪乡村里的人以这样一种方式凝聚在一起,只有对那些具有强烈的社群情感和强烈的互相依赖感的人来说才有可能。

公耕制是在其历史上很晚的时候才叫这个名字的,为的是与18～19世纪最终取代它的圈地制形成对比。典型的公耕制村庄是一小群房子(土地耕种

坍塌的高架渡槽让人依稀想起罗马昔日的辉煌

者的家),坐落于一片土地(比如1 500英亩)中间,土地的种类五花八门:草场、沼泽、林地;当然,在任何情况下都有可耕地。这样一个村庄可能有30户人家,其中每个家庭都对这1 500英亩土地拥有一系列的权利;其权利的界定,并非像美国的农场那样根据界线,而是根据数十项(即便不是数百项)随心所欲的规定,这些规定来自群体(家庭是它的一部分)的经验。在这1 500英亩土地中,只有一部分,一个家庭的首脑可以站在那里理直气壮地说:"这是咱家的地,直到那条线;过了那条线,就是别人家的地。"那是就可耕地而言的。土地的可耕部分被分为三大块(在某些地方是分为两块),用轮作的方式耕种,每块地三年休耕一次。在这三块地中的每一块,这个农民家庭多半会有10个长条(在英格兰被称作英亩),典型的长条是宽4杆、长1浪。[1] 实际上,在尺寸和形状上有很大的变化。这个农民家庭的这些耕地并不互相紧挨着,而是分散在三块地中的各个地方;但有人指出,同一个家庭的耕地很可能每一块都相邻。这些长条(或英亩)彼此只被小土埂所分开。如果你乘飞机从英格兰的上空飞过,依然可以在某些地区看到它们在乡村地区所形成的棋盘格。很自然,这样一种制度只有当村里的每个家庭都在同一时期耕作、播种、收获并种植同样的作物时才可行。没有一个人对着农学院的公报冥思苦想,以决定下一年应该种植何种作物。对农民来说,这是根据传统和习俗来决定的。小麦、燕麦和休耕的轮替,就像米堤亚人和波斯人的法律一样固定不变。

  在这1 500英亩土地的其余部分,这个农民家庭的权利与别人家的权利更

---

〔1〕 杆和浪均为中世纪的长度单位,1杆=5.5码,1浪=220码。——译者注

加密切相关。在草场上，当人们为了冬天的储备而收割和分配牧草之后，这家人就可以放牧很多母牛和猪，代复一代，都是如此；在林地里，这家人可以砍伐一定数量的木材，充当燃料或建造新木屋的木料。所有这些五花八门的权利都不同于个人财产权；它们是参与共同生活的权利。即便在另外一些村落形式中，组织的外在方面并没有显露得这么清晰，但社群情感依然存在。

当然，农业生产技术的低水平，意味着整个社群不得不致力于种植食物和纤维。许多个世纪以来，我们的野蛮祖先完全没有能力生产剩余商品，好让他们能够通过交换去分享灿烂的文明，这在东方是拜占庭文明，在南方是阿拉伯西班牙文明。

很自然，这样一个社群应该是一个封闭的、受控制的社群。直到晚近，陌生人，即所谓的"移民"，才出现在这样的社群中。这一制度继续充满活力地存活了许多个世纪，只有当血缘纽带被近亲关系所取代，当财产不平等发展出了一个堪称农业无产者的农业阶级（佃农）的时候，情况才逐步改变。即使在经历了这样的改变之后，农业模式和农业精神依然在整个辽阔的地区坚持了下来，直到19世纪——距离查理曼大帝的时代足足有一千年。

封建经济

这一分布广泛的农业经济制度惊人的一致性，也反映在另外一组关系中，这组关系部分是政治的，部分是经济的，我们称之为封建制度。在这里，我们并不关心封建制度的政治方面和宪政方面，而是仅仅关心它作为一种领主所有制形式的经济方面。我们将忽视一些问题，比如农业生产者的社会地位——这一地位由于各种可能的细微差别而千变万化，从罗马的奴隶到享有充分人身自由的英国佃农和法国自耕农——以及甚至更加混乱的所有权形式。封建制度的经济特征与这些因素不沾边。不管他的个人地位如何，农业生产者都要把自己的一部分产品交给领主，他不得不每年在领主的土地上为领主干一定天数的活；他仍旧依附于土地，他的儿女们也紧随其后，因为没有其他地方可去。在那个时代的整个欧洲，从这一端到那一端，封建制度的这些特征基本上是一样的。共同的封建习俗的罗马起源、共同的日耳曼入侵者的民族传统，以及教会无远弗届的影响，尤其是修道院的影响，加上它们之间人员和习惯的互相更替，这些组合起来，赋予了西欧各地的领主经济以一种本质上毫无二致的特性。

所有国家的封建领主经济都是这样一种制度，一个有权有势的阶级凭借这一制度来实现自己的目的，即通过本组织内部其他人的劳动来满足自己对商品的需要。这些权势人物种类五花八门：修道士、教会显要、国王、亲王、武士以及官员。他们共同的经济特征就是清闲。就连他们当中最穷的人——有些人确实很穷——除了"光荣服务"，即战斗和祈祷之外，也什么都不干。事实上可以说，清闲并不是封建领主的经济目标。现代意义上的财富的获取也不是主要目标，肯定不是公认的主要目标。大领主的商品供应来自一个国家或公国，远远超出一个家庭的需要；大修道院院长和大教区主教的收入远远超出他们手下的修道士和牧师的需要。于是，他们把自己的剩余财富用来建造宫廷，增加追随他们的骑士；装饰他们的教堂以便带给上帝更大的荣耀，用物质上和精神上的享受来丰富他们自己的生活，而不是像现代人那样建造庄园。封建领主对待财富的态度，其中某些东西留在了现代人的感觉中。一位"绅士"（其本身就是一个封建概念）对待财富必须相当冷淡，尤其是对待金钱形式的财富。一笔"信誉债"并不是为了赊购生活必需品而欠杂货商的钱，而是一笔以非经济方式产生的债务。一位绅士，一位领主，"靠自己生活"，与外面的供应商没有账目往来。但即便是在领主经济中，生存经济中满足需要的原则也是基本的。

某些外部特征也给这种经济生活带来了一个与众不同的方面。宫廷、修道院、大教堂的神职人员，构成了庞大而统一的消费群体。对于这些群体，并

中世纪乡村生活即景

没有相应的大型生产组织。管理技术明显缺乏,即便是与农业生产有关的管理技术也是如此。富有的地主(如英格兰国王)为了享受他的商品收入,不得不在不同的庄园之间来回奔波。没有相当数量的专业而独立的手艺人,也没有任何市场分配体系来满足需要。总的来说,地主消费群体的需要,典型的方式是通过他们自己领地的产品、依靠别人的劳动(这本身也属于他们的财产)来满足。因此,领主经济,就像租佃经济一样,也可以被视为一种个体经济。

一般来说,领主对任其支配的劳动的剥削,涉及乡村组织。他部分地分享了生产性农户自己的产品,这些是由本身常常也是农民的管家(meier, villicus)替他征收,或由下级领主征收,要么,就某些大领主而言,由行政官员征收,领主的很大一部分土地也由官员负责管理。领主还有他的自领地(inland, salland, terra dominica),这些土地要借助那些有义务为他效劳的佃户的劳动来开发利用,他们所提供的劳动量大致相当于农民的不自由程度。这片土地一般而言不是拥有独立所有权的土地,而是完全像农民的土地一样牵涉到乡村经济。在三田轮作制中,领主的自领地,像农民的土地一样,一长条一长条地分散在公地内。

庄园里的工业生产本质上是以同样的精神进行,即领主的需求通过佃户或家庭仆人的劳动来满足。在英格兰,就连面包通常都是由农民提供;但在欧洲大陆,领主一般都有自己的面包房和酿造厂,而且从很早的年头起就有自己的磨坊,或者在某些情况下,有权让村里的磨坊为自己提供一定数量的服务。衣服有时候也是"现成的",尤其是在那些修道院属于领主的庄园里。然而,更常见的情况是,农民提供布料,针线活由家里的女人和女仆来干。偶尔,整个过程在领主的家里完成;漂洗和染色一般由他自己的仆人来干;鞣制皮革和钉靴做鞋似乎通常也是在领主的家里进行。建造房屋牵涉到非常复杂的材料和服务。原材料来自领主自己的森林、采石场和田地。非技术劳动由领主的家仆提供,他们当中,有些人也受过石匠或木匠的训练;其余的劳动和原材料由佃户提供,作为他们的义务服务。自然,这样一套制度只适合中世纪早期的非常原始的建筑。随着建筑标准的发展,不得不按照特殊的条件获得技术劳动。因此,在 9 世纪,萨尔茨堡的主教为了建造教堂,召集了很多技术娴熟的石匠、铁匠和木匠。另外一些技术性的劳动服务是作为土地所有权应有的权益而获得的。英格兰南布伦特的车匠不得不制作犁耙,并帮助农民维修马车。在《末日裁判书》中,沃茅斯的铁匠"因为制造犁头而拥有 12 英亩土地"。有时候,铁匠和车匠是领主家庭的成员。

这种简单而私人化的生产制度,一直持续到了 12 世纪甚至 13 世纪,只有一些无关紧要的变动,在某种意义上甚至持续到了我们今天。与这一制度一起,乡村也发展出了独立工业生活的种子,关于这一点,后面在谈到城市生活的复兴时,我们将进一步讨论。在某些地方,尤其是在一些修道院里,高度艺术化的技术表现在漂亮的珐琅、法衣、挂毯和"泥金装饰"手抄本上。很多领主的女儿夸耀她们"制作的漂亮衣服超过本地区所有的女士"。贝叶"挂毯"让诺曼底公爵夫人的技艺名垂青史。

中世纪早期的交通只有很短的距离,但也被控制在领主经济中,像农业和工业活动一样,建立在义务效劳的基础上。某些大领主四处分散的领地导致他们强加给某些农民一项义务:使自己成为职业的船夫和车夫,稍后我们还会遇到他们,到那时,他们的职业已经成为新兴交换经济中的一个重要分支。

这一经济组织,在日耳曼民族的欧洲分布得如此广泛,就其所有外部方面而言,与我们所熟悉的组织是如此不同,它是一套经济观念的外在表达,这些观念与现代人头脑里占支配地位的那些观念大相径庭。我们在看待一个中世纪村庄的时候,没有一个人不想在更大利润的基础上立即对它进行重组,为了提高效率以减轻这一制度的重负,一方面是为了劳作的农民(尽管我们会建议,应该减少给定面积上的农民数量),另一方面是为了领主增加商品的收入,尤其是金钱的收入。这样的提议将会遇到双方的完全不理解,像托马斯·莫尔(Thomas More)爵士,甚至还有18世纪的奥利弗·戈德史密斯(Oliver Goldsmith)这样一些机灵而聪明的人,当这样的改变在他们自己的眼皮底下发生时,他们都不理解,或者至少是不看重其结果。

在实际情况中,以及在我们想象中向某个庄园领主提议的情况下,理由都是一样的。中世纪经济生活的目标以及莫尔和戈德史密斯所关注的目标,都不是利润,而是人。在中世纪,这一目的被表达在其经济制度中,这一经济制度的目标,就是集体中所有个人的食物和生活资料。诚然,食物和生活资料因人而异,依据其在生活中的身份地位而不同。如果他是一位领主,他就必须有城堡、马匹,尤其是要有闲暇;如果他是个农民,他作为社区的组成部分,必须艰苦劳作,并仰赖社区保证他能得到粗糙的庇护之所,以及更加粗糙的食物。在完成粗糙的乡村农业——习惯上带有半宗教性质——的日常劳作之后,他从未想到要利用他的空闲时间来改善自己的经济收入。他的劳作足以让他过上符合自己身份地位的生活。我们大可不必相信,每个农民或每个领主对这一生活方式有什么想法或感觉:例外事件为那些关于格外富有的人和守财奴的寓言故事提供了素材,这样的人物在欧洲的故事中如此频繁地出现。我们所更熟悉的,是那些刻意想通过寻找财宝或者用炼金术制造金子使自己变得富裕的人,几乎用不着指出,他们都是在经济关系之外去寻找财富。

经济人——换句话说,就是大多数人——所瞄准的标准,以及他设法达到这一标准时所使用的手段,都是经验主义的、传统的,而不是理性的。"符合自己的身份地位"是熟悉的、习惯的、传统的标准。过程是熟悉的、习惯的、传统的乡村农业制度,以同样习惯的方式被土地的领主所利用。

第二章 向交换经济过渡

定义与背景

交换经济是一种这样的经济:在其中,需求通过几个经济单位之间的产品交换来满足。这样的交换,既可以通过实物,也可以通过货币来进行。交换在现代世界是如此普遍,以至于很容易把它看作智人属的一个基本特征。但实际上,人类似乎很晚才发展出交换的习惯,而且原始民族对商人的不信任反映了当时的情况,在这样的情况下,和平交换充其量是一种例外实践。就连迦太基人——据希罗多德说——都发现,与地中海地区的民族做生意,只能通过把货物放在岸上并抽身离开的方式来进行。

在中世纪的欧洲,自给自足的经济是一次向更早发展阶段的倒退,这当然是环境所迫,而不是文化落后的反映。就连原始的斯拉夫人、凯尔特人和日耳曼人都知道交换,并从罗马人那里学会了使用货币。高度发展的、已经存在了几百年的罗马交换经济制度并没有完全消失,而只不过是衰落成了8～10世纪经济生活中的一个最微不足道的因素。因此,它并不是一个建立或重建的问题,而是交换经济再发展的问题。

似乎有三种力量对这一再发展作出了贡献:(1)来自东部(拜占庭和巴格达)的职业商人当时对欧洲发挥的影响,这一影响在很大程度上与欧洲如今对这些地区所发挥的影响是一样的。他们是希腊人(更准确地说是叙利亚人)和阿拉伯人,特别是在北欧和东欧搜寻高品质的原材料(比如毛皮和琥珀),并用东部的工业产品(比如珠宝和服装)来作为交换。(2)社群的剩余产品,偶尔包括个人的剩余产品,他们得益于所有权的日益分化,还有特殊行业的剩余产品,比如鱼、蜂蜜、葡萄酒和家禽,加上人口的显著增长使得交换成了生存经济的一种自然而方便的补充。(3)然而,中世纪早期的交换经济在很大程度上与领主制度联系在一起。领主很早就作为卖家而出现。海斯特巴赫修道院的凯撒(Caesar)说:"这么多的葡萄酒和食盐从庄园运到了我们的修道院,以至于简直有必要把剩余的东西卖掉。"这段话生动地说明了"生存经济"。在凯撒看来,修道院庄园的功能,主要是供给修道院,而不是提供一笔收入给修道院,让它去购买供应品。只有剩余才创造了卖掉一些产品的"必要性"。英格兰的庄园,尤其是修道院的庄园,从很早的年代起就生产羊毛的剩余;特伦特大教堂的教士团在一年的时间里竟然收上来了14 000块干酪!那么,当你发现人们经常为销售剩余产品而制定出各种规章制度时,就用不着大惊小怪了。科比修道院的院规中规定,果园交来的什一税当中,"可以适当卖掉一些,应该卖钱,或者换取供应品";然而,食物的观念不断重现——先是满足需要,然后是卖掉剩余。

然而,领主更经常地作为买家而出现。唯有他们才有剩余产品出售,都是从他们的"自领地"收上来的,作为他们的农民应缴的贡赋。即便是在钱最少的时期,他们也能收到一些现金贡赋,总额很小。波比奥是意大利北部的一座

领主的庄园

大修道院,大约有2 500美元(换算成今天的价值)的现金收入;德国的普鲁姆修道院约为1 500美元;巴黎附近的圣日尔曼修道院约为2 500美元。通常作为商人的商品列出的那些物品的特性表明,买主都是富人(领主),这些物品有金、银、宝石、奴隶、象牙和染料。

然而,并非只有领主本人转向了交换经济。他们的需求也构成一股终结农民的个体经济的力量。对货币地租的要求,本身就迫使农民销售他们的产品。农民还发现,自己越来越被迫使用领主家的磨坊、面包房和酒榨机,就这样,他们被迫进入了交换关系。领主对特殊产品(农业产品,尤其是工业产品)的要求,迫使农民到别的地方去寻求其他必需品的供应。自11世纪以后,领主制度本身就发展出了一些新的趋势,这些趋势对个体经济来说是毁灭性的。货币地租越来越多地取代了实物地租;通过管家来管理的制度被租赁制度所取代,奴役形式的保有制度被自由形式所取代。这些过程,在12世纪和13世纪的西欧各地以大抵相同的方式进行着,似乎是由领主们的自觉愿望所引发的,当他们选择购买更高价格的商品时,他们希望提高生产率,希望能够增加供应给他们的份额。他们处在这样一个阶段:在11世纪和12世纪的欧洲,舒适和奢侈的标准有了显著的提高。

在这几个世纪,欧洲生活的其他方面表明了西欧各民族经济效率的明显改变:(1)财富的增加,尤其是农业和工业生产率的提高。(2)与东方的关系越来越紧密:朝圣、十字军东征、商业。(3)社群生活的瓦解,在宗教制度中尤其显著:大教堂教士团和修道院,它们的职务被当作贵族家庭的特权来对待。(4)贵金属生产的复兴,尤其是白银,在生产企业中,在接下来的三四百年里最重要的矿山于10世纪就已经开始运转。增长了的白银供应,使交换更加方便,从而促进了人们脱离更简单的个体经济,使货币地租、货币工资、货币税收、货币借贷和雇佣军成为可能,正如我们将看到的那样,在欧洲经济制度的演化中,这些全都很重要。(5)最后是城市的建立,正如我们马上就要显示的那样,它们与其说是交换经济发展的结果,不如说是它的原因,它们提供了一些实体,其中将包括上述这些交换经济开端中的大多数因素。

城市的兴起

这一发展中的交换经济,其交换行为主要是由生产者本人来执行。商业只是逐步地分化为一个单独的职业。正如在所有原始社会一样,劫掠行为与偶尔为之的贸易,作为粗糙的交换手段而携手并进。但一般来说,在墨洛温王朝和加洛林王朝的时期,商人似乎一直很稀罕,通常是外国人,在中世纪早期,他们通常是叙利亚人。后来出现了犹太人,在他们不再被视为罗马公民之后,他们也被看作外国人。除了犹太人之外,阿拉伯人和希腊人在意大利也以商人著称,就像北非人在西班牙一样。伦敦和巴黎甚至早在8世纪就被称作"多民族的商业中心"。我们还听说过北方的商人,来自波希米亚的斯拉夫人9世纪就活跃在多瑙河畔的市场上,俄罗斯人10世纪在君士坦丁堡用奴隶、蜡和毛皮交换贵重的丝绸、香料和珠宝。在很早的年代,就可以发现一定数量的商人并不是生产者。在8世纪伦巴第人的国王利乌特普兰德(Liutprand)的法律中就提到过他们。然而,这些"职业商人"只是些小商贩,与流动货郎没多大区别,用驮畜、手推车或小船装运货物。即使在君士坦丁堡这样相对较大的商业中心,他们的人数也不是很多。曾有一度,只有50个俄罗斯商人被允许在君士坦丁堡经商,而且他们被限制每个人最多只能购买价值50个金币的丝绸。

在工业领域,我们要研究的转变,是自由而独立的手艺人的崛起。材料的缺乏不允许我们把握十足地说,在城市生活开始之前,这样的工匠到底是存在,还是不存在。有一点相当清楚,就是存在过作为自由人的手艺人,但这并没有解决他们是否有义务为领主效劳的问题。还有一点也相当清楚,即庄园里的产业工人在处理他们的产品上逐步获得了一定的独立。最开始,他们只

城市的兴起:莱茵河畔的科隆

能把产品卖给领主所允许的公众;后来,领主的权利被限于一定数量的产品,而且手艺人的主要工作是与公众打交道;再后来,对领主的所有义务都被忘得一干二净,或者大打折扣。这样一些自由工人在整个中世纪的存在,被下面这些事实所暗示:(1)产业工人在庄园制度确立之前就已经存在,而且并非所有村民都被带入了庄园关系中;(2)存在一定数量的流动手艺人。当查理曼大帝想要建造教堂的时候,他命令他的某些"显贵"派一些工匠来,并负责他们的生活资料,但另一些"来自远方的"工匠则由他自己的官员照料。海德修道院在动工两年之后于公元 902 年完工,因为"增加"(推测起来,应该是雇用)了很多工匠。当然,毋庸置疑,在 9 世纪至少有一些闲散的工人,他们数量大概很少,但我们应该看到,他们在工业组织后来的历史中很重要。

这一过渡时期的高潮是城市的出现。一个社会从中世纪早期的纯农业状态向今天高度城市化的状态演化,在这个过程中,有一点很明显:城市本身是一个最重要的因素或征兆。但什么是城市呢?这个人们熟悉的词,其定义采取了很多不同的形式:一座城市必须有围墙,它必须有一个市场,必须有一所大学,必须有2 000人口,等等。这些变化源于观点的变化,对于它们所对应的观点各有其功用。我们的观点被我们的问题——经济制度的演化——所决定,我们对城市的定义因此是一个强调其经济方面的定义。一座城市是一个有着相当规模的人类聚居区,建立在面积有限的区域上,没有一般的血缘关系,他们依靠其他经济单位的生产获得他们的生活资料。亚当·斯密(Adam Smith)说:"正因为只有乡村的剩余产品……构成了城市的生活资料,因此,后者只能随着前者的增长而增长。"如果我们的定义还有点作用的话,那么很明显,城市的主要构成要素是那些能够通过权力或财富掌握来自其他地方的生活资料的人,比如可以征税的国王、有权收取贡赋的领主、能够在本城之外谋取利润的商人、由父母养活的学生,这些人都是"城市建造者"。在他们之后,来了我们所说的"城市填充者",也就是那些服务于城市建造者的需要的人,比如给国王做鞋子的鞋匠、依靠商人妻子购买的珠宝商、向学生出租房屋的女房东等。

14 世纪圣贝尔坦编年史的作者让·德龙(Jean de Long)讲述了布鲁日城创始的故事,在他那个时代,布鲁日是北欧最大的中心城市,这个故事具体地描绘了我们所讨论的那种典型的发展。在讲述了佛兰德斯伯爵鲍德温(Baldwin)于 9 世纪晚期某个时候建造了布鲁日城堡之后,他接着解释了作为结果的这座城市的起源:

> 打那以后,为了给城堡或住在城堡里面的人供应物资,商人

们，也就是经营贵重物品的那些人，便开始聚集在城堡门前的桥边。然后，来了酒馆经营者和客栈老板，他们开始建造房子和酒馆，那些每当伯爵在城堡出现的时候便去他面前做生意的人可以在这些地方得到接待。这些人很快就开始说"我们正要去桥边"，而不是说"去城堡"。住宅的数量增加得如此之快，以至于不久之后，一座大镇子开始出现，于是，这个镇子有了当地语言中"桥"的名字，因为"布鲁日"在本地语言中就是"桥"的意思。

让·德龙并非无可指责，即便他写的是在他那个时代 500 年之前发生的事情，我们引用的这个故事带有某种地名神话的印记，是一个纯粹建立在某个地名的表面意义上的故事。尽管如此，这个故事依然可能是真的，即使作为一个神话，也值得给予一定的信任，因为它证明了 14 世纪的人认为城市是如何起源的。

城市的兴起：比利时的布鲁日

记住了这些观念，我们便着手考察中世纪城市的发展，并且立刻注意到，从经济意义上讲，它们在很大程度上依然是乡村，也就是农业生产者的居住中心。弗雷塔格(Freytag)在他的《来自德国过去的图画》(*Bilder aus der deutschen Vergangenheit*)中，生动描绘了一座德国城市的农业活动。在伦敦城，甚至迟至 13 世纪依然在饲养猪和牛。殖民领主们在法国和德国东部建立的所谓城市实际上就是农业乡村，带有一片特别大的农业用地。在德国东部

300座这样的城市中，只有30座超出了小型农业社区的水平。

然而，在某些这样的半农业城市里，发展出了城市建造者的群体。他们主要是生活资料的消费者，而这些生活资料则来自外部的农业地区。他们首先是世俗的和教会的诸侯、主教、修道院院长、伯爵、公爵和国王。一位国王必然是一位城市建造者；公元1100年，仅英格兰国王用他的收入所养活的人口，就是非常重要的商业城市吕贝克的商业所养活人口的10～30倍。一些教堂和修道院成了城市发展的中心，其中大多数也是攫取巨额收入的中心。大学生是很多中世纪城市发展中的一个重要因素；他们在城市发展中的影响，很容易从今天美国的很多小型经济社区中看出。城市对那些本质上是农业性质的封建领主的吸引，同样也使农业组织中的消费群体以及他们的注意力向城市发展转移。在城市里，他们也是外部产品的消费者。中世纪的城市也是作为一个防御中心发展起来的；不过从经济的观点来看，对它的发展作出贡献的，与其说是城墙，不如说是驻防部队。

一个重要事实是，在城市的发展过程中，消费者是最早出现的。商人和手艺人直到城市能为他们提供一个比乡下更好的市场之后，才开始在城市里定居。

就算消费者在城市的发展中首先出现，但还是很难想象一座像这样的城市，其中的部分人口并不通过工业和商业活动来养活自己。所有中世纪城市都存在这样的阶层，但他们的重要性和规模起初都很小。城市为农民生产某些工业产品，但这种生产十分有限，因为农民想要交换的产品非常少。对某些中世纪城市来说，其更大的意义是国际贸易，或者更准确地说，是地区间的贸易。它究竟有多么微不足道，再一次可以通过吕贝克的例子来说明。如果我们假设平均收入只有25美元，平均利润为20%，吕贝克的商业在14世纪只养活了大约6 000人。少数城市发展出了出口工业，如米兰的武器、康士坦茨的亚麻布、佛罗伦萨的布料，但那只是在中世纪晚期，因此与最早的发展没什么关系。一些特殊产品，像鲱鱼、盐、葡萄酒、银器之类，有时候对城市的发展作出了贡献；但即便是13世纪的大型银矿城市、萨克森地区当时最大的城市弗莱堡，也只有379处房产，人口顶多在4 500～5 600人之间。

除了农业收入的集中之外，只有一个因素在中世纪城市的发展中扮演了一个相当重要的角色，即银行家和高利贷者。施派尔的主教在公元1084年写道："当我决定在施派尔的外边建造一座城市的时候，我觉得，如果我们把犹太人聚集到那里的话，就会使那个地方的声望增加1 000倍。"然而，金融生意只有在更大的中心城市才能对人口的发展发挥根本性的影响。

城市填充者是人口当中因为大客户的存在而到来的那部分，他们包括：(1)低级教士，在14世纪英国的一座大教堂所在的城市里，低级教士多达849人；(2)主教与王公贵族的士兵和官员；(3)手艺人，他们后来是人口当中非常重要的组成部分，但在11世纪，他们只是很小的一部分，在建造大教堂和宫殿时因为需要手艺人而经常得到补充；(4)乞丐，他们显然是一个比现代大得多的阶层；(5)商人，从8世纪和9世纪频繁授予市场特权来看，有一点很明显，即走村串户的商贩正在向市场贸易发展。一个市场是一个这样的地方：人们定期(一个礼拜一次，一个月一次，或者两年一次)聚集在那里进行买和卖，持续一天或几天。我们这里只关注它对城市发展的意义，尤其是因为，某些城市发展理论实际上是建立在市场造就城市这一理论的基础上。这样说或许更正确，即一座城市只存在于市场不再开张的地方。正是在商人们发现坐在店里卖东西比耗时数周在不同集市之间往来奔波更赚钱的时候(和地方)，真正的城市条件才得以存在。从城市发展的立场来看，决定性的一步是在商人决定不再到处流动的时候跨出去的，打这以后，他们继续在集市上的售货棚里销售他们的商品，并让老婆和孩子参与进来，还要在售货棚的后面建造一幢小房子。直到今天，明斯特市沿市场排列的那些房子，从它们的建筑风格中依然可以看出，它们源自市场售货棚的扩充。可以肯定的是，商人们是直到城市人口为他们的商品提供了足够庞大且有利可图的销路之后，才这样定居下来的。

中世纪的城市，比如12世纪的城市，对乡村人口有着强大的吸引力。乡下的不安全，尤其是在挪威人入侵及其他战乱期间，庄园服务负担的增加、迫使拥有土地的自由农民沦为附庸的普遍趋势，以及9~12世纪人口的明显增长，所有这些结合起来，创造了欧洲社会生活的持久特征：人口向城市流动。城市提供了安全和自由：Stadtluft macht frei。[1]

在城市里，发展出了一种新的经济生活，它注定要取代我们称之为封建制度的农业组织的支配地位。两种力量形成了这一新的制度——身份卑微的手艺人的利益，我们已经看到，他们正聚集在王公显贵和主教们的宫廷的周围，住在他们小小的市场货棚里；还有就是整个城市的利益。整个城市的利益究竟如何表达自己，这是我们接下来要关注的问题。

---

〔1〕 "Stadtluft macht frei"是德语，意思为：城市的空气使人自由。——译者注

手工业经济

中世纪的城市以强烈的统一感为特征,这种感觉是所有阶层所共有的:领主、贵族和平民。城市就是家,世界上其余的所有地方都是外国的。城市的政治机构,作为这种统一感的自然结果,同时是其经济生活的控制机构。个人在经济事务中独立的观念,就像在农业社会中一样,根本不存在。是社区及其代表替个人规定了他的关系,并关照个人的利益。从这一占主导地位的社区概念中,得出了强大的管理和控制制度,正如我们将看到的那样,中世纪城市里的一切经济过程全都服从于这一制度。这种社区观念,也是中世纪城市所遵循的基本经济原则的来源。这一原则——曾经控制部落、乡村和庄园的经济活动——就是需求的满足。这一原则在城市里的运转,当然取决于不同的条件,尤其取决于与土地的分离。正如我们已经看到的那样,城市的基本特征涉及商品的输入,而不是生产。这一输入被控制得足以确保整个社群得到必不可少的商品供应。所有供应,尤其是食品供应,必须首先在本城陈列销售,然后才可以拿到别的地方去卖。它们必须在公开市场上陈列销售,以使得投机商(囤积垄断者和转手倒卖者)不能把它们买断。根据挑剔权[droit de part(法语),Ernstandsrecht(德语)],任何消费者有权购买卖家商品的任何部分,不管他是不是想按照整体或大部分来销售它。因此,整个管理制度旨在保护作为社区成员的消费者,使他们免遭垄断、高价和短斤少两之害。

城市政府对工业品的供应似乎就不那么操心了。然而,它还是很操心外国的手艺人和商人是否被一年一度的市场所吸引,操心手工艺品是否保持充足的供应,操心本城的工业生产是否诚

城市的教堂与集市(布鲁塞尔)

实而熟练地进行。对出口商品的检查尤其仔细,以便本社区的产品在国外市场上不会遭到排斥。为了同样的目的,即确保销路,还强迫农村地区尽可能广泛地购买本城的工业产品,甚至禁止农村地区从事工业生产。

然而，城市本身深切地关注一种特殊的工业生产制度的组织和维护，这就是手工业行会体系。到中世纪末，它几乎变得类似于城市本身。从经济的观点来看，手工业行会制度[Handwerk(德语)，jurandes(法语)]是这样一种交换经济的形式：在这一体系中，经济上活跃的人是那些受制于自给自足观念的技术工人，他们在法律上和经济上是独立的，在传统的限制下经营买卖，与一个联合组织结成了一种功能关系。[1]

不像现代工业的工薪工人，手艺人把技术资质与对生产原材料的控制结合了起来。他们是技术能手、艺术家、组织者和推销员，也是必不可少的生产工具、原材料和店铺的所有者。正如法国行会的条例用古板老套的形式所说的那样："凡希望从事这一行当的人，倘若他熟悉本行当并拥有必要的资金[ait de coi(法语)]，都可以这样做。"

手工业体系的一般组织，只不过是向农业生活组织的工业和商业关系的转移。乡村社会和行会都是以协会的形式来组织个体成员的经济活动。两者都是从有一定数量的工作要做和有一定的需求要满足的观念出发；两者都把个人收益与共同财产结合了起来。像乡村的基本观念一样，手工业的基本观念也是：工业应该养活从事工业生产的人。正如乡村社会确保其成员有足够的土地养活自己一样，行会也要保证其成员所生产的商品有足够的销路，其手段就是垄断本城的市场，并尽可能垄断其他城市的市场。通过类似的垄断方法，它还要确保其成员能得到足够的原材料供应，因此要持续不断地阻止原材料和半成品的输出。它还承担了一些机构的建立，这些机构对个体手工业者来说太昂贵，比如染坊、锯木厂、榨油厂，正如乡村社会有它的公共机构一样。总之，无论是需要共同的工作指导，还是需要生产资料的共同管理，行会都发挥了作为一个协会的作用。

手艺人的活动极其个人化。他的观点本质上是艺术家的观点；他的工作就是他的全部生活。他作为生产体系中的一个单位发挥作用，没有任何程度的专门化把他降低到愚蠢的机械劳作；另一方面，对那种"万事皆通、一无所长"的人，他有一种众所周知的轻蔑。他的手艺应该使他终日忙碌，并给他带来足够的生活资料。

为了确保其成员得到公平的工作份额，防止有人在损害别人的基础上让

---

[1] 这个定义以及在本书中出现的其他详尽的定义，仅仅打算作为一些抽象概念，引导读者掌握随后的段落和章节中所介绍材料的经济要点。把它们记住可能有用，但在仔细研究材料之后批评它们或重新构建它们或许更有用。

自己兴旺发达,行会制订了:(1)控制原材料购买的规定(任何人只能在集市日到市场上购买,原材料的价格由官方设定,任何人只能购买规定的数量,原材料不足的手艺人可以分享其他伙伴的购买);(2)对个体手艺人的活动及其产品数量的限制(他只能有多少熟练工和学徒,他只能生产多少块布料);(3)旨在使供应相等并稳定、避免竞争的规章制度(商品必须在某时某地以某种方式销售,不能挑拨行会同仁的主顾,一件已经开始的工作不能交由其他人完成)。

手工业行会由熟悉本行的师傅组成(就像乡村社会由那些拥有土地的人构成一样)。为了培养从事本行当的衣钵传人,师傅可以收学徒。如果他生意兴隆,他就需要其他人帮助培训徒弟。他会在已经出师的学徒中找这样的人,也就是那些学徒期已满但尚未被承认为师傅的人。那么,手工业店铺通常就是这样一家店铺:有几个人在店里跟师傅一起工作,但保持着一种行会制度所特有的关系。师傅、他的学徒,以及已经出师的徒工,构成了一个有机的团体,很像一个家庭,它既是一个生产团体,同时也是一个家庭团体。

这样的手工业体系只有在一定的人口和技术发展的条件下才成为可能。手艺是"秘密",是一套只有通过有机的、经验主义的方法才能获得的技术。学徒在这个工业家庭中长大成人,跟着师傅学习,就像一个孩子获得家庭的特征一样。他未来的地位——作为一个满师徒工,作为一个手艺师傅——依赖于他所遵从的既定的过程,这些过程是行会中强有力地组织起来的主流意见所强制推行的。这一按照传统组织起来的生产制度,能够满足相对稀少、增长缓慢的人口的需求,比如中世纪晚期的情形;但它既不能迅速传播它的技术,也不能及时调整它的生产方式,以满足迅速增长的需求。

传统保守、管理死板的生产过程,还使得行会制度的生存依赖于非常有利的市场条件。没有对生产成本的精打细算(是竞争条件使这样的精打细算成为必要)使得原材料必须以极低且稳定的价格供应,并摆脱投机的影响。同样,手工艺技术的僵化使得需求与供给之间必须相等,这样的需求在数量上一定不能太大,或者对商品的品质根本没有要求。尤其是,供给不受竞争的限制,一方面,行会的规定禁止竞争,另一方面,下面这个事实也使竞争变得不可能:技术靠经验传授而使得质量上的区分成为一个缓慢的偶然过程。最后,交通运输的落后起到了保护本地手工业的作用,使之免于应付外部竞争的复杂情况。

如果对材料作更细致的研究,我们将会看到,这些条件在中世纪晚期是如何存在的。首先,让我们研究一下对工业品的需求方面。消费者自然分为三类:城市居民;周围的农业人口,他们去每周的集市;外国人,他们去年度集市。

手工业作坊

第一类人数很少。西欧最大的城市是巴黎,人口在 100 000～200 000 人之间;1377 年伦敦有 35 000 个居民。佛兰德斯和意大利的"大"城市约有 50 000 人。很多重要的商业中心,比如法兰克福和布里斯托尔,人口都不到 100 000 人。此外,平均购买力也很低。相关的数字只是偶尔才能找到,不过在 1292 年,巴黎 90％的人口年收入不到 240 美元(折算为今天的价值)。在莱茵巴拉丁领地,大约同一时期,93％的人口年收入不足 500 美元。周围的农业人口也只提供了很小的市场,因为这个市场绝对很小,而城镇却很多。"年市"上的卖家似乎与买家一样多。很明显,除食品工业之外,手艺人只服务于极少数富人,换句话说,就是贵族和教士,加上像巴黎和伦敦这样的中心城市里的钱商。正是富人,而不是普通人,决定了商品需求的特征。他们购买的产品品种格外丰富,几乎与今天的消费品的范围一样广泛。然而,他们需要的是可爱而漂亮的东西,尤其是耐用而坚固的东西,正如很多 14 世纪的箱柜、椅子和织物所证明的那样。他们对新潮玩意儿,对新时尚,似乎没有现代人的那种热情。例如,"样式"的迅速改变在 14 世纪中叶之前的德国并不明显,而且,它更多的是影响衣服的裁剪,而不是影响材料。当儒安维尔(Joinville)因为他所穿的衣服比国王圣路易的衣服更精美而被人打趣的时候,他答道,它们就是他的祖先们在他之前穿的那种衣服,而且是他自己的庄园里生产的。总而言之,在中世纪,对工业产品的需求所具有的那种特征,与手工业生产制度完全适合。

但人们(尤其是城市人口)对工业品的需求是如何得到满足的呢?首先,大部分是通过个体经济形式的生产来满足的。迟至 1400 年,巴黎圣母院的教士团依然消费他们自己庄园里种植的谷物,在他们自己的磨坊里碾磨,在他们自己的烤箱里烤制。每一个家庭都烘烤、酿造、屠宰自己的食物（熏制和腌制它），纺织自己的纱线（有时候还把它织成布），裁剪自己的衣服，制作自己的鞋子。对其中的有些生产过程，会临时或永久地雇用一位熟练的手艺人在家里，但在后来的几个世纪里，这种做法经常遭到禁止；比方说，法兰克福的鞋匠行会在 1355 年曾禁止这一做法。工业生产余下的部分都是手工艺。其中一部分是计薪工作，亦即消费者把生产用的原材料交给手艺人，并为他的劳动支付报酬。磨坊主和面包师通常是用他们生产的面粉或面包来支付"费用"。大多数建筑似乎都是通过计薪制度来完成的，但在 1356 年，立约雇佣在伦敦依然如此不同寻常，以至于石匠行会要求每一份契约要有 4～6 位师傅作为担保人联合起来。即使在建筑行业，工匠也经常由雇主提供膳宿和衣服。

在纺织行业，消费者经常把自己家里纺的纱拿给织布师傅，把织好的布拿给漂洗师傅、染色师傅和印花师傅，再把做好的布料拿给裁缝师傅。要不然的话，就从成衣商那里购买现成的衣服，同时把自己的建议告诉做衣服的裁缝。一些非常有现代气息的广告中经常出现"陛下的裁缝"、"王后的供应商"以及诸如此类的头衔，它们反映了手工业经济的这一传统。在英国，这些宫廷裁缝被禁止佩戴他们主人的徽章；但在法国，他们以佩戴雇用他们的家族的徽章作为荣誉的标志。

类似的安排在其他行业也很常见。消费者购买金银交给金匠制成首饰，购买铁交给盾牌制作者打造盔甲、交给蹄铁工打制马蹄铁，他们全都是为了薪水而从事他们的工作。在其他行业，比如烤面包、屠宰、制造车轮，手艺人获得原材料，按照约定的价格交付制成品。

接下来，还有一定数量的产品不是由消费者定做，而是根据对需求的预期来生产，并陈列在店里或市场上销售。纽伦堡的日耳曼民族博物馆里有一套 16 世纪的木雕，非常具体地显示了手艺人的店铺是什么样子的：师傅的妻子在前厅"招待顾客"，而师傅则带着他的徒弟和满师徒工们在后面的另一间屋子里干活。卖东西的店堂里放着、挂着或立着一些现成的商品。腰带制作者的柜台上有 18 个手提包，鞋匠的柜台上有十多双靴子和鞋子，毛皮商的柜台上有半打生皮。这些木雕出自 16 世纪，也许，它们代表了一次进步，而在更早的时候，可以看到工场和店堂不分、现成产品更少的情况。然而可以肯定的是，早在 13 世纪，巴黎的面包房就在橱窗里展示它们的产品，斯德丁的金匠把他们的商品陈列在降低了的百叶窗里。在巴黎，允许手艺人从礼拜一到礼拜四在自家的店里陈列他们的商品，但要求他们在礼拜五和礼拜六把商品拿到"礼堂"或市场去销售。1319 年在牛津，大学要求手艺人在每个礼拜三和礼拜六举行的集市上销售他们的商品,这些商品必须是"成品"。在德国的城市,14世纪和15世纪建立了专门的集市大楼,尤其是"布厅"(伊普尔的布厅大概是一个绝佳的例证)。鞋厅、盐厅、毛皮厅、亚麻厅也很常见。

在城市里和集市上,商人——那些全职买卖商品的人——在满足人们的需求上也起到了一个相当重要的作用。在较大的城镇,永久性的职业零售商早在13世纪就出现了。他们完全是非专业化的,在一家店铺里经营所有种类的商品;但外国商品,比如丝绸和药材,构成了他们存货的绝大部分,远远多于本地产品。

更重要的是"年市",或称为商品交易会,在几乎每个大城市定期举行。在很多地方,它们成了那些主要经营批发生意的商人们的大集中,但集市上的商品也向终端消费者展示出售。可以肯定的是,城市方面对工业产品的很大一部分需求,尤其是对非本地产品的需求,是在这些商品交易会上得到满足的,数量庞大、品种繁多的商品来到交易会上,而且常常来自非常遥远的地方。

商品集市:德国美因茨

商品交易会是已有的分布广泛、种类繁多的地区间贸易的一次大集中。整个中世纪,手艺人云游四海,走村串户,身边是他们的包裹和手推车,里面装着他们自己生产的少量产品。手艺人外出寻找消费者,因为在一座城市里他找不到足够的消费者围绕在自己身边。早在12世纪,毛料似乎就是以这种方式从生产中心被广泛分销到各地。亚麻的分销范围甚至更广泛,而且是以成品形式销售的。矿产品从很远的地方运来。来自不列颠的锡交易可以追溯到腓尼基人。铁矿石早在 10 世纪就被运到意大利北部,在 12 世纪被出口到埃及。来自德国的白银 13 世纪就出现在香槟地区和英格兰。来自德国的铜和铅在 11 世纪被卖到了英格兰,在 10 世纪被卖到了意大利。来自米兰、威尼斯和科隆的武器和盔甲被销往欧洲各地。地区间贸易交换的其他产品还有木制品、皮革、皮件、长筒袜、鞋子、腰带、毡帽、象牙梳子。一份有趣的地区间象牙贸易的产品目录是在 A. M. 卡斯特(A. M. Cust)的《中世纪的象牙制作者》(*The Ivory Workers of the Middle Ages*)一书中找到的,并收录在《大英博物馆中世纪古物指南》(*Guide to the Medieval Antiquities of the British Museum*)中。

所有这一切,究竟是如何一起被拉进了一种生产者和消费者互相找到对方的联系中,从对温彻斯特商品交易会的描述中可以看出。威廉二世授权温彻斯特主教在该城外的山上举办一场为期 3 天的商品交易会,到了亨利二世时代,会期延长为 16 天。每年 8 月 31 日的早晨,主教的最高司法官站在山顶上,宣布交易会开始。然后,他骑马穿过各城镇,下令关闭店铺和集市,再骑马回到山上。在那里,他指定一位专门的市长和司法长官,并组成灰脚法庭[piepowder(英语),pied poudré(法语)],监管度量衡,见证契约,解决商人之间的争端。山上很快就布满了一排排木棚,每一排专门属于来自某个地区的商人或某个行当的手艺人。温彻斯特城里以及方圆 7 英里之内的所有商业都在交易会期间暂停。在南安普敦,只能买到食品;在温彻斯特,所有手艺人都必须搬到山上去。主教对进入交易会的所有商品收税。

生产者获得原材料的方式与消费者获得商品的方式大抵是一样的。当他的消费者不提供原材料的时候,他通常被要求在本地的公共交易厅、集市和交易会上购买。几乎所有的城市都禁止在公共集市之外的地方直接销售,禁令被强有力地执行。根据样品购买和购买期货在现代商业中如此重要,而在当时几乎完全不存在。

地理上的工业组织以很大程度上的地方专门化为特征,明显比今天更大。很多地方都以其特殊产品而闻名天下:林肯郡的红布、唐开斯特郡的马鞍腹带、布里斯托尔的皮革、托莱多的刀片、米兰的甲胄。这种专门化的基础,当时像现在一样,部分是自然资源、紧挨市场和偶然因素,但尤其是技术的经验基础——只有通过师傅的迁居,技术才会转移。然而,为本地生产的商品在数量上所占的比例似乎比现在更大。很多今天只有在少数几个地方才有的行业,当时在每一座城市都能找到,尤其是纺织业。

对于产业工人的数量,我们所知甚少;据估计,他们在城市人口当中所占的比例比今天更大,但在总人口中所占的比例非常小。可以肯定的是,他们的数量远远满足不了需求。有时候整座城市为争夺几名染工而被搅得鸡犬不宁。王公贵族和各大城镇都向手艺人提供特权,好让他们定居本地。手艺人的培训非常缓慢,但并没有相当可观的人口增长给工业行当带来压力。当人口因为缺医少药、瘟疫和饥荒而停滞或减少的时候,任何地方过剩的农业人口都十分有限,因为在 12~14 世纪,法国、德国和英格兰的殖民计划非常频繁。

手艺人的生产力也很低。工业产品居高不下的价格显示了这一点。在 14 世纪的英格兰,1 吨铁的成本是 180 先令,相比之下,这个成本在 1928 年的美国是 22.75 美元(1932 年是 13.60 美元),而这个时候,货币的购买力降低了若干倍。在 1428 年的韦塞尔,342 位织布师傅(有满师徒工和学徒)只生产了 5 140 匹布。1399 年,博韦的 400 位织布师傅吹嘘他们一个礼拜生产了大约 100 匹布。而那时完成一把好锁则需要 14 天的时间。在艺术品的生产中,根本就不考虑时间。完成一座大教堂需要几个世纪,一代接一代的人在为唱诗班席位劳作。吉贝尔蒂(Ghiberti)为佛罗伦萨圣约翰洗礼堂的大门整整干了 40 年。

还有一个问题,即中世纪城市中的工业生活是否完全是按照行会的方式组织的呢?可以肯定,正如我们已经看到的那样,工业活动的一个重要组成部分,也就是在家里进行的手工业生产,依然处在官方组织和承认的行会之外。从 13 世纪下半叶起,行会本身显示出了瓦解的迹象。收入上的巨大差别削弱了师傅们之间的伙伴关系。1292 年,巴黎有 7 个手艺人的收入超过 5 000 里弗,有 821 个手艺人的收入不到 250 里弗。就连产量限制,在同一行当的不同个人之间也有所不同。在法兰克福,11 个毛纺师傅每人有权为商品交易会生产 36 匹毛料,而另外 79 个师傅每人只有权生产 4 匹。当师傅们越来越有钱有势的时候,满师徒工被承认为师傅的希望便越发渺茫了,于是他们开始组织满师徒工行会,在他们作为工薪工人的利益基础上联合起来。这些满师徒工行会非常类似于现代技术工人的工会。

另一方面,随着工业的发展,手工业行会便越来越多。某座城市的行会数量,是其工业重要性的公正衡量。行会继续占支配地位的另一个迹象是这样一个事实:长期以来,工业生产单位继续是行会类型的小规模个人单位。流传下来的统计数据总是显示,一个行当的满师徒工的数量少于师傅的数量。例如,在 16 世纪的海德堡,一半以上的师傅是一个人单干,只有 1 个师傅的满师徒工达到了 5 个。前文提到过的纽伦堡博物馆的木雕所显示的满师徒工顶多不过3~4人，经常只有一个学徒与师傅一起干活。1443年，当吕贝克的托尼·埃弗斯(Tonnies Evers)被发现有12个满师徒工和7个学徒的时候，他的行会要求他减少数量。

手工业时代的场景：师傅与徒弟

总体来说，我们可以得出结论：尽管相当一部分人口并没有被组织在行会中，而且尽管从很早的时候起，即便在师傅们中，行会也不再是一个完全平均主义的组织，但是，在生产商品的工业中行会依然很重要，这种重要性一直持续到了16世纪。与小单位的手工业理想及师傅对自己手艺的个人热爱比起来，行会章程的关联和约束依然没有那么重要。理论上对手工业理想有利的条件依然存在：靠经验积累的技术、缓慢增长的人口、长期持续的对工业产品的稳定需求，以及现代意义上的竞争几乎完全被排除在外。相反，一种即将把手工业制度驱逐出去的新的经济生活形式——资本主义——的发展所需的必要条件尚不存在。接下来我们将看看，即便在我们最有希望看到资本主义形式的经济活动——出口工业和商业——中，手工业理想如何占优势。

手工业体系中出口工业和商业的组织

为出口和商品销售而生产，乍看之下，似乎其特性使它们远离了手工业经济(自给自足，协会形式，在传统上受到控制的经验主义技术)。就其本质逻辑而言,它们或许正是如此。我们将看到,正是在这些领域,资本主义现象最早出现。然而,更仔细的考察将会显示,即使在这些领域,手工业体系典型的习俗、关系和限制,直到中世纪晚期依然盛行。

在14世纪,佛兰德斯的布料工业发展成了(相对)较大的出口工业,新的成分进入了它的组织,大大小小的商人们试图控制织布工。这一努力招致了织布商行会的愤怒而被成功地抵制。他们的抵制、他们为了确保自己及其他行会在政府部门挣得一席之地而作出的持续不断的努力,以及他们所制定章程的纯行会精神,即便在15世纪,依然证明下面这个印象是有道理的:佛兰德斯的纺织工业本质上依然是一种手工业组织。佛罗伦萨的纺织工业,正如我们将会看到的那样,稍早一些的时候便开始有了一套明显带有资本主义特征的组织。另一方面,威尼斯、卢卡和日内瓦的丝绸工业,在很大程度上也是出口工业,而在特征上是手工业。中世纪的采矿业通常是由工匠协会来经营的,就连纽伦堡、佐林根、施马卡尔登及其他五金出口中心的小五金制造业也是按照手工业的方式在经营。也就是说,我们总是发现带有满师徒工和学徒的师傅团体,他们根据他们的共同利益控制着本行业。

更令人惊讶的是,我们发现,商业本身也是按照手工业的方式来组织的。按照定义,商人似乎应该专门关注利润的生产,以至于一开始我们很难想到他们会根据维持生计的观念,或者根据传统技术来限制自己的努力。对中世纪商业的直接考察很容易让我们看到,事情正是如此。首先,即便是在最大的中心城市,商业的规模也很小。例如,在当时最大城市之一的吕贝克,1384年只出口了价值293 760马克的商品,按今天的币值计算,约为500 000美元。另一个主要的利益集团,英格兰的羊毛出口在1277～1278年间只有3 000吨。如果我们考虑到瓜分这些生意的商人数量,那这些微不足道的数字就显得更加令人吃惊了。英格兰的羊毛出口由252个商人经营,按现值计算,一年的平均营业额是4 000美元。50份出自1156年及之后的热那亚的康曼达契约的平均金额在250～275美元之间。1429年,在富有的商业城市巴塞尔,身价超过10 000美元的商人只有5个。

说到前资本主义时期出口贸易的规模之小,另一个指标是商船的吨位之低,这些商船通常由几个商人共同拥有和经营。1470年,7艘西班牙商船被英格兰的海盗俘获,并被带入了英国的港口,西班牙的船主们要求归还,他们宣誓列出了船只的吨位和价值;其吨位从40吨至120吨不等(其中100吨和120吨的有3艘),价值从70英镑至180英镑不等。陆上贸易规模更小。1391年,巴塞尔商人的一个商队在前往法兰克福商品交易会的途中遭到劫掠,其价值是9 544弗罗林,组成商队的61个商人平均每人不到400美元。在14世纪俄罗斯城市诺夫哥罗德的一次大型商品交易会上,德国商人最小的一批货物的价值据估算是2 500美元。

在思想和情感上,在社会地位上,在其活动的性质上,商人似乎很像小手艺人。他所惦记的头等大事莫过于按照现代的无限制方式挣得利润;他受制于维持生计的观念。正如反对进步的路德在《商业与高利贷》一文中所写下的那样:"你一定要当心,在这样的商业中,除了你应得的食物之外,不应该寻求其他任何东西。"商人也是一个技术工作者,至少在他自己眼里是这样。他的技术就是计算、旅行[安德里亚斯·里夫(Andreas Ryff)每年要探访30多个集市],以及一定程度的书写。我们有鲁卡斯·雷姆(Lucas Rem)的日记,他是一个德国人,在1500年之后不久去威尼斯学习"计算"。商人也利用典型的师徒关系来传授他的技术,必须记住的是,这些技术属于非常低级的那类。《1673年法国商业法令》的第一章涉及商人和他们的学徒。

计算是商人的"手艺"

商人的法规和习俗也说明了这一手工业的特征。早期的个人联合——其中大多数是家庭联合——只有一个公用的金库,每个人从中各取所需。所有商人关系都是个人性质的。商人用自己的商品面对消费者,换取他们的硬币或他所需要的其他商品,而不是通过交换工具,比如支票或汇票之类的。如果他借了钱的话,不会想到出借人的好处,而经常想到他的行会,考文垂商人行会的章程写道:"若本行会的任何人非因自身的过错而陷入贫困,本行会将借给他一笔钱,为期1~2年,视其方便的时候归还,不获取任何收益。"佛罗伦萨的布料商行会起初把高利贷者排除在外,后来,当金钱的借贷成为一种更常见的做法时,便允许他们加入行会,并为此收取他们双倍的费用。商人行会的章程中到处都可以看到手工业行会的基本观念:进出本城的买卖都是生计的来源——所有成员皆享有同等权利的生活资料。说到手工业时期商业的特性以及它与现代商业的区别,大概没有任何一项简单的特征像下面这个事实显示得这么清楚:竞争在任何地方都遭到禁止,不管竞争的手段是不规则交易、广告、诱惑消费者,还是违背标准价格。

我们已经以非常简略的方式研究了欧洲社会中作为资本主义前身的两种制度的经济特性。现在,我们的问题是要标示出最早的资本主义现象。

第二篇

现代资本主义的基础

第三章 作为经济组织的国家

对资本主义的间接促进

我们称之为国家的政治组织,对我们所说的资本主义这种现代经济制度的发展至关重要。国家纯粹是现代发展的产物,完全不同于古代人的城邦,不同于罗马人的帝国,也不同于我们称之为封建制度的那种准无政府状态的制度。它在12世纪和13世纪随着英格兰的亨利二世、法国的腓力二世和西西里的腓特烈二世这样一些人物而开始出现。在我们眼下涉及的那段时期,国家朝着权力集中于一人之手的方向发展,这个过程在法国的路易十四时代达到了高潮,那句"L'Etat, c'est moi"[1]的著名格言就是出自他之口。这很容易过分地强调集权于一人之手。不管国家是一人掌权,是寡头统治(威尼斯、18世纪的英国),还是民主政体(法国、美国),权力逐步向专制主义靠拢似乎是一种共同的现象,正如今天的一些民主国家那样,比如美国,可以肯定至少在原则上,政府着手把它们的权力扩大到无远弗届的程度。布莱克斯通(Blackstone)宣布:"我不知道地球上还有什么权力能够顶住国王、上议员和下议员在议会里鼓捣出来的一项法案。"

就其发展而言,国家直接有利于资本主义的形式,不过,除了自觉促进资本主义的活动之外,它还以间接的方式促进资本主义。国家本身是一个组织,

---

[1] "L'Etat, c'est moi"是法语,意思为:朕即国家。——译者注

它把一个对资本主义来说至关重要的观念带入了社会,这就是两种截然不同的阶层的观念:管理者和执行者,统治者和臣民,类似于企业家和工人。这种类型的组织在军队中尤其典型。中世纪的作战部队是由临时凑在一起的封建小单位构成的,一般而言,他们要养活自己、管理自己。君主制国家的军队是一支领取报酬的军队,经常行军,由政府官员管理。从傅华萨(Froissart)记述的克雷西战役的故事中,可以得到一个绝佳的例证,说明了一支开始表现出现代观念的军队所面临的封建安排。然而,正是法国国王查理七世颁布著名的《宪兵法令》(1439年),第一次创立了现代意义上的军队,这一步对于法国君主政体的迅速发展大有意义。15世纪中叶在法国发生的事情,在接下来的两个世纪里先后发生在所有的欧洲国家。海军中也出现了一次类似的发展。无论是陆军还是海军,规模的标准都在稳步提高。诺曼底人以不超过7 000人的兵力,赢得了黑斯廷斯战役。在巴勒斯坦的一场战役中,人数最多的十字军战士是10 200人。中世纪所见过的最庞大的陆军是1347年爱德华三世在加来投入的32 000人。相比之下,到了18世纪,欧洲各国的陆军已经增加到了数十万人。

国　　家	陆军人数
奥地利(和平时期)	297 000
俄罗斯	224 000
普鲁士	190 000
法国	182 000

在13世纪,热那亚用65艘战船装载大约12 000人(主要是划手)控制着地中海。1588年,西班牙的无敌舰队被认为是世界上最庞大的海上武装,有130艘帆船和65艘战船,装载约30 000人。而在1786年,英国的舰队由292艘战舰组成。

这些人员和物资日益庞大的组织,需要新的生产和供应体系。中世纪的武士通常自带武器和盔甲。随着火药和大炮的引入,这种情况必定要改变;15世纪开始出现兵工厂(巴黎、蒙斯和布鲁日)。小型武器继续由士兵个人自带,火枪很对他们的口味。16世纪,西班牙步兵的长矛提供了大部队中使用统一武器的第一个实例。同样,西班牙政府最早发展出了为军队提供食物和庇护所的制度,通过政府官员(军需官)来实施,而不是留给士兵自己处理。只有到了18世纪,士兵的穿衣戴帽才成了国家的事情。

军队的正规化促进了资本主义的发展

所有这些变化都直接（即便不是故意）影响着经济生活：它们给企业家提供了用武之地，同时也创造了对企业家的需求，只要他们能够按照足够的数量组织所需物品的生产，并按照要求的地点和时间交货。

重商主义政策

国家自觉地促进资本主义的发展。在促进的过程中所用到的理论和政策，我们称之为重商主义。遗憾的是，对于定义的目的来说，重商主义从未得到过一个我们可以毫不含糊地加以引用的系统解释，事实上，也没人写过一部令人满意的重商主义历史。因此，我们不得不从零零碎碎的特征中来拼凑它的定义。中心观念体现在柯尔贝尔(Colbert)的解释中："我相信，人们一致同意这样一个原则，即一个国家的强盛，唯一取决于这个国家的钱是否充足。"首先要指出的是，在一个非常重要的方面，重商主义把城市的经济感情延伸到了国家的更宽广的区域。目标是整体的利益，而不是个体的利益。正如城市奉行确保其居民能得到必需的生活资料的政策一样，国家也逐步承担了同样的职能。在英国、西班牙和法国，自13世纪起，国王便断断续续地以不同的方式禁止粮食原材料的出口，尤其是谷物和肉类。[1]

在重商主义政策中，一切经济活动都是"特许的"，正如在中世纪的城市里

---

〔1〕关于重商主义思想的更系统化的讨论，参见本书第三篇的第十章。

手艺人和商人都是从本社区得到他们生产或贸易的权利那样,在国家,君主也授予这样的"权利",并要求履行他(作为国家首脑)认为符合国家利益的责任。然后,君主也有他自己的作为统治者的利益。由于他的权力是建立在雇佣军和领薪水的官僚的基础之上,他尤其需要钱来支付他们的报酬。为了能够通过税收或借款筹钱,国家必须能得到充足的贵金属供应。贵金属——英国的重商主义者通常称之为金银锭(bullion)——的供应,是重商主义国家特别留意给社会提供的好处,就像中世纪的城市留意肉类和谷物的供应一样。国家促进白银(后来是黄金)的直接获取,同样的意图构成了早期殖民主义的基础。国家自然而然地把自己与早期的资本主义联系在一起,因为两者都反对中世纪的封建单位和城镇的地方主义,两者都依赖于贵金属的充足供应。重商主义感情的另一个特征,可以通过法国国王亨利四世1603年那份敕令的序言来说明:应该把技术和制造作为"避免贵金属输出王国并因此使我们的邻国变得富裕的唯一手段"来鼓励。由于政策的目标是实力,而实力是相对的,打造实力的贵金属在邻国的增长,也就是本国的损失。

关于工业和商业的重商主义政策表现在下列几个方面:(1)特许权的授予;(2)管制;(3)统一。特许权有时候表现为垄断的形式。这种做法出现在"第一个现代国家"、腓特烈二世统治下的西西里,他宣布自己拥有谷物、盐、铁和生丝的所有贸易的垄断权。在15世纪,意大利等各个专制主义国家都宣布拥有一切贸易的垄断权。很多组成了行会的煤炭商人被授予了专有权利,可以销售煤炭给来自纽卡斯尔的船只;只有商人冒险家公司有权在尼德兰和德国销售英国的布匹。这种地理类型的垄断,其最重要的发展发生在海外贸易中,在这一领域,垄断权是一些大型贸易公司的基础,比如英国、法国与荷兰的东印度公司;而生产领域的垄断一样常见。借助国家的权力,老工业被现有的行会所垄断,新工业则自然而然地被它们的发明者或引入它们的人所垄断。

工业特许权的另一种形式,是以这样一种方式对商业实行全面的控制,以便防止原材料的出口及制成品的进口。1278年,法国的腓力三世禁止出口本地的羊毛,而且在其后的几个世纪里,这一禁令再三被重申,并被扩大到其他原材料(1305年、1320年、1567年、1572年、1577年)。1258年的牛津议会也禁止英国的羊毛出口;但英国后来成了一个羊毛出口大国,直到都铎王朝时期,它才再次开始一系列禁令,直至1825年终止。区别性的"保护"关税出现在16世纪(英国,1534年;法国,1564年、1577年和1581年),在财政大臣柯尔贝尔的治理下成为一套得到了充分发展的制度。"柯尔贝尔主义"一直支配着商业政策,直到1786年英法之间签订通商条约。国内关税边界的撤销,是另一项对全国规模的资本主义发展有重大意义的措施。柯尔贝尔还保证废除"五大税区"——它至少把法国北部联合为一个单一的经济区,法国大革命完成了他的工作。在德国,各州之间的壁垒直到"关税同盟"组成(1834 年)之后才被打破。

政府很大方地拿出奖金和津贴来促进和鼓励资本主义企业。柯尔贝尔就是以这种方式花掉了 5 500 000 法郎,这还不算各行省和城市提供的相当可观的金额。在英国,给出口商品发奖金成了首选的方法。在奥地利,每年有 50 000~80 000 弗罗林被用来发奖金。萨瓦里(Savary)在他的《商业辞典》(*Dictionnaire du Commerce*,1726)一书中列出了法国所使用的大约 20 种鼓励形式,从把重要的企业家封为贵族,到承认工人的师傅地位。

管制是特许权的另一个方面:既然工业是一种由国家授予的特许权,那么它就必须由国家来控制。1630 年,在监管制度延伸范围最小的英国,政府操心以下这些问题:

(1)只能用西班牙黑来染丝绸;
(2)在礼拜五及其他斋戒日不能吃面包;
(3)委员会应该调查渔业为什么不繁荣;
(4)几个郡的委员会应该检查出口的布匹是否符合规定的长、宽和重量;
(5)布料只能用本地的羊毛生产;
(6)不得使用洋苏木或黑檀做染料;
(7)不得进口外国线;
(8)不得在伦敦建造新房子;
(9)不得在英国种植烟草。

在法国,政府甚至要控制叶片和线轴(都是纺织工具)的尺寸。在 1683~1739 年间,共通过了 230 项管制工业的不同措施。很明显,在事无巨细的管制措施上,国家只是在延续古老行会的精神。实际上,行会本身一直精力充沛地存活到了 18 世纪末,比从前更加排他,法令也更严厉,而且凭借国家的广泛权力,把它们迄今为止一直属于地方性的权威全国化了。在法国、英国和德意志各州便是如此。行会的数量也在稳步增

手工业时代的场景:鞋匠与主顾

长。从政治上讲,行会由于国家权威对它们的全面取代而日渐式微,但它们所体现的经济理想被保留了下来。在17~18世纪,资本主义工业引发了管制的洪流,这些措施也是直接对付行会的,不过一般而言,这些管制意味着行会限制的缓和。因此,伊丽莎白时期的《工匠法》延续并推广了师傅—满师徒工—学徒的关系,但并没有包含对学徒数量的限制。

国家权力的行使涉及工业体系的全国化,这个过程在英国和法国大约是同时完成的(伊丽莎白女王、亨利三世和亨利四世),但在德意志各州则没有走得这么远。在英国,行会在一定程度上成了全国性的,但继续在中央政府的监管之下。在英国和法国,行会都是为了控制发展中的家庭工业而组成的。在法国,老行会都被全国化了,只不过非巴黎的师傅不能在巴黎从事他的行当。

重商主义国家还通过它的交往政策来促进资本主义经济——通过促进私人企业家的利益的措施(比如英国1651年的航海法案),通过对造船业的奖励,通过建立统一的商法、度量衡体系和货币制度。它还通过修造公路和运河,通过组织邮政,使得交往更加便利。在亨利四世的财政大臣苏利的领导下,法国开始修造运河。柯尔贝尔执行并扩大了他的政策。在1737~1769年间,法国政府每年要在公路和运河上花费200万~400万里弗。我们稍后将更充分地考察交通手段的发展。

货 币

国家的另一个与资本主义形态的发展大有关系的职能是货币体系的建立。货币是什么,每个人都是根据自己的经验来认识,然而,货币的定义却是一个没有达成共识的东西。人们不难认同,货币是:(1)一切交换价值的表达;(2)交换和流通的一般手段;(3)记账的一般手段;(4)储存交换价值的一种手段。而分歧始于人们试图得出货币的单一定义的努力。然而,如果从另外的立场来研究这个问题,我们就会发现,在同样的名称下有两种不同的类别。这个立场就是这样一个问题:究竟是什么使一样东西成为货币?在一种情况下,它是一起交易的社会群体的普遍共识;在另外一种情况下,它是立法权(国家)独断专横的行为。简单的交易货币可以建立在某个东西作为一件商品的价值的基础之上。作为记账手段的货币依赖于有权定义它的国家的行为。国家可以拿(通常也这样做了)平常的交易货币作为记账货币,并赋予它记账货币的性质。另一方面,国家也并非全能的。如果它试图建立一种估价过高的货币,价值被低估的其他种类的货币就会消失(格雷欣法则)。

第三章 作为经济组织的国家

交换货币的早期历史(13~18世纪)以极其简单为特征,无论是在技术方面,还是在经济控制方面,都很简单。

硬币在纯手工艺的基础上打造,制造成本占其价值的6%~25%。17世纪末,英国的硬币在重量上差不多有10%的变化幅度。对经济力量的理解同样不足:法国的法令反复抱怨人民拒绝接受贬值硬币显得愚蠢和固执。国家并不认为提供可靠的货币是自己的分内之事,而是从纯财政的观点出发,把控制货币视为一个利润之源。英国在伊丽莎白统治下的重铸货币,是最早纯粹作为经济措施而设计的。直到进入17世纪之后的很长时间,法国和德国才采取了类似的措施。从事国际贸易的商人,尤其是国际货币商,发展出了一个有组织的货币市场作为一种保护措施,防止各国君主为了提供确定的等价商品而朝令夕改。从13世纪到15世纪,佛罗伦萨就是这样的市场,那里的汇率对几乎整个欧洲都是固定的;从15世纪到18世纪末是安特卫普;接下来是伦敦。

中世纪手工打造硬币的作坊

硬币的国际间流通远远超过今天。当斐迪南一世皇帝在1559年颁布诏令要把外国硬币逐出德国的时候,他把一些硬币排除在了这篇诏令的执行之外,它们是来自西班牙、葡萄牙、法国和意大利的铸币厂的7种不同的双达克特、23种不同的达克特和10种不同的克朗。1606年,尼德兰的"招贴"(商业报纸的一种早期形式)上包含了将近1 000种外国硬币的行情表。英国在18世纪使用了大量的葡萄牙硬币。

黄金和白银的相对价值,部分由法律决定,部分取决于交换,而且还受到下面这个事实的影响:它的成本与银币合金的价格成正比。这有时候导致了某种金属由于弄错了法定价格而彻底消失:1345年,白银(作为货币)就是这样在佛罗伦萨消失了。此外,整个这一时期,由于成色或重量的改变而出现了一次普遍的硬币连续贬值。西欧的所有硬币,其形式差不多都源自查理曼大帝的镑、苏勒德斯、第纳尔体系,但不同的贬值过程导致了广泛的价值差异。在汉堡和吕贝克,1磅纯银所制造的硬币的数量,从1226年的2马克2先令增长到了1506年的12马克8先令。英国的银便士在1300年重约22金衡格令,在1464年是12金衡格令。1039年,用234金衡格令的纯银可铸造2里弗19苏,而在1720年可铸造98里弗。佛罗伦萨的金币,即"弗罗林",是这几百年来唯一始终不变的硬币。这种硬币的持续贬值,主要归因于国家对财政收入(这里是以利润的形式)的需要,但部分程度上也要归因于白银的增值(有时候),正如14世纪和15世纪的情形那样。

作为铸币者技术上低效无能的结果,通货的问题由于一种做法而进一步变得复杂,这种做法在英格兰国王查理一世的一篇法令(1627年)的序言中得到了最好的描述:"某些金匠发展到了无法无天的程度,以至于若干年来,为了他们的一己之私,而擅自对我们王国内流通的各种货币进行分类和称量,最后把那些要么是因为没有磨损、要么是因为其他意外而比别的硬币更重一些的老钱和新钱挑选出来;这些最重的钱不仅被融化用来制作器皿,而且甚至拿来出售,卖给那些出口它们的外地商人。"

货币作为一种经济要素,其历史上的新纪元在英国政府废除了铸币捐税之时便开启了,这样一来,也就把铸币从财政事业的领域清除出去了,而纯粹把它作为一项为了贸易方便而必须履行的职能来对待。巴西和非洲金矿的开采所带来的黄金供应的增长(正如我们将要看到的那样),导致了金本位的采用。主要的步骤如下:

(1)宣布银币和金币的自由铸造(1666年);

(2)公库对黄金的积累;

(3)黄金被宣布为法定货币(1717年);

(4)由于黄金的估价过高而导致白银的消失;

(5)白银被局限于小额货币;

(6)银币自由铸造的终结(1798年)。

16世纪和17世纪交易的变幻莫测导致了另外的像弗罗林和金镑那样的工具产生,目的是要获得一种稳定不变的记账货币——那就是"银行货币"。那年头,银行的主要功能是,通过提供一种统一而稳定的货币,从而使记账问题得以简化。它们在欧洲至今依然被称作"转账银行",而不是贷款机构。其中最著名的有:威尼斯的里阿尔托银行(1587年)、阿姆斯特丹的威瑟尔银行(1690年)、汉堡的转账银行(1629年),以及纽伦堡的公共银行(1621年)。当年有人这样描述阿姆斯特丹的威瑟尔银行:"它为商业界提供了如此大的便利,以至于你要是没有在本城生活过一段时间并做过生意的话,你都不敢相信它的可能性,因为数百万的账目如今通过给银行职员的简单指令,就可以像每天的例行公事一样解决掉。"这一时期的银行结单和统计数据现存的极少,不过据亚当·斯密估计,阿姆斯特丹银行的存款高达3 000 000英镑。

苏格兰银行的纸币(1716年)

纸币是国家对创造恰当交换手段的兴趣的又一次表现。纵观整个18世纪纸币的历史,其典型的特征是:国家机构在处理一个如此微妙的问题时所表现出来的无能,以及社会对纸币的深刻不信任,人们最初在涉及这一新工具时所犯下的非同寻常的错误,证明了这种不信任也不无道理。引人注目的例证是法国的"约翰·劳体系"和英国的"南海泡沫"。约翰·劳银行在它1720年倒闭之前不久,发行了20亿里弗的纸币;当法国再次想到要创立一家发行银行的时候,已经是半个世纪之后了。在丹麦、挪威、瑞典、俄罗斯和美洲殖民地,也出现了类似的滥发纸币,并导致了类似的结果。一个例外是英格兰银行,它的发行权被限制在它的资本总额以内。这防止了印钞机的滥用,而在其他的纸币计划中,这种滥用是如此普遍,但它也意味着,纸币发行只是英国货币供应中非常有限的一部分;即使在18世纪末,纸币发行也不到10 000 000英镑。18世纪的大部分时间里,纸币对硬币的比例大约是1∶50,到18世纪末大约是1∶10;而在1921年的美国,这个比例是3.5∶1。

殖民主义

殖民政策是国家服务于资本主义的另一个领域。我们已经讨论过殖民经济的意义，这里我们只涉及与殖民地直接有关的国家行为：殖民地的占领、组织和控制。"殖民地"这个词恰如其分地适用于希腊人的移民点，适用于罗马人在边境地区的军事移民点，适用于中世纪法国和意大利的领主们为收复荒地而发起的移民点。然而，对于现代国家而言，它的意义稍有不同：凭借对其自身利益的所有权而加以开发的边远领地，而不是对最初整体的必要扩大。重商主义政策中的殖民地，对国家而言就像周边地区对中世纪的城市一样。殖民地必须把它们的产品交给母国，就像周边地区只能在本城销售它们的产品一样。殖民地必须从母国购买产品，尤其是工业产品；殖民地不得生产母国销售的产品；母国保留对运输的垄断权。然而，这其中也存在一个明显的区别：中世纪的城市被维持生计的观念所支配，而重商主义国家的目标是利润。没有自然需求的限制妨碍国家获得和开发殖民地；它以无限开发为目标，因为它的目的不是生活资料，而是黄金。

对现代欧洲来说，这个意义上的殖民化始于意大利城邦在十字军东征期间的斩获，以及东罗马帝国的瓦解。热那亚、比萨和威尼斯得到了十字军所征服的部分城市，加上周边地区的相应区域。当君士坦丁堡在1204年被占领的时候，威尼斯的殖民帝国经历了一次突如其来的扩张，它得到了整个东罗马帝国的3/8，包括爱奥尼亚群岛、达达尼尔海峡和马尔马拉海的控制权、克里特岛、塞浦路斯，以及后来在黑海和亚美尼亚所获得的地盘。热那亚迅速发展成了一个危险的竞争对手，在黑海地区有一大批殖民地，包括希俄斯岛、萨摩斯岛、塞浦路斯的部分地区，科西嘉岛，撒丁岛，在西班牙、希腊、亚美尼亚海岸、叙利亚和巴勒斯坦的领地。比萨和佛罗伦萨在叙利亚、巴勒斯坦、非洲和希腊也有领地，但从来都不是争夺最高权力的危险对手。葡萄牙人和西班牙人的发现，开辟了通往印度和西半球大陆的新航道，使得大西洋列强成了庞大的殖民国家。西班牙赢得了整个南美（巴西除外）、中美和北美的南部地区，还有加勒比海和菲律宾群岛中的大部分岛屿。葡萄牙帝国与西班牙旗鼓相当；非洲的东、西海岸，巴西，阿拉伯海沿岸，以及摩鹿加群岛——其大部分后来成了其他国家的战利品。法国从黎塞留时代（1627～1642年）起构建了它的庞大帝国——新法兰西（加拿大和路易斯安那），连同安的列斯群岛中的马提尼克岛、瓜德罗普岛和海地。荷兰人用一些零零碎碎的富庶地区构建起了一个庞大的帝国,这些地区大多是从西班牙人和葡萄牙人手里夺过来的,外加好望角、巽他群岛和新阿姆斯特丹。英国人定居在北美的东海岸,蚕食其他的殖民帝国,一直是最后的、最牢固的拥有者。

在很大程度上,殖民帝国的历史是一部战争史:它们是被征服的。即使有时候会签订一份条约,允许商人进入,但殖民地很快就会成为与本地人之间、与竞争的殖民公司之间及与竞争的殖民国家之间兵戎相见的机会,这些战争总是在欧洲的战场上接受它们的最终裁决。几乎用不着列举例证:热那亚与威尼斯之间的长期斗争、荷兰人争取独立及西—葡殖民地的战争、伊丽莎白时代英国与葡萄牙之间的战争、17世纪英国与荷兰之间的战争、18世纪英国与法国之间的战争。

最早的英国殖民者到达美洲

对殖民地的开发利用遵循几种模式。移民点的模式几乎只限于英国和法国在北美的殖民地。其余的全都是商业殖民地或种植殖民地,是利用对外族人口的贸易特权或劳动权利的小群体。这种模式有时候还伴随着直接的国家行为,就像在威尼斯和西班牙的殖民地那样。更常见的情况是,殖民公司从国家那里得到特许权和政治权利,包括进行战争的权利。殖民公司最早的形式是热那亚的马奥纳(Maona)。最著名的马奥纳是希俄斯岛的马奥纳,它从政府手里获得了对该岛的控制权,条件是偿还由于此次征服所产生的债务。从16世纪起,大的贸易公司充斥着殖民史的书页:英国的莫斯科威公司、累范特公司、东印度公司和皇家非洲公司,法国的印度公司,荷兰的东印度公司。

尽管从意大利在累范特的殖民地时代,直到大型贸易公司的衰落和奴隶

制的废除,殖民地形式五花八门,但殖民地的制度基本上是一样的,因为它是在同样的基础上发展起来的:

(1)特权。累范特殖民地的封建特许,西班牙殖民地的监护征赋制,英国、法国与荷兰殖民地的贸易专营权。

(2)其强大程度与殖民地本身成比例的军事组织。"荷兰在孟加拉的工厂看上去更像是一座城堡";荷兰东印度公司维持着一支由12 000名欧洲人组成的常备军;1765~1771年间英国东印度公司花费了9 000 000多英镑用于印度的各个要塞;1734年,牙买加有7 644个白人,有一支3 000人的驻防部队。

(3)奴隶制或其他形式的强迫劳动得到法律的承认和支持。

宗 教

最后,国家成了一个这样的机构:通过它,宗教因素先是成为经济发展的障碍,然后又逐渐被排除。国家教会的发展,得到了宗教改革的增强,起初加剧了对信仰改变的压制,无论是在新教国家,还是在天主教国家,都是如此。在16世纪和17世纪,由于宗教淡漠(蒙田)、宗教原则(佩恩)、逻辑推理(拜尔)或政治考量(法国的政治),宽容的原则开始出现。然而,在17世纪,经济考量开始作用于同一目的。因此,在犹太人被赶出英格兰400年之后,克伦威尔(Cromwell)允许他们进入英国。詹姆斯二世在他的《宽容谕告》中认为:"迫害对人口和贸易都是不利的。"荷兰在奥兰治的威廉(William of Orange)的统治下成为了第一个实行完全宽容政策的国家。打那以后,宽容政策被扩大到了各荷属殖民地。马里兰、罗得岛、宾夕法尼亚和卡罗来纳等殖民地在创建的时候就以宗教宽容作为其基本法的一部分。英国通过1689年的《宽容法》,暂停了对不信奉国教者的迫害。然而,直到18世纪末,宗教宽容才成为普遍的政策。犹太人得到宽容,在荷兰是从宣布独立(1580年)起,在英国是从1654年起,而在某些美洲殖民地和少数德国城市是从17世纪起。基于宗教的法律歧视,在任何西欧国家都没有完全消失,这种情况一直维持到了19世纪晚期。

非宽容活跃的时期,曾经在大多数欧洲国家的人口中制造了裂痕:正统和异端。宗教异端分子发现,移民是有利的,因此不得已而为之(荷兰和美洲的朝圣者和清教徒,荷兰、英国和美洲的胡格诺教徒),他们把技术知识和进取精神带到了移民目的地。宗教战争本身是一个经济事实,实际上明显是破坏性的,但正如我们将看到的那样,它们也开辟了通往新的经济生活形式的道路。

注解：

"资本主义"这个词，在本书中很多地方是作为"现代欧洲的经济制度"的同义词来使用的，它对不同的人有着不同的意义。科学社会主义的伟大创始人卡尔·马克思(Karl Marx)把它作为一种代表整个19世纪欧洲社会的词语来使用。一位杰出的英国经济学家和历史学家用这个词来指称那种大规模资本在其中扮演主要角色的制度。一位美国经济史家说："关于今天的资本主义体制，从组织的角度来看，一个引人注目的事实就是，资本以可兑现股票的形式存在，它被视为一种能产生利益的投资。"这两种定义或描述，从某种观点来看，都有其效用，前者是从一个研究资本角色的学者的观点来看，后者是从一个研究"今天的资本主义体制"的学者的观点来看。本书的目的是要把欧洲社会作为世界史上一个不断演化的实体来描述这个社会的经济方面，因此，从本书的立场来看，有必要研究今天，不仅仅是为了差异，而且更是为了演化的开始；有必要超越可兑现股票，甚至超越资本——这些只不过是欧洲人的经济活动中所使用的两种工具而已。另一方面，需要一个概念，比马克思的概念更狭隘地局限于挣钱和花钱的方式。这里所需要的，是从社会的角度，而不是从经济抽象或经济手段的角度给出的定义。

那么，在本书中，资本主义是一种交换经济的制度，以某些与众不同的特征为标志。两个人口群体——生产工具的拥有者和无财产的工人——被清楚地区分开来，但通过市场建立了非人格关系的合作。资本主义中经济活动的指导原则是无限制的利润，在与其他经济主体的竞争中获得或寻求这种利润，而竞争所借助的手段便是围绕这一目的充分合理化了的各种工具。

其中有几项特征是资本主义与手工业制度所共有的。两者都是交换经济制度，以高度的职业专门化为特征；两者都是通过市场关系来运转。资本主义与手工业制度的不同在于：(1)管理人之间的社会差别，一方面是生产资料的所有者，另一方面是技术工人；(2)前者追求利润的主导原则，对比后者满足个人需求的生计原则；(3)前者的理性主义，周密计划及手段对特殊目的的适应，以及一丝不苟的会计账目，对比手工业制度的传统主义。

资本主义经济看得见的形式是资本主义企业，它可以是一家工厂或一家商行，一家职业介绍所或一家银行；它可以是一个人的公司，也可以是以几个人的财富作为资本的联合体；它可以使用奴隶，也可以使用自由劳工；它可以充分独立，也可以完全与政府绑在一起。总之，它可以是20种不同形式中的任何一种。

资本主义企业家的作用是：作为生产的组织者，他把劳动者和原材料组织到一起；作为商人，他为按照预期需求生产的商品寻找市场；作为会计师，由于他的目标不直接是个人的生计，而是一笔现金，那么，他就要留意自己的经济活动，关注它们所产生的现金余额。

第四章 资本主义的技术装备

工业工具

西方文化中的浮士德精神,在发明领域比其他领域表现得更加明显。我们所说的中世纪和现代,这两个时期之间的裂痕表现得最明显的莫过于这一领域。正如我们已经看到的那样,中世纪的技术是经验主义的、有机的。对固执的中世纪头脑来说,新装置的发明是"歪门邪道",是与魔鬼过于亲密所导致的结果。传说中的浮士德,原本就是一个发明新装置的人,就是这样一种交易的参与者。这个传说表达了新教中中世纪的反动方面。帕斯卡尔(Pascal)曾这样说到他的同时代人:"搞发明的人很少,不搞发明的人更多,因此也更强大。他们总是拒绝授予发明家以荣誉,而这样的荣誉,正是他们应得的,也是他们通过自己的发明所寻求的……发明家所获得的一切,是众人的嘲弄,以及幻想家的名号。"

尽管如此,一种新的、引人注目的对新工艺的兴趣,依然是 16 世纪和 17 世纪的显著标志。列奥纳多·达·芬奇(Leonardo da Vinci)将以他对现代科学的深刻而全面的见识,以他聪明灵巧的机械想象力,而提供一个绝佳的例证,但他是独一无二的。达·芬奇作为一个艺术家的伟大以及他的那些伟大画作的不朽,使得我们很难认识到作为一个伟大的机械天才和一个伟大的土木工程师的达·芬奇。除了他作为一个要塞和运河的建造者的成就之外,还有大约 60 项发明——其中有一些非常重要——也要归功于他。他发明了几

达·芬奇自画像

种齿轮（包括锥齿轮和螺旋齿轮），以及用于制作平顶螺钉和圆锥螺钉的螺纹切削机械；他沿着正确的思路努力设计过涡轮水车；他研制出了减摩滚动轴承、带闸、挖泥机、打桩机、制绳设备，甚至还有动力织布机。埃舍尔（Usher）说："毫无疑问，没有任何理由支持这样一种观点，即他的科学和机械才能在任何意义上劣于他的艺术能力，只不过后面这种能力自然而然地提供了更简单、更直接的证据，证明他有资格获得承认。"

达·芬奇之所以值得注意，更多的是因为他所使用的方法，而不是他的发明数量。他是一个见解深刻的力学尤其是水力学的研究者，影响了一些第一流的科学家的科学方法，比如伽利略（Galileo）和开普勒（Kepler），也影响了很多第二流的科学家。尽管他没有出版任何科学专著，但他的笔记本在意大利及其他国家——收藏者们把笔记本带到了那里，尤其是英国和西班牙——流传，传播范围虽说不大，但名气不小。

达·芬奇时代过去一个世纪之后，弗朗西斯·培根（Francis Bacon）爵士在他的《学术的尊严和进步》（*The Dignity and Advancement of Learning*）一书中试图总结发明的原理。他的方案，就像他自我吹嘘的对科学方法的贡献一样，依然是抽象的、不切实际的，尽管对他的某些批评无疑有着刺激性的特征。然而，对他的批评有助于解释发明家的世界究竟在多大程度上不能迅速地采用源自经验的解决问题的科学方法，简而言之，就是达·芬奇究竟在多大程度上是独一无二的。

说到发明家多么缺少科学精神，有一些人物为我们提供了生动的例证，他们是：《论矿冶》（*De Re Metallica*，1556）一书的作者阿格里科拉（Agricola），他相信，魔鬼是采矿中的重要因素，尽管他对机械装置表现出了惊人广博的认识；《愚蠢的智慧和聪明的愚蠢》（*Närrische Weisheit und Weise Narrheit*，1686）一书的作者约翰·约阿希姆·贝希尔（Johann Joachim Becher），他相信，"作为矿物的母源，普通的流沙对金属有一种巨大的影响，以至于如果用流沙来处理的话，它们总是能得到改良"；以及伍斯特（Worcester）侯爵，他写了一本书，名为《我眼下能想起的百年来曾尝试和完善过的一些发明的名称和样品》(*A Century of Names and Scantlings of Such Inventions as at Present I Can Call to Mind to Have Tried and Perfected*)。另一方面，像伽利略、哥白尼(Copernicus)和牛顿(Newton)这样一些科学家，都对机械应用缺乏兴趣。

各种类型和身份的人，似乎都受到了发明冲动的影响，他们有亲王，如英格兰国王查理一世的外甥、"鲁普雷希特金属"的发明者鲁普雷希特(Ruprecht)；有贵族，如在瓷器制造中引入了改良的梅里(Milly)伯爵；有大官，如法国审计部部长、改进了丝绸织造的发明家邦(Bon)先生，以及发明了避雷针和"富兰克林火炉"的本杰明·富兰克林(Benjamin Franklin)；有牧师和修道士，如幻灯和香槟酒的发明者；有手艺人和劳工，如蒸汽调节器的发明者汉佛莱·波特(Humphrey Potter)和水力纺纱机的发明者阿克赖特(Arkwright)。

就其本身而言，发明几乎是一种职业或副业，它的技艺能够应用于很多领域。伍斯特侯爵(1601~1670年)"发明"了一套速记体系、一种带有空心轴的电报术、一艘不沉的船、一艘无需橹桨就可以逆风逆流推进的小船、一座漂浮的堡垒、一个水钟、一架升降机、一台潮汐机、一把连发手枪、一架飞行器、一台计算机；列奥米尔(Réaumur)、帕潘(Papin)和贝希尔同样涉猎了很多领域。他们所要做的事情使他们的方法与现代技术专家们的方法形成了鲜明的对比。帕潘在1698年制造了一台工作蒸汽机，他甚至对压力一无所知。他们对技术进步的渴望是现代的，他们的思考方式却是中世纪的；而技术依然是经验主义的。布吉斯(Bergius)说："用于炼铁的煤一定不能太重，也不能太轻"(1776)。耶稣会修士、数学教师保罗·霍克(Paul Hoche)在他的《造船理论》(*Theory of Ship Construction*, 1680)一书中写道："不可否认，用最不科学的方法造出来的船常常是最好的船。"有所改变的是，理性主义的精神，部分取代了手工业体系的传统主义。

实际上，技术进步也相当可观，即便是在18世纪之前。总体来说，生产的原材料依然像从前一样，都是动植物产品，而有所改变的是，地球上新发现的地区提供了一些新的原材料。那明显依然是木材时代：就连最早的蒸汽机都是用木材制成的；所使用的力依然是一样的：人力、畜力、风力和水力。在这一时期，我们所要指出的最重要的技术进步在于改良应用的领域。那是"作坊"的时代——风力、水力或脚踏机械。用来碾磨谷物的荷兰风车可以追溯到15世纪中叶，尽管形式更简陋且更加古老；有一台锯床的锯木厂也可以追溯到中世纪，但在16世纪末得到了极大的改进。1633年，一个荷兰人在泰晤士河畔建起了一家风力驱动的锯木厂，在这个锯木厂里，一个大人和一个小孩所切割

风力磨坊

的木板,抵得上之前20个工人的工作量,但这家工厂后来被关闭了,"以免我们的劳动者失业"。水力驱动的铁丝轧机最早出现在1532年的纽伦堡;用于金属加工的水力锻压机出现于15世纪,用于熔炉的水力鼓风机大约出现在同一时期。由水力驱动的轴上的凸轮将锻压锤举起,当凸轮经过锻压锤的头部时,锻压锤就被放开,向下锤打;同样的原理被用在很多装置上,比如漂洗机、冲压机和压碎机。力的传输也得到了很大的改进。钝齿轮传输很久之前就为人所知,但在16世纪得到了极大的改进。达·芬奇和阿格里科拉都知道飞轮是最近的发明。传动带最早是由达·芬奇在1496年1月1日提出的。最早的几台机器被一台动力机驱动的传输体系大约出现在1500年,阿格里科拉和比林古乔(Biringuccio)都描述过[《焰火制造术》(*Pirotechnia*),1540]。除了一些例外,化学方法的改进属于全盛资本主义时期。

在农业上,取得了一些非常显著的进步。整个16世纪尼德兰北部地区本质上的城市繁荣刺激了农产品的市场。借助水坝和风车泵,从大海里开垦了大片土地。这些所谓的"圩田",对精耕细作的农业提供了极大的帮助。每一件事情都有利于技术改良的采用,比如精细的施肥和湿度控制。此外,牲畜的饲养也达到了高度的发展,很多村庄拥有4 000头母牛,重达2 000磅的阉牛不是什么稀罕事。在法国,16世纪出版了很多农业专著。其中最重要的是伯纳德·帕利西(Bernard Palissy)的《法国人人致富的真正秘诀》(*The True Recipe for Everybody in France to Get Rich*,1563),这本书尽管有这样一个荒唐可笑的标题,却包含了极好的建议:使用何种措施保持土壤的肥力,而不是通过每隔两三年让土地休耕这种浪费而低效的办法来恢复它的肥力。更加流行的是奥利维·德·塞尔(Olivier de Serres)的《农业和农地的舞台》(*Le Théâtre de l'agriculture et ménage des champs*,1600),这本书在1675年之前共印行了19版。他主张用人工草地取代天然牧场、人工排水和水果栽培。或许,这两个法国人所写下的东西,正是他们在荷兰所看到或听到的。毫无疑问,正是一个荷兰人,加布里埃尔·普拉特(Gabriel Plattes),撰写了第一部论述英格兰农业的理论著作(1638年)。然而,这些作品尽管深受欢迎,但效果却不大,因为中世纪的共同经营、权利共有的体系是一个结结实实的障碍,阻止了任何违背传统方法的行为。或许,这样说更正确:正是对共有事物的个人权利,阻止了更好方法的应用。比方说,单个的个人就可以阻止休耕地的栽种,即使村子里的其他每一个人都赞成按照帕利西先生的建议去做。尽管如此,但在16世纪,法国还是有很多人尝试过、英国有很多人成功地把开阔地"圈"起来,无视农民的权利,把他们迁出去,用5个人来养殖绵羊;而从前多半有50个人在那里耕作。所有传教士和公共道德家全都提出抗议,他们说:"绵羊在吃人。"托马斯·莫尔在他最有名的作品《乌托邦》(Utopia)一书中对这一做法提出了抗议。议会通过了反对它的法律。实际上这并不是什么大不了的事,没过多久,饲养绵羊的利润就下降了,正规的耕作变得更加有利可图。有超过90％的土地,留待后来的一场运动中被圈起来。直到18世纪,人们对耕作改进的热情才发展得足够强烈,能够使得像塞尔、帕利西和普拉特这样一些人的学说产生某些效果。

尽管公共放牧和人工饲料的缺乏使得家畜饲养的任何改进都变得困难,但富人、贵族和国王们的利益,导致人们作出了一些专门化的努力,以改进马匹的饲养。马克斯·富格尔(Marx Fugger)在1578年、朗内森(Lohneisen)在1609年为德国的马匹饲养奠定了基础。

在工业上,最大的技术变革发生在采矿和金属冶炼领域。水平轴出现在14世纪的波希米亚。在1560年之前,起重机油泵使得在很深的地方作业成为可能,而这在银矿开采中是必不可少的。伯纳德·帕利西在1550年就提到了挖掘机。炸药爆破在1613年首次尝试。阿格里科拉很早就知道铁路和鼓风机(1566年)。在1519年之前,矿石一直是用手粗糙加工的;之后,捣碎机既减少了所需的劳动,同时也使低品级矿石的充分利用成为可能。最重要的是15世纪铸铁的发明和鼓风炉的发展,这些使得大规模生产成为可能。几乎同样重要但方式大不相同的是用于还原白银的混汞法的发现(1567年),这使得美洲银矿可以得到充分的利用。铁器制造也经历了重要的变革:镀锡(16世纪上半叶),辊轧(1615年),600～1 000磅的锻压机用来制造锚和大炮,以及大炮的膛线机,出现在16～17世纪。对当时的经济生活来说,更加重要的是贵金属的加工,从法国人布律列尔(Brulier)1552年的辊轧机开始,以铣床为高峰,在英国最早使用是在克伦威尔的统治下,法国是在1685年,它使得精确铸币成为可能。桑巴特说:"没有它(精确铸币),资本主义的充分发展是不可想象的。"

第四章　资本主义的技术装备　　63

在纺织工业上，一连串类似的改进值得注意。脚踏纺车大约在1530年前后被引入；织机在16世纪末出现在荷兰，用于丝带的制造。贝希尔声称他发明了一种纺织装置，两个人用它一天可以织出100厄尔布匹。约翰·凯(John Kay)的飞梭(1733年)有更重要的实际意义。布料(棉布)印花由阿姆斯特丹的雅各布·高尔(Jacob Gower)引入欧洲(1678年)。编织机由英国的一位姓李(Lee)的神学学者发明，在17世纪逐渐投入使用。当然，新产品比老产品更容易受到理性技术应用的影响，而且正如我们将要看到的那样，也更容易受到工业组织新原则的应用的影响。巧克力的制作、挂毯的编织、花边的制造、马车的制造、翼琴的制造以及墙纸的制造，只是众多实例中的少数几个。

新式纺织机械

军事技术，尤其是武器的制造，有着广泛的意义。国家的利益，确保了对武器改进发明人的保护和回报。这样的改进，对国家的发展作出了巨大的贡献。随着军队规模的增长、武器的统一，以及大炮尺寸的增加，这些新工艺需要按资本主义的方法组织起来的大型工厂。炸药的大量生产明显始于1578年的施潘道。武器上一些重要的改变可以列举如下：

武　器	年　份
铁制炮弹（不是石头）	1471年
德国转轮步枪	1515年
加长枪管	约1550年
炸弹	1588年
后膛装填式大炮	16世纪
滑膛枪	1600年前
柱形弹壳	1627年
燧发枪	1630～1640年
大炮的铸造和镗孔	1740年

度量技术也经历了一次对经济生活的发展来说至关重要的演变。我们这里只涉及时间和空间的度量，因为在这一时期，重量的度量依然保留着原始的形式，没有什么改变。轮钟和水钟在中世纪的某些修道院里就已经存在，而现代时钟是 15~17 世纪的产物。1500 年，彼得·希勒(Peter Hele)发明了最早的"口袋时钟"，其基本原理是某个给定元件(弹簧)的弹性。在 17 世纪初，摆轮被引入；1674 年引入了发条；18 世纪初引入了秒针。1656 年，惠更斯(Huygens)发明了摆钟。

空间度量，尤其是方位的形式，经历了更加激进的变革。罗盘早在 12 世纪末就已传到了欧洲，尽管到 1500 年之后才被普遍使用。波利多尔·弗吉尔(Polydore Vergil)在撰写他那本论述发明的著作时(1400 年)尚不知罗盘为何物；1560 年，卡尔达诺(Cardano)把它称为所有发明中的王冠。哥伦布(Columbus)最早注意到磁针倾角，在接下来的那个世纪里，接二连三的观察者得出了一套相当完整的观察材料。约瑟夫·维西诺(Joseph Vecinho)和数学家摩西(Moses)与两位基督徒同事合作，依据扎库特(Zacuto)的《万年历》(*Almanach Perpetuum*，1473)制作出了星盘。200 多年后(1714 年)，一个测量经度的装置最终获取了英国议会提供的一笔奖金。一个有效的望远镜发明于 1608 年。地图从马里诺·萨努图(Marino Sanuto)和皮埃特罗·威斯康特(Pietro Vesconte)的那些粗糙的海图开始，一直稳定改进。1560 年，墨卡托(Mercator)引入了那种至今依然被冠以他的名字的地图形式；16 世纪末，哈雷(Halley)发表了一张气流图；1665 年，耶稣会士基歇尔(Kircher)发表了一张显示洋流的地图。

在交通运输领域，除了内陆水道之外，技术发展得非常缓慢。海船在细节和尺寸上有所改进，越来越深、越来越窄的龙骨增加了它们的稳定性和操作的灵活性。因此，伊丽莎白女王的海军能够在 1588 年战胜西班牙的无敌舰队。后来在同一方向上的发展，使得美国的快帆船能够携带更庞大的动力装置，也就是说，增加了帆的面积。在陆地上，道路在某些地区得到了极大的改善，尤其是在巴黎附近。16 世纪末或 17 世纪初，"转向轮"使得四轮马车的前轴在独立于车身的前提下被转动成为可能，它的发明导致了各种精密复杂形式的马车的生产。17 世纪，荷兰的帆车引起了大量的关注，但只有地方性意义。铁路在 16 世纪就已经为人所知，但长期被局限于德国和英国的煤矿业。内陆水道自古以来就是首选的旅行路线，有着非常不同的记录。船闸——最早是以闸门的形式，后来是以隔仓的形式——在 15 世纪的意大利变得很常见，在达·芬奇的时代"长期被使用"。挖掘机早在 1545 年就有人提起过。1618

年，英国把一种经过改进的挖掘机的专利权颁发给了一个名叫约翰·吉尔伯特(John Gilbert)的人，另有18种改进在17世纪获得了专利权。中国人发明的印刷术被盗用，但除了活字的浇铸之外，这方面的进步很小。就连心灵手巧的富兰克林，他的印刷方法也与古腾堡(Gutenberg)的方法没什么大的不同。在质量上，16世纪的某些印刷品从未被超越过。

交换工具：金与银

  现代经济生活对工业生产工具的依赖并不比对交换工具——金和银——的依赖更甚。与新设备发明者的雄心壮志比起来，金银搜寻者的热情有过之而无不及。从10世纪起，直到很近的年代，贵金属供应的持续增长，跟上了经济生活不断扩展的步伐。库滕堡和哥斯拉尔、施瓦茨和约阿希姆斯塔尔、波托西和瓜纳华托、巴西和几内亚、加利福尼亚和澳大利亚、克朗代克和威特沃特斯兰德，这样一些地名描绘了欧洲经济制度发展过程中的很多阶段的特征。在这方面，我们不仅要研究贵金属的生产和地理分布的记录，而且还要研究这种分布对整个欧洲以及对其部分地区的经济影响。当然，影响主要在价格领域。这使得有必要就我们对经济理论中的那个长期问题的答案给出某种定义，这个问题就是：货币数量、原材料和价格之间的关系是什么？

  虽说在论述"现代资本主义的基础"这一部分，一般来说我们关注的是资本主义制度的开端，不过，把这个贵金属供应的故事一直讲到19世纪似乎也并无不妥。用一个形象化的说法，欧洲经济体系的上层建筑发展得如此迅速，以至于其基础中的这一特殊成分为了承载它而必须不断加固。对欧洲来说，幸运的是，它可以用同样的材料来加固。至于究竟有多么幸运，下面这个事实足以说明：如今，由于黄金的供应跟不上经济世界的需求，而白银已不再是贵金属，人们想出的补救办法多不胜数，而一致同意的措施却殊为寥寥。

  在这600年的时间里，贵金属供应的历史可以非常简洁地总结如下：

  (1)从罗马帝国的崩溃至公元8世纪。罗马帝国在贵金属上一直相当富裕：在公元纪元之初，贵金属的供应据估计约为25亿美元，或约为美国1924年供应量的一半。在接下来的几个世纪里，这个数字因为帝国西部地区而损失大半，在公元8世纪似乎达到了最低点。

  (2)从8世纪至13世纪末。起初有缓慢的增长，然后是相对较快的增长。阿拉伯人恢复了西班牙的很多废矿，阿卜杜勒拉赫曼三世(Abderrahman Ⅲ)因此能够向哈里发进贡400磅纯金和大量银块。新的银矿先后在阿尔萨斯(9

世纪)、黑森林(10世纪)和哈尔茨山(970年)被发现。新发现中更丰富的是 12 世纪和 13 世纪：曼斯菲尔德、撒克逊(弗赖堡)、波希米亚(库滕堡)和蒂罗尔等地的银矿,戈德堡、乐汶堡、庞兹劳和匈牙利的金矿也是在这两个世纪发现的,并成为地球上美洲发现之前的墨西哥和秘鲁。然而,黄金和白银继续向东流动,直至十字军和意大利的殖民者通过对东部人口的掠夺和剥削,才扭转了这一趋势。

(3) 从 13 世纪末至 15 世纪中叶。在这一时期,欧洲的白银生产大多数因为技术困难而停止了。波希米亚的文策尔(Wenzel)国王在 1300 年因为库滕堡银矿的继续生产而感谢上帝,"与此同时,在地球上几乎所有的王国,他给人们的恩惠之源都干涸了"。正是在这一时期,欧洲几乎所有的国家和城市都开始禁止金银的出口。英国铸币厂(我们唯一拥有的统计材料)的金币,尤其是银币的铸造,在 15 世纪末之前一直明显下降。

英国不同时期的银币

年平均铸币　　　　　　　　　单位：磅

期限(年)	银	金
1272~1377	8 906	2 538*
1377~1461	1 157	1 845
1461~1509	3 184	4 338

* 仅为 1345~1377 年间的平均值。

白银供应的这次中断,其影响因为十字军运动的衰退、土耳其人的前进和累范特贸易的增长所导致的贵金属向东部(净)流动的增长而得以增强。

(4) 从 15 世纪中叶至 1545 年。在这一时期里,新的更富的金银矿在德国得以开采。葡萄牙人在非洲和亚洲的金矿站稳了脚跟,西班牙人掠夺了墨西哥和秘鲁。萨尔茨堡的金矿在 1460~1560 年间一直繁荣兴旺。一些非常大的银矿得以开采。蒂罗尔的施瓦茨大约在 15 世纪中叶开始生产,在 1523 年达到顶峰,年产纯银 53 000 马克以上,到 1570 年下降到了 2 000 马克。施内贝格(1471年)和安纳贝格(1496年)发展出了非常大的产能。波希米亚的约阿希姆斯塔尔在1516年得以开采,产量在1532年增长到了254 259泰勒,之后迅速下降。

在15世纪,葡萄牙人粉碎了阿拉伯人对欧洲与东方之间的贸易的控制,并掌握了海上航线的控制权。1415年,他们占领了休达,1511年,他们到达(并征服)了马六甲海峡,有效地控制了其间的航线。与东方之间的这一联系,其最早的后果就是凸显了贵金属从欧洲被抽空。西方人没有什么东西可卖。起初,每一艘大帆船都要花费40 000~50 000西班牙元,用来购买胡椒粉。然而,殖民地很快就使得各种形式的贡赋和勒索成为可能。在非洲,塞内加尔和索法拉生产了大量的黄金,在1493~1520年间,葡萄牙征服者以每年2 000 000美元的速度把那里生产的黄金带回国内,1521~1544年间是每年1 750 000美元。对阿兹特克人和印加人的掠夺,给西班牙人带来了大笔的金钱,其数额究竟有多少,除了一些个别情况之外,我们没有准确的数字。

(5)1545~1620年期间。一些美洲大矿——波托西、萨卡特卡斯、瓜纳华托——的开采,以及借助混汞法对它们的充分利用,实际上本身就是一次伟大的革命。白银成了占主导地位的货币金属,在巴西金矿区发现之前一直如此。在全世界的黄金产量依然基本不变的同时,白银的产量却从1521年的年均约200 000磅增长到了1621年的925 000磅;大部分增长要归功于墨西哥和秘鲁的产量。在17世纪最后20年里,仅波托西一地的年产量就超过了150 000磅。在德国的来源不断减少的同时,西班牙的来源不断增长。然而,西班牙矿区的产量并不意味着全都在西班牙分配。殖民地的行政成本、被抢夺、消耗(盘碟、首饰等)、外贸,都把源源不断的白银转变为荷兰、英国和法国经济土壤的累累硕果。例如,腓力二世的舰队在1577年为富格尔家族把800 000达克特运到了安特卫普。美洲被发现一个世纪之后,上面提到的那几个国家所得到的金银货币大概比西班牙更多。

(6)17世纪。17世纪见证了白银产量随着欧洲矿山的几乎彻底消失而下降,以及黄金产量的微量增长。不同时期的总产量(金银合计)如下:

期限(年)	总产量(美元)
1621~1640	470 000 000
1641~1660	452 000 000
1661~1680	432 500 000
1681~1700	457 600 000

(7)18世纪。18世纪是全世界贵金属供应迅速增长的一个时期。17世纪末开始生产的巴西金矿区,年产量从18世纪头20年里的每年1.5亿马克,增长到了1740～1760年间的每年8.16亿马克,1746年达到最高峰,然后不断下降,直至1800年几乎为零。然而,由于瓦伦西亚(1760年)和博南萨(1764年)的发现,白银产量相应有所增长,这样一来,总产量就一直增长到了1800年。

期限(年)	总产量(美元)
1701～1720	499 000 000
1721～1740	654 200 000
1741～1760	823 100 000
1761～1780	876 300 000
1780～1800	1 039 400 000
1800～1820	526 500 000

换句话说,整个18世纪和19世纪的头10年都保持了稳定的大幅增长。

(8)1810～1848年期间。在这一时期,政治动荡使墨西哥的白银产量锐减至1810年的一半左右,就连俄罗斯新矿区的开采也没能把总产量提高到这个世纪第一个10年的水平。然而,在1848年,前所未有的加利福尼亚矿区的发现带来了"资本主义的黄金时代"。

数据材料如此之多,或者说如此之少。白银和黄金,特别是其不断增长的供应,对现代生活而言,对一般意义上的文明而言,有着什么样的意义呢?事实上,看上去似乎有些荒谬,仿佛人人都同意,这些金属是他们应该为之努力和劳作、战斗和死亡的一种符号。一些神话传说——金羊毛、迈达斯、莱茵黄金——向我们显示了对黄金的渴望,在那些十分简单的社会当中充当了一种强大的推动力。它成了大流士和亚历山大的雄心壮志的组成部分,它掺和进了罗马与迦太基之间的冲突。正是在新世界的矿区里,现代奴隶制得到了最早的发展。

贵金属的日用消耗:家用器皿

对黄金的渴望,导致了炸药的发明,以及整个现代化学的发展。它激励了勘察大西洋未知区域的探险者、墨西哥和秘鲁的征服者,以及一些现代国家的创立者。整个问题有着心理学和形而上学的含义,在转向纯历史问题时我们可能丢弃了这些含义,而且贵金属的这些不同的用途,也影响了社会组织和社会关系。

这本身是一个有着广泛意义的问题。情况很复杂,这里只能提到其中的一些。被用作首饰和器皿的贵金属,其影响完全不同于它们被用作货币时的影响。通过劫掠、贡赋或从矿山直接生产所得到的黄金或白银是一回事,而通过商业交换所挣得的黄金或白银则是另一回事。它的影响,依据获得它的人的社会关系而不同,依据它所用于的物品的种类而不同(比方说,不妨想想美国高工资的特殊后果)。自然而然地,它的影响也依据一定数量的贵金属被引入其中的环境而不同(再比如,美国已经发展出了一种抵抗力,能够抵御大量黄金的引入所带来的影响,这一绝对的、成比例的数量是如此之高,以至于它们甚至早在50年前就产生了非常激进的改变)。

有必要把我们的考量局限于经济生活的一般形式,这种必要性同时也决定了我们关于贵金属意义的讨论的性质。中世纪之后的欧洲所积累起来的贵金属的不断增长的供应,以及同一时期发展起来的、我们总体上称之为资本主义的经济生活的一般形式,它们之间有什么样的联系呢?

我们前面已经指出,货币供应在现代国家发展中的重要意义(第一章)。支付给工薪官员和雇佣军的货币,是国家发展的必要条件。从心理学上讲,不断增长的货币数量对那种贪得无厌的发展作出了贡献,这种对金钱的贪婪,在巴黎的"约翰·劳事件"和伦敦的"南海泡沫"之类的现象中达到了高潮。另一方面,货币的日益明确使得准确记账成为可能,这对于我们所说的资本主义来说同样是必不可少的,关于它的发展,我们将在别处讨论。日益增长的货币供应所导致的财富日益增长的流动性,使得更大规模、更快速度的积累成为可能。最后,日益增长的贵金属供应看来是市场体系精密演化中的一个因素,这种精密演化的结果是,最平常的需求也可以被来自天涯海角的供应所满足。正如我们将会看到的那样,货币供应使得为市场生产成为可能,它还使得超过本地需求的生产成为可能。当更多的财富以流通的形式变得可资利用时,个人方面对消费品的需求便增长了。随着市场的扩张,带来了更激烈的价格变动,以及价格变动的系统化扩大了这一发展趋势。大多数这样的联系都显而易见,但不管怎样,我们将在别处加以讨论。

然而,货币和价格的问题需要更多的关注。真正的价格"规律"我们恐怕发现不了，因为价格是多种力量的产物，这些力量不能用同一标准衡量。传统主义，愚昧无知，法律、社会和自然的障碍，以及很多类似的力量，都像经济因素一样与价格大有干系。在价格混乱当中，依然有某些大的趋势或多或少与货币价值的供应相联系。这一观念，被人们以很多不同的形式详细阐述过，是"数量"理论的基础。在其最幼稚的形式中，像洛克(Locke)、休谟(Hume)、孟德斯鸠(Montesquieu)及其他同时代人所阐述过的那样，价格只不过是一个国家货币的数量与销售商品的数量之间的比例。在古典经济学家及其继任者当中，这一观念被重述为他们的心理学公式："供求规律决定着这些金属的价值，就像决定着其他东西的价值一样"[霍勒斯·怀特(Horace White)]。然而，某些逻辑的和历史的困难导致了从这一极端位置上向后倒退。首先，货币不是一种普通商品，因为很明显，决定其价值的因素不仅有静态数量，而且还有动态的货币流通速度。这一特殊商品在社会中的流通路径也不同于其他商品：它是循环流通，而所有其他商品都或多或少地以一种直线的方式从生产者流向消费者。那么，尽管在简单交换中，它的功能就像任何其他商品一样，但在其他方面，它却不同于所有其他商品，因为它的价值并不依赖于它作为一种消费品的效用，而几乎完全依赖于用它来交换其他商品的可能性。在评估黄金或白银的价值时，"我们必须只涉及它的相对购买力。我们并不考虑金属本身的效用，而是考虑它所购买商品的效用……我们必须首先打听黄金和白银的相对流通价值，然后才能知道我们应该按照什么样的比率赋予它们价值"。[欧文·费雪(Irving Fisher)：《货币的购买力》(*The Purchasing Power of Money*)，第377页。]

在我们所研究的经济社会里，货币是个公式，对生活资料生产之外的所有生产中所包含的其他商品的需求都被转换为这个公式。"从金银矿的深处，在物质的意义上产生了如此之多的金属，在经济的意义上产生了如此之多的对商品的需求。"最后，很明显——对重商主义者来说很明显，相比于其他商品的过程，货币供应的增长增加了需求，或者换句话说，刺激了商业，创造了对流通媒介的新的需求。

这是古典理论的捍卫者们所面临的最严重的反对理由之一，他们坚持认为，他们的原则必须解读为"如果所有其他条件不变"——这就好像一个人说："如果所有其他条件不变，把酵母加进生面团里并没有增加它的体积。"

那么很明显，在货币金属这里，我们有了性质十分独特的商品，而且当它被纳入平常的供求公式的时候便制造了逻辑上的困难：货币金属(无论是硬币还是金银块)的数量只是决定价格的众多因素之一。

价格的历史无疑证实了这个更谨慎的说法,因为随着黄金和白银供应的增长,物价却稳步上升。从12世纪某个时间开始,在经过一段物价不断上涨的时期之后,1350～1500年这段时期见证了它的迅速下降。16世纪见证了欧洲贵金属储备的第一次真正的巨大增长(通过对海外领地的征服和开发),但同时也见证了物价的迅速上涨,例如,谷物的价格在英国大约上涨了155%,萨克森约300%,西班牙约500%。从16世纪末开始,物价问题变得更加复杂,相关的数据并不比从前完整很多。看来,17世纪有一部分时间是物价稳定的时期,但从17世纪末至1815年前后,物价稳定而普遍地上涨。如果我们取1800年的物价水平为100,那么物价的变化过程大致是这样:

年　份	物价水平
1500	35
1600	75
1700	90
1800	100

那么,有足够的把握采纳这样一项基本原理:贵金属数量的改变往往对货币的购买力产生影响。

对金银供应的仔细观察,只能在西欧的经济社会中进行,也就是说,在一个这样的社会中进行:它不仅从内部和外部不断进行扩张,而且无论是外部环境,还是它自己的社会心理——它的灵魂——都要求它进行大规模的扩张。对于在我们自己的历史中定义这一明显重要的特征来说,它是一个很大的优势,因为有足够的统计指标显示货币金属在一个或多个经济上处于停滞或衰退状态的社会中的作用,在我们的历史中依然是一种"神秘的陌生人"。在欧洲社会,有一点似乎相当清楚,即金银供应的增长既是因,也是果。一方面,它对那种典型而持续的欧洲经济的扩张主义似乎也作出了贡献;另一方面,这种扩张主义本身也构成了一种稳定而持续的对更多交换工具的需求,也就是说,在我们历史上的大多数时期,对更多黄金和白银的简单需求。

因此,物价水平的改变,只能通过贵金属的生产条件(特别是生产成本)的改变来影响。所以在价格不断上涨(贵金属的交换价值不断下降)的时期,矿主会继续生产,直到经营成本(工资、运输成本等)大于他的收益。这之后,他会关闭矿井;于是,很多的需求便撤出了市场,价格下降(即其产品的交换价值上涨)。当它们下降到了足以把经营成本减少到他所产出的黄金或白银的数量之下的时候,他就会重开他的矿井,循环再一次开始。

当然,由于贵金属产量变化所导致的物价变化的一般化,取决于贵金属产量与它所参与的经济活动的范围和强度之间的总体比例,尤其是与正在生产的商品数量、交换速度及现有货币供应之间的比例。

英国皇家铸币厂(伦敦)

关于社会中黄金与白银的经营,任何系统化的呈现都必须被认为是纯抽象的和理想化的。历史现实以极端的不规则为特征。例如,全世界的金银供应,多半是生产者和想成为生产者的人在净亏损的基础上生产的。人人都知道金矿股票的典型命运。我们碰巧有一些统计数据,来自格外富有的矿区约阿希姆斯塔尔地区,这些数据表明,在1525~1575年间,在获得和试图获得白银上的支出,是其产出的3~4倍。另一方面,很多为欧洲生产的贵金属,并没有生产成本被记入任何账目里,就像它作为战利品和掠夺物被获得时那样(累范特的意大利人和十字军战士、墨西哥和秘鲁的征服者)。有时候,货币金属不再是可增加的商品(14世纪和19世纪初期),生产成本的问题从其价值的决定因素中消失了。即便当供应增加的时候,贵金属的交换价值取决于成本最高的矿区的生产成本,有时候取决于成本最低的矿区的生产成本,这依赖于物价的走势是升还是降。

关于作为经济理论中的一个成分的贵金属的特性,有了这一简短的理论定义(丝毫也不敢自称是完整的),我们就可以转向考察它们在经济史中的记录了。

贵金属矿主的货币收入的实现，并不总是一个简单的过程，在整个欧洲史上也不是一个统一的过程。尽管从沙里淘出的黄金几乎总是可以直接拿到铸币厂去，而矿石却不得不加以提炼，这也是获得白银的唯一方式。在美洲，熔炉通常是各个矿山的设备的组成部分。在中世纪的欧洲，情况则不是这样。采矿的都是个人，有时候被组织在行会中，但经常是完全单干。对矿石的处理，典型的安排是卖给冶炼厂主，或者更常见的是卖给中间商，即矿石采购者。为库滕堡矿区制定的法律表明存在一种每周集市。矿石采购者显然可以决定价格。我们听到过很多他们剥削矿工的故事；库滕堡矿区的法律把他们的做法称为"可恨的阴谋"。在15世纪，替他人购买(Fürkauf)在格森萨斯和施瓦茨遭到禁止。

在很早的时候，这种剥削就导致了我们所说的公共冶炼厂的发展。西里西亚矿区早在1203年就建起了一座公共冶炼厂。大约在同一时期，蒂罗尔的矿主们在因斯布鲁克也建起了一座。15世纪下半叶，巴伐利亚公爵在布里克斯莱格建起了一座公共冶炼厂，这座冶炼厂不仅熔炼公爵自家矿区的产品，而且还吸引了来自蒂罗尔甚至来自更远地区的矿石。

尽管很明显，有政治垄断的社会理由，但这些组织的目标，就像当时的铸币厂的目标一样，也是财政上的，是为了那些有能力把铸币权集中在自己手里的君主或领主获得收入。一般来说，这样集中起来的领主权利被"承包"出去了，委托给了亲信、社团或个体商人。这样一些铸币商所关注的事情，自然是尽可能多地铸造硬币，尽可能便宜地购买原材料(黄金和白银)。自由铸币权——在不受限制地铸币这个意义上——与其说是法定的，不如说是僭取的。所有西欧国家的很多法令都规定，任何把一定数量的金属交给铸币厂的人都将得到同样数量的硬币。

然而，自由仅仅涉及铸币的数量。一般都作出了这样的规定：生产出来的贵金属都应该在开采它们的王国、公爵领地或其他主权辖区之内铸币。出口禁令在大的生产地区都可以找到，比如西里西亚、萨克森和波希米亚。1534年，波希米亚国王斐迪南一世下令禁止出口，除非当皇家铸币厂没有能力收购贵金属的时候，而且在任何情况下，都要缴纳矿区使用费(每马克纯银略高于7盾)。这个实例很重要，因为它显示了即便是对剩余产品也坚持禁止出口的态度。同样是在本地铸币的要求，至少是部分解释了墨西哥白银为什么会以墨西哥银元的形式出口，这种银元被分散到了美洲和远东各地。

这种普遍的出口禁止意味着没有矿山的国家也就没有铸币的原材料。但事实上存在金银条的市场,因此它们实际上被出口了。被广泛使用的维也纳便士,就是用来自距离维也纳十分遥远的地方的白银铸造的。外国人可以畅通无阻地携带贵金属进出斯特拉斯堡。走私与合约绕过了禁令。美洲白银的传播(参见第一章)主要通过走私来实现,同样的做法也出现在中世纪的欧洲。允许出口的合约在15世纪和16世纪很常见。1486年,安东尼·冯·罗斯(Antony von Ross)支付给蒂罗尔公爵4 000弗罗林,购买了一年的出口许可,他爱出口多少就出口多少。奥格斯堡的金融家们与波希米亚国王、富格尔家族与西班牙的国王们也达成了类似的协定。

从所有这些中可以明显看出,存在黄金和白银的贸易;甚至用金币购买黄金,用银币购买白银。运输成本、矿区使用费、铸币费用、不断变化的硬币的贵金属含量,所有这些结合在一起,创造了贵金属与硬币之间的差额,比我们习惯于认为的要大,并使得谈论货币金属本身的价格成为可能。任何给定铸币地区的硬币与一定重量的贵金属之间缺乏固定不变的关系,这使得贵金属与硬币的交换不同于纯粹的形式交换,而是真正的市场交换。一个单位的黄金或白银所换得的硬币的数量大不相同,但依然在有效限度之内。上限是用给定单位的贵金属所能铸造的硬币数量减去制造成本、铸币税及政治权力应收的其他费用;下限取决于铸币商讨价还价的能力,他们通过压低贵金属的价格,从而提高自己的份额。当然,不断变动的价格部分取决于合同和讨价还价,但大部分取决于铸币领主甚至是铸币商所制定的法规。

与当前惯例形成鲜明对照的是,变动很频繁,幅度也相当可观。在佛罗伦萨,货币惯例的标准通常高于大多数铸币中心:在1345～1347年间的不同时期,购买1磅白银通常要支付132、140和111⅜个格罗西[1]不等。在布雷斯劳,购买1马克纯银需要支付6弗罗林3格罗申～7弗罗林7格罗申不等。即使是通过合同决定的价格也有很大的差别。1449年,蒂罗尔公爵西格蒙德(Sigmund)与格森萨斯和施瓦茨的铸币商们订立合同,给他们每马克白银6½弗罗林的交换价格减去了2½弗罗林;1488年,通过一份类似的合同,富格尔家族得到了每马克白银8弗罗林的价格,3个弗罗林归自己,5个弗罗林给铸币商。这些价格明显被政治和经济力量的结合所决定。在14世纪,当白银匮乏的时候,法国的法令要求铸币厂把它们所铸造的硬币悉数返还给贵金属拥有者,仅仅减去铸币成本。有时候,就像富格尔家族与西班牙订立的合同那样,是铸币领主的经济状况导致了特别有利的条款。

----

〔1〕格罗西是一种波兰货币,而下文的格罗申是一种奥地利货币。——译者注

自由铸币的意义与它在今天的意义完全不同。黄金或白银的拥有者能够确保获得他的贵金属所铸造出来的硬币,但他把这些硬币带入的那个市场却很不可靠。贵金属的每一次交换价值的变动,都必定更迅速地反映在它们的"价格"上,其反应速度远比像我们今天这样一个机械化自由铸币的时代要快。货币金属转变为同等数量硬币的固定而自动的可交换性,必然弱化货币购买力的改变在决定货币金属价格上的影响;相反,在这一更早的时期,购买力的改变必定对贵金属的生产发挥着直接而立即的影响。

毫无疑问,对于 18 世纪之前的那几个世纪里生产成本与价格变动之间的关系,我们所知道的很少的那点信息证实了这一观念。在 12 世纪和 13 世纪,一些多产的新矿得以开采,含金的沙子得以利用,黄金和白银作为战利品被从东方带回。简而言之,生产成本很低,黄金和白银的交换价值下降了,物价上涨了。在 15 世纪,当贵金属再一次变得匮乏时,铸造商们普遍抱怨"白银昂贵",并通过降低硬币的成色来补救这一局面。从 15 世纪末起,当人们从阿兹特克人和印加人那里掠夺来的加上约阿希姆斯塔尔和施瓦茨生产的贵金属超过了欧洲迄今为止所知道的矿藏时,生产成本再次下降。众所周知的 16 世纪的物价上涨,便是不可避免的结果。

不同国家的硬币

19 世纪初期伟大的科学家和旅行家亚历山大·冯·洪堡(Alexander von Humboldt)编制了一张表,把他那个时代美洲最富矿的生产成本与萨克森最富矿的生产成本进行了比较。在墨西哥矿,每磅的成本是 14 里弗;而在萨克森矿,成本是 24 里弗。

当精炼白银的混汞法被发展出来的时候,汞的价格成了生产成本中的一个很大的因素。当汞的价格在 18 世纪下半叶因为从印度大量进口及西班牙矿区的改良,从而被削减一半的时候,美洲对汞的使用从 1762 年的 37 750 英担增加到了 1782 年的 59 000 英担。

很低的生产成本,迅速反映在生产者手里贵金属的主观价值的立即降低中。每个人都熟悉那些异乎寻常的故事,讲的是在容易生产的那些日子里,像克朗代克和加利福尼亚这样一些地区的奢侈及居高不下的物价。15世纪的一位编年史家用痛苦的措辞跟我们讲到了他那个时代的一次金矿发现,当时,金钱几乎不比矿工们能从小贩那里买到的物品更有价值。那些从美洲得到廉价货币的西班牙贵族也起到了同样的作用,他们总是尽可能迅速地花掉他们轻易得来的银子。巴西的黄金发现导致了一些骇人听闻的价格,比如1磅黄金换一对猫。到15世纪末,为适应已经改变的白银生产条件,物价水平得到了调整。墨西哥革命以及拿破仑战争之后物价水平的普遍稳定十分接近一致。总体上,自1250年至1850年,物价的波动基本上是紧跟黄金尤其是白银的生产成本的变化。

第五章 不同人口群体对资本主义的适应

劳动力的组织

工薪阶级的发展是资本主义经济必不可少的先决条件之一。问题是双重的：首先，无产阶级（潜在的工薪劳动者）是如何产生的；其次，他们是如何被组织成了一支适用的、反应迅速的劳动力大军。

在16～19世纪的那几百年里，我们遭遇了两个明显的矛盾现象：失业者的庞大数量，以及劳动力供应的极大匮乏。像莱瓦瑟（Levasseur）、罗杰斯（Rogers）和佩尔特斯（Perthes）这样一些调查者为法国、英国和德国确立的乞丐数量，即使在已经习惯于战后失业危机的现代人听来，也是骇人听闻的。在15世纪，一位同时代人估计，巴黎的乞丐数量是80 000人；1634年，另一个人把这个数字估定为全城人口的1/4。伏尔泰（Voltaire）和梅西埃（Mercier）把乞丐的数量看作财富的小插曲。在各行省，情况同样糟糕。1482年，只有15 000人口的特鲁瓦，其乞丐的数量是3 000人。1687年，亚眠有5 000～6 000名劳动者靠救济金养活。1694年，蒙托邦的主教写道："我几乎每天都发现有六七个人死在城门那里，在我的主教辖区的750个教区里，每天大约有450人死于食物匮乏。"据格里高利·金（Gregory King）估计（1696年），英国依靠救济金养活的人占总人口的1/4。作为贫民救济税收上来的钱等于整个出口贸易额的1/4。在荷兰，"整个国家都挤满了乞丐"。在18世纪德国的各基督教州,据估计,每 1 000 人口就有 50 个牧师和 260 个乞丐。只有 50 000 人口的科隆共有 20 000 个乞丐。

造成贫民的这一庞大数量的因素有很多。16 世纪的英国人认为要归因于圈地——把开阔地集中为单一领地。这一感情的经典表达是莫尔的《乌托邦》的导言。然而,英国大约只有 3% 的地区受到了 16 世纪圈地运动的影响。对修道院的压制,结果使得 88 000 个贫民只能乞怜于世俗的慈善团体。当英国人口总量从 500 万增长到 800 万的时候,人们便在很大程度上把它归咎于人口过剩。独立的农业和工业生产者的日益贫困肯定是一个因素,一个需要予以重视的因素。我们将看到,他们当中的很多人都作为他们自己家里的生产者,直接进入了"散工外包制雇主"的依赖关系中。自 14 世纪起,隶农制的衰落使很多人与土地分离,驱使他们走上了自由的大道。在法国和德国,连年的战乱(尤其是"三十年战争"和路易十四的破坏)似乎比西欧最后一场战争更具灾难性。在法国,税负(尽管整体上不像现代税收那么高)不平等地、悲惨地落在了最没有承受能力的阶层的头上。有一份德国石荷州的诺因基兴市的救济金领取者的名单十分有趣,这份名单把他们进行了分门别类:战争伤残者、残疾人、被解雇的政府官员、退休的牧师、"风烛残年"的人、因为旱灾而破产或陷入贫困的人、被解除僧职的传教士、中小学老师、风琴演奏者、传教士的遗孀、流浪的学生、盲人、瘸子、精神病患者及其他病人、放弃原来信仰的犹太人和天主教徒。

另一方面,在企业家的回忆录、官员的报告和实业家的评论中,通篇都充斥着一个抱怨,即缺少工人。在 1614 年的三级会议上,巴黎人在他们的报告中抱怨毛纺工业缺少工人。柯尔贝尔和他的监督官团队使用了从劝诱到罚金等各种办法,以迫使人们到新的产业中去工作。丹尼尔·笛福(Daniel Defoe)宣布:"英国拥有的工作岗位多于干活的人手,因此缺的是人,而不是就业岗位。"即使在 1784 年,戴尔(Dale)依然发现,为新拉纳克招募人手不是一件"轻松的差事"。在德国,巴登的钢铁厂受到了缺少劳动力的妨碍。1792 年,约翰·威廉·克莱因(Johann Wilhelm Klein)写道:"勤劳的农场主们常常不得不把他们来之不易的祖业分给那些游手好闲的人,因为他即便拿钱也请不到劳工为他的田地干活。"

这种缺少就业岗位和缺少工人之间表面上的矛盾,其原因并不难找到。首先,不同社群之间的缺乏联系,使得彼此紧挨着的不同地区出现截然相反的情况成为可能。其次,培训工人的问题,由于技能的纯个人性质和获得技能的方法而成为一个难题。例如,天主教会红衣主教的帽子,只能在科德比由制帽匠来制造,他们在 16 世纪都成了新教徒。当《南特敕令》在 1685 年被废除的时候,制帽匠们都移民去了英格兰;打那以后,红衣主教们的帽子不得不掏钱去新教英格兰购买,直到 18 世纪中叶,一位原初的制帽匠的后人回到了巴黎,在那里创办了一家公司,开张营业。整个资本主义早期,技术的传播依然是个人化的、有机的、经验主义的,就像当年在手工业体系中一样。更加明显的是,人们普遍不愿意工作——要么根本不愿意工作,要么就是不愿意按照正在出现的资本主义企业家所要求的方式或规定的任务去工作。古老的维持生计的观念,明显区别于获得收益的观念,导致工人在够吃够喝的时候极力避免工作。在法国,柯尔贝尔和他的监督官们不断抱怨这座或那座城市的人"游手好闲";在英国,几乎所有同时代的观察者都说到了穷人的懒惰。"我们有成千上万处境悲惨却不愿意工作的穷人。"据阿瑟·杨(Arthur Young)说,曼彻斯特的制造商们希望把物价尤其是食品的价格,维持在足够高的水平上,好让他们的雇员每周干 6 天活。在荷兰,"整个夏天,纺织工人们成天啥也不干,只是从一个乡村集市逛到另一个乡村集市,每到一处便喝得酩酊大醉,醒来后接着逛"。至少在天主教国家,这种游手好闲的爱好多少被组织成了宗教庆典的形式。在 17 世纪,卡林西亚的钢铁工业一年仅有 100 个八小时轮班工作日运转。在巴黎,1660 年共有 103 个节假日,无产群体明显是为生活而工作,他们不是为工作而生活。墨索里尼的问题——教导意大利工作——实际上是那些热衷于收益的个人的问题,对待经济活动的理性主义态度,也就是我们称之为资本主义精神的那种对事业的热情,被看作"工业进步之友"。

在部分程度上,这是通过正在兴起的专制主义的劳动立法来实现的。推动文艺复兴时期最早的一些君主制国家进行这种立法的动机,既不是对阶级利益的渴望,也不是什么人道主义关切,而是"国家的利益"——当然,人们很容易也经常把它混同于君主的利益或富人的利益。有些立法从效果来看是人道主义的,如英国及其他地方对"实物工资"(truck)的禁止。然而,一般来说,公开宣布的、有意识的目标,就像数以千计的序言和小册子中所记载的那样,是国家——君主——的实力和福祉。

国家负责管理和控制工人与经济体系的关系,正如它负责管制其他所有的经济关系一样,以符合它自己真正的或假想的利益。雇主与雇员之间的关系纯属只涉及他们的私人事务的观念,在当时的每一个人看来似乎都是惊世骇俗的。相反,这些关系必须得到管制,而管制不得不来自那些大权在握的人。

强制劳动在国家的授权之下被提供给了早期的资本主义工业。古老的农奴制很早就从英格兰消失了,在欧洲的其余地区一直维持到了资本主义初期结束,在欧洲的西部地区甚至一直持续到了 19 世纪;这一制度被早期的资本家广泛使用。奥格斯堡的富格尔家族在 16 世纪拥有辽阔的贵族领地,其居民有义务为他们纺纱织布。直至 1788 年,西里西亚的采矿在很大程度上是由被强制劳动的农民来进行的,奥地利和波兰的织布厂以及俄罗斯 19 世纪新兴的制造企业也都是如此。

妓女在感化院被强制劳动

一种类似于国家农奴制的体系在大多数欧洲国家建立起来了。在西班牙,早在 16 世纪,乞丐和流浪汉遭到围捕,就被送到巴利亚多利德、扎莫拉和萨拉曼卡的工场里工作。在法国,除了强迫劳役之外,还有一种公路劳动税,强制劳动被强加给铺路工和采石工。由于缺乏劳动力给西里西亚的织布厂干活,政府下令,所有人,尤其是军人的妻子和孩子,都要参与纺纱织布的工作。在波希米亚,1717 年 8 月 5 日,摄政王决定,为了引入细布制造,建立"贫民院、孤儿院和劳动教养院"是可取的。在英国,根据《学徒法》(1563 年),为了驱除游手好闲的习惯,任何 30 岁以下的未婚人士,如果接受过手艺训练或适合于农业劳动,都可以按照治安法官所定的工资标准强制就业;这个年龄未受过任何训练的人,可以强迫他去当学徒。

国家对贫困问题的处理,提供了通过强制来解决劳动力问题的特殊机会。从 14 世纪起,西欧各国颁布了一系列经常重复的法律,宣布必须强迫乞丐和流浪汉去工作。16世纪，贫民习艺所开始出现，可以把贫民送到那里去工作。1539年，热那亚的阿尔伯格济贫院已经有500个男人和1 300个女人从事纺纱工作。在法国，1576年开设了一家收留乞丐和流浪汉的工场，但这一制度最早的有效发展是在柯尔贝尔的治理下。伊丽莎白时期的《济贫法》规定，各郡的治安法官有权建立贫民习艺所，但直到下个世纪末，第一家这样的机构才在布里斯托尔实际建成（1697年）。这一制度的一位鼓吹者宣称："这将防止贫困，并在很短的时间里把成百上千人培养得有能力挣取自己的生计。"巴黎贫民习艺所收留的人，以各种不同的方式被剥削，从机构本身直接为市场生产，到把它们的人出租给独立的制造商。以不同的形式出租在英国变得非常普遍，最后被大肆滥用。瑞士的巴塞尔把其孤儿院里所收留的人转交给那些承诺养活他们的制造商。

底层劳工

组织劳动力供应的一个有趣的阶段是，几个国家为争夺对方的熟练工人而展开激烈的竞争。外国人在所有国家都很重要，无论是作为企业家，还是作为劳动者，因为他们带来了新的观念和工艺。关于这方面的情况，本章的最后一部分将更加详细地讨论，眼下我们只涉及人们为吸引和留住技术工人所采取的措施。威尼斯没收出国移民的玻璃工人的物品。法国1862年的一项法令对离开王国的工人实施死刑惩罚！英国的法令规定，怂恿或合同雇用劳工出国将受到刑事处罚。自1666年起，禁止工具和机器的出口具有同样普遍的意义。

吸引外国工人与禁止移民出境可谓相映成趣。几乎所有英国工业都是在外国移民的影响的基础上建立起来的。爱德华三世带回了佛兰德斯的纺织工人(14世纪);亨利六世(1452年)允许撒克逊、波希米亚和奥地利的矿工进入本国;亨利八世几乎完全在德国工人的帮助下引入了武器制造。像普鲁士一样,英国也在《南特敕令》废除之后接纳了无以数计的法国手艺人。在法国,丝绸工业是通过引入意大利的工人而建立起来的;挂毯编织产业是通过佛兰德斯和意大利的工人而建立起来的。腓特烈二世统治下的普鲁士把密探派到欧洲各地,搜罗丝绸制造、锦缎编织、皮革制造及其他工业行当的工人和方法。

各国政府还从手工业行会那里接管了劳资关系的管理,并使之全国化,明确规定普通契约的期限、禁止变更(除非在某些条件下)、调整工资、管制工人在工作之外的行为、对工人的联合处以重罚。

中产阶级财富的发展

在中世纪与现代之间,对于个人财富的概念存在着一种古怪的差别,乍一看足够明显,但要形诸文字不免有些犯难。桑巴特的一句格言很简洁地提出了这个问题。在中世纪,如果你有权有势,其必然的推论是:你很富有。如今,如果你有财富,其必然的推论是:你一定有权有势。当年,权势带来财富;如今,财富带来权势。但是,"财富"这个词究竟是什么意思呢?显然,在这一点上,有点不同于它在"国民财富"这个词组中所表示的意思,其细微的差别大概在英语单词"means"[手段、财富,Vermögen(德语)]中得到了最好的表达。但是,"手段"服务于什么目的呢?本质上,手段的目的是为了获得他人的服务。这些手段在性质上可以是个人的:一双强有力的手、一种控制的能力,或者它们也可以依赖于社会的认可——与家庭的关系、占有奴隶劳动的权利,或者(我们开始接触到最频繁地出现在现代人谈话中的那种含义)处置物质财产的权利。这种社会财富,其最初的意义源自下面这个事实:财富的拥有者可以通过财富来获得他人的服务。

当然,从历史的观点来看,个人财富最早出现,接下来是社会财富。那些拥有特殊力量和才能的人,比如医生和军事领袖,社会总是授予他们更大份额的土地或战利品。有权有势者成了富人。这就是封建领主的财富,不管它是土地,还是动产,抑或是金钱。但金钱,当它自9世纪起以不断增长的数量进入欧洲的时候,影响了财富的本质特性的逐步转变。对金钱的占有给每一个拥有它的人带来了权力。这一新的权力最早是与封建权力携手并进一起发展的,然后,它以一套与其自身的特征和形态相适应的权力体系——国家——取代了封建权力。这一新权力的代理人是暴发户和新贵。他们站在封建关系之外的最前排;他们的财富是中产阶级财富。

中产阶级财富的发展是一个历史问题。来源、手段和财富增长的速度,全都被历史环境所决定,反过来又以千变万化的方式决定着历史事件的发展,尤其是经济生活的形态。我们将首先考量财富(现代意义上的)在封建个人中的分配,然后转向受限(合法)形式的中产阶级财富的发展,最后转到自由(非法)形式的财富的积累。我们这里不涉及资本主义活动中财富的发展,而只涉及作为历史背景的组成部分的财富积累,这是现代资本主义的先决条件。

封建财富在很大程度上是由权力关系构成的,以至于我们很难按照现代财富来加以评估。兰普雷希特(Lamprecht)和达夫内尔(D'Avenel)曾对土地的价值给出了评估,显示了从9世纪至16世纪的飞速进步;但打那以后,土地财产的彻底革命,使得数字不仅在事实上而且在意义上都已经不仅仅是令人怀疑了。收入数字似乎更有可比性,但15世纪之前没有这样的数字可用。在爱德华四世统治时期(1461～1483年),据估计,一个英国公爵名义收入是4 000英镑,侯爵是3 000英镑,男爵是500英镑,一个简朴的乡绅是50英镑。1696年,格里高利·金估计,贵族的平均收入是3 000英镑,乡绅是450英镑,大商人是400英镑,零售商是45英镑,手艺人是38英镑。意大利的贵族更富有。15世纪,罗马的奥西尼(Orsini)家族和科罗纳(Colonna)家族一年的收入约为25 000弗罗林。米兰5个家族的收入在10 000～30 000达克特不等。在14世纪,西班牙有6个公爵的收入超过100 000达克特。

在公共机构中,更大的财富聚集很常见。在中世纪末,教皇职位被认为是最富有的。说到对经济史的特殊意义,正如我们将要看到的那样,是它作为国际金融体系的发展以及它"货币化"的强大趋势。圣殿骑士在14世纪初受到压制的时候据说有10 500座庄园;医院牧师有19 000座庄园。法国国王腓力·奥古斯都(Philip Augustus)留下了一笔价值10 000 000美元的财产。1574年,王室的年收入约为5 700 000美元;到1715年,这个数字增长到约60 000 000美元。英格兰的王国政府是中世纪财政上最有效率的世俗政府。征服者威廉在去世的时候留下了大约2 000 000美元;一个世纪之后,"狮心王"理查德留下的财富不相上下。有些城邦几乎像国王和教皇一样富有。这些数字招致了大量的批评,但它们共同说明了这样一个事实:财富的规模远比今天小得多,而且收入相对较多的,是那些政治上有权有势的人,而不是商人、制造商和银行家。

看来,根据经验可知,手工业经济传统上、法律上和技术上的局限,使得靠"生意"积累相当可观的财富似乎是不可能的。但事实上,依然有一些商人和手艺人致富了。德国的民间故事告诉我们,一些小商贩"变得如此富有,以至于他们拥有了巨额的金钱,在几乎每一个人的眼里都显得格外突出"。林德的屠夫安德鲁·贝特(Andrew Bate)是当地的首富之一,以他的大群牲畜、土地买卖和他无情地榨取"西部人"的贡赋而闻名;苏黎世的制革商和铁器商汉斯·瓦尔德曼(Hans Waldmann)还从事大规模放债生意;奥尔良的屠夫哈格尼尔(Hagnel)"通过放债变得如此富裕,以至于城里很大一部分房子都抵押给了他,他从贵族的手里购买了烤炉、磨坊和城堡"——所有这些人,就像16世纪的富格尔家族和威尔瑟(Welser)家族一样,是成百上千发家致富的手艺人的范例。然而,他们所挣到的财富,似乎更多的是靠偶然的投机,尤其是靠放债,而不是靠他们的手艺。因此,严格来说,富有的手艺人并不是手艺致富可能性的例证。

在商业中,利润似乎相对较小;1370~1376年间,维科斯·冯·格尔德森(Vickos von Geldersen)获得平均每年19%的布料销售利润。伦敦购进锡的价格是100磅8弗罗林,在佛罗伦萨卖到了13.5弗罗林。原材料价格与制成品的销售价格之间有着很大的差额;但是,正如我们已经看到的那样,生产的店铺一般都很小,他们的产品更有限。偶尔的垄断,尤其是像盐矿这样的自然垄断,是财富之源,有时是贵族的,但有时也是小百姓。大财富被运输经营者挣去了,尤其是在意大利的港口城市。东方的商品在特别富有的人当中赢得了市场,因此是很多商人的财富之源。

富贵人家(英格兰)

正如我们已经看到的那样,放债在中世纪晚期一些大财富的积累过程中扮演了一个重要角色。尽管教会、习俗和经济结构反对唯利是图的放债,但看来人们似乎一直在连续不断地从事这种勾当。即使在9世纪,当货币经济处在最低潮的时候,它依然是加洛林王朝晚期立法管制的目标。放贷在贵族阶层(无论是世俗的,还是教会的)中很有市场,他们的消费需求超出了他们来自庄园的自然收入——领主希望有精美的甲胄,修道院长沉湎于他对修建漂亮教堂的爱好。从10世纪至13世纪,在欧洲各地,道德家们的箴言、诗篇和反思都在告诫我们高利贷者对封建经济的致命侵蚀。根据修道院的传说,如果把高利贷者的钱与修道院院长的钱放进同一个保险柜里,它会把全部的钱都吞掉,不一会儿,保险柜里空空如也。巴黎一位悔改的高利贷者在临终的弥留之际免去了所有未偿还贷款:清单上几乎只包括教会和世俗领主们的借款。十字军东征极大地刺激了贵族对钱的需求,也刺激了这种满足需求的方式。在1295~1304年间,主教们从佛罗伦萨的5个家族那所借的款项超过4 000 000弗罗林。到了14世纪中叶,巴迪(Bardi)和佩鲁齐(Peruzzi)贷给英格兰国王3 000 000美元。这些金额在现代人看来似乎微不足道,但要是与像吕贝克这样的大海港的年度出口贸易额(不足650 000美元)以及英格兰出口到意大利的羊毛总额(只有约500 000美元)比起来,就显得极为庞大了。总而言之,在整个资本主义早期,放债一直是商人和犹太人的"大生意"。

利润是巨大的。利息通常是20%~25%,很少低于10%。普罗旺斯的法院在1243年禁止利息超过300%。腓特烈二世在1244年支付过173%的利息;就连有着庞大财政体系的教皇也支付过8%~35%的利息;路易十四支付过15%的利息。在形式上,贷款通常是有条件的财产转移,一般是国王的税收、领主的平常权利(要求他的农民光顾自己的磨坊、酒榨作坊的权利等)。结果是,愈演愈烈的广泛的包税人经济的发展,即税收由放款人征收,他们仅仅把税收看作个人财产。法国是典型的实行包税人制度的国家。从13世纪至18世纪,这一制度始终在发展,直至包税人成了一个可怕的噩梦。在17世纪,据估计,只有1/4的税收进入了国王的金库。在16世纪,富格尔家族通过预支现金给西班牙国王并征收王国的赋税,每年挣到的利润在175 000~525 000达克特不等。那些使得奥格斯堡继佛罗伦萨之后成为欧洲的金融之都的庞大的家族财团(富格尔家族只是其中最有名的范例),全都是放款人。法国的包税人全都积累了巨额的财富。拉·巴津尼勒(La Bazinière)是安茹省一个农民的儿子,他来到巴黎,成了一个"金融家"的男仆,后来当上了国王的司库,死的时候是一个富翁。加缪(Camus)刚开始一文不名,死的时候留给9个孩子每人400 000美元。1716年,有726个"财阀"因为令人厌恶的金融运作而受到处罚,资产在50 000~200 000里弗之间的有105人,1 000 000~2 000 000里弗之间的有13人,2 000 000里弗以上的有6人。

我们上面所涉及的财富增长的形式,明显建立在财富转移的基础上,即从某些个人和阶层转移到另一些个人和阶层手里，而不是建立在新财富的创造或积累的基础上。后面这一类别中，重要的是城市不动产和采矿业利润的积累。城市土地保有权与农业土地保有权的区分，本身就是一个十分有趣的研究课题，但在这里，我们只要这样说就足够了：在城市里，有一种普遍的趋势，那就是以现金支付为条件取得土地保有权，逐渐取代以实际服务为条件取得土地保有权。英国城市的租地权就是这一发展的一个实例。有时候，像在佛兰德斯、意大利、法国，需要激烈的斗争，但本质上，所达到的目的在西欧各地是一样的。直至 14 世纪，城市土地依然被领主所拥有，为的是换取这种现金服务，正如租借的形式依然在很多城市里继续一样。接下来，服务不断简化为现金的普遍趋势，导致了某种实际上与现代销售毫无二致的东西。与此同时，城市内人口的增长导致了很不合理的价格。例如，在 13 世纪末的佛罗伦萨，建筑用地的价格高达每平方米 2.50～5.00 美元(换算为现值)。

尽管一般来说，在搜寻贵金属上所花费的钱超过了所获得的贵金属，但在很多个例中，依然有一些大财富是这样获得的，大发横财的，不仅有一夜暴富的穷矿主，而且还有开采权的拥有者——国王和领主，有精炼厂主，有铸币总监、铸币监督官和铸币厂主。13 世纪和 14 世纪的一些更有价值的德国矿非常高产，而后来几个世纪的美洲矿则更是如此了。亚历山大·冯·洪堡讲到过一座西属美洲矿，在 18 世纪每年的产量超过 1 000 000 美元，矿区使用费(即王权应得的份额)特别高。在巴西的金矿区，这一税费从 1/5 到 2/3 不等。它们经常被转到了别人手里，因为它们特别适合抵押给放债人。富格尔家族就是这样在 1487 年接管了蒂罗尔大公的矿区，后来把他们的活动扩大到了匈牙利和西里西亚。

矿主本人起初是按照行会的方式组织起来的，并以这种方式获得了相当可观的财富；但行会组织很快就被个人冒险家所取代。库滕堡矿 1300 年的条例说："事实上，经常有这样两个矿主，他们甚至说不上明天夜里自己头落何处，也不知道明天的口粮终结于何方，却为了争夺一纸可能产出数千马克白银的租约而大打出手。"维特莫泽尔家族财富的创立者伊拉兹马斯·维特莫泽尔(Erasmus Weitmoser，卒于 1526 年)，是一个穷伐木工的儿子，他靠着借来的 100 泰勒，在拉德豪斯堡开发了一个富有的金矿脉。最后，我们还发现了(尤其是在蒂罗尔和匈牙利的矿区)一些富有的公民实际上起到了资本家的作用。在 1495～1504 年间，富格尔家族从他们在匈牙利的矿区获得的分红是 119 500 莱茵地区的弗罗林；1504～1507 年间的分红是 238 474 弗罗林。在 1595～1604 年间，他们从阿尔马登的抵押水银矿获得了 600 000 达克特。德国的一些大家族的财富,只要不是来自放债,便是来自采矿。美洲矿更加富有:巴伦西亚伯爵有时候一年便从他的墨西哥矿区获得 1 500 000 美元。

精炼厂主和铸币厂主也从不断增长的流经他们之手的贵金属中挣到了可观的财富。精炼厂主通常被指责"阴谋打压矿石的价格"。铸币权普遍被出租或抵押,当然也被当作一宗绝对盈利的事业。货币重铸是一个大受青睐的利润之源。例如,在格里茨,1308 年实现了 7 次货币重铸。

不断增长的黄金供应,其所带来的更间接的财富增长的结果,是公债的数量和金额的增长,是高额的利润,尤其是在美洲的矿区,在那里,塞维利亚的商人在一次持续 9～10 个月的远征探险中便挣得了 100％～500％ 的利润,还有金银价格的变动给交换商业带来的机会。1576 年 9 月 20 日,伊丽莎白公告的序言中写道:"最近这些年里,形形色色的商人和掮客,还有像英国人这样的外地人,他们的腐败交易,在交换的讨价还价上,以及在王国内外所应支付现金的反复变动上,存在着如此巨大的滥用。"

放款、不动产、采矿冒险,在我们看来似乎都是足够传统的获取财富的方式;不过,一些在我们看来似乎是无法无天的方法也很重要。欺骗、盗窃和侵占产生了一些巨大的财富。权力带来财富的老传统,继续在那些不诚实的官员身上得到验证,他们是常规,而非例外。法国的财政总监皮埃尔·雷米(Pierre Remy)在 1328 年去世的时候留下了 14 000 000 美元的财富。艾伊尼阿斯·西尔维乌斯(Aeneas Sylvius)曾把腓特烈三世皇帝的大法官法庭描述为"一群饿鬼,他们把每一次机会都转变为最大可能的好处"。在西班牙的那不

海盗曾经是最赚钱的行当之一

勒斯,那些年薪只有 600 达克特的官员,退休的时候都有巨额财富。对弗朗西斯·培根爵士的审判,揭示了这样一个事实:英国的法官向他们所审判案子的原被告双方索取贿赂。半公有的贸易公司被腐败搞得千疮百孔,克里夫(Clive)和黑斯廷斯(Hastings)从他们为东印度公司的服务中带回家里的财富就说明了这一点。当西欧人开始接触到日益增长的金银供应的时候,抢劫,尤其是海盗和劫掠的形式,便在经济意义上变得很重要。热那亚和比萨的财富

要归功于它们对地中海控制权的海盗式利用。威尼斯劫掠了东部的城市，尤其是君士坦丁堡。1511 年，阿尔布克尔克(Albuquerque)从马六甲海峡带回了 100 万达克特的战利品，其中 1/5 落入了葡萄牙国王的腰包。伊丽莎白女王得意洋洋地与德雷克(Drake)和霍金斯(Hawkins)分享他们劫掠西班牙大帆船的辉煌战果，当时，这些大帆船正把西班牙人从秘鲁和墨西哥榨取来的战利品运回国内。1717 年，南卡罗莱纳和北卡罗来纳的沿海发生了 1 500 起海盗劫掠。

强迫交易同样很常见，只不过是另一种形式的抢劫。阿拉伯人一度享受了东方商品的强迫交易，而付出代价的是西欧，但是，葡萄牙人的发现从侧翼包抄了他们的位置。在这些发现之后，西欧人便转向了美洲、非洲和印度的本地人，凭借他们的军事优势，以不可思议的定价用欧洲的商品去交换本地商品。尽管成本与售价之间明显过大的差额由于运营成本而有相当程度的减少，但东印度公司在很长时期里的巨额红利依然清楚地表明，他们把自己的实力转变成了利润。哈得孙湾公司拿成本为 7~8 先令的商品去交换海狸皮。在阿尔泰，俄罗斯人用铁锅交换当地人的海狸皮，一个铁锅换到的海狸皮足以装满整整一锅。荷兰东印度公司拿胡椒粉与本地生产者交换，这些胡椒粉折算的价格大约是荷兰的 10 倍。1691 年，法国东印度公司花 487 000 里弗购买东方的商品，在法国卖出了 1 700 000 里弗。东印度公司的利润十分巨大：荷兰公司在 198 年的时间里产生的平均利润是 18%，这还不包括缴纳给政府的款项，不包括其官员的侵占挪用，以及其资本相当可观的增值。

各殖民地的奴隶制，是巨大财富的另一个来源。我们这里不涉及与奴役有关的不同身份在法律上的细微差别，而是把各种形式的强迫劳动都包括在内。

十字军在叙利亚和巴勒斯坦、威尼斯人在拜占庭的各辖区维持了一套奴隶制体系，就像美洲的奴隶制在最糟糕的情况下一样残酷野蛮。在大西洋彼岸的各殖民地，荷兰人和英国人把强迫劳动强加给东部的本地人。西班牙人曾试图在他们的矿区利用美洲印第安人，但人道主义的考量导致了西班牙政府实行保护政策进行干预。通过黑人的引入，劳动力供应问题以惊人的速度得以解决。整个中世纪，摩尔人都在从事横跨撒哈拉沙漠的黑奴贸易，从 1445 年起，葡萄牙人开始取代摩尔人。1501 年，第一批黑人被引入西班牙人的殖民地；1510 年，葡萄牙人开始为矿区供应黑人奴隶；1619 年，第一批黑人被荷兰商船带到弗吉尼亚殖民地。从一开始，黑人奴隶制就得到了政府的支持；教会也支持这一制度，尽管它有反对白人奴隶制的悠久传统，因为它给该制度转向黑人带来了机会。1517年,查理五世授予了最早的特许权,允许每年引入4 000名黑人奴隶到西班牙的各殖民地;1715年,根据"阿西恩托条约"的规定,英国的南海公司承诺在接下来的30年里提供144 000名黑奴。

而奴役在英国殖民地也很常见。那些违反普通法或犯有政治罪和贫困罪的人,都被作为契约奴工而送往各殖民地。1620年,埃德温·桑迪斯(Edwin Sandys)爵士把100个伦敦市"裁定放逐"的孩子送到了弗吉尼亚殖民地。伍斯特战役(1745年)之后,610个苏格兰囚犯被送往弗吉尼亚殖民地。而数量更大的"契约奴工"是自愿接受这一身份的,以此作为获得横渡大西洋的盘缠的一种方式。随着种植园体系的发展,对强迫劳动的使用也迅速而稳定地增长。食糖、烟草和棉花的种植,都是建立在黑人奴隶制的基础之上。到了1830年,据估计,美洲黑人奴隶的数量约为5 739 000人,外加大约1 082 000个自由人。美国黑奴的数量一直迅速增长到了1860年,当时,这个数字达到了4 400 000人。增长是由活跃的奴隶贸易提供的,这一贸易本身就是大财富的一个来源。1769年,英国船装运过53 100名奴隶,法国船25 000名,荷兰船11 000名,英属美洲船6 500名。

奴隶制对财富增长的意义当然很大。奴隶贸易利润巨大,因为奴隶在非洲很廉价,而在那些种植殖民地通常相当昂贵。在17世纪和18世纪,法国的奴隶贩子所挣得的利润大约是1 000%。1768年,利物浦的船只共装运了31 690个黑奴,挣得的利润是298 462英镑。奴隶劳动在某些条件下是有利可图的,例如:

(1)种植园制度,即相当规模的集体在单一管理下的集中。

(2)由某些垄断条件(比如气候)确保的非竞争性价格,尤其是奴隶劳动不能与白人劳动竞争。

(3)奴隶的精疲力竭:不仅要使用奴隶,而且要把他们用到筋疲力尽的程度。一个众所周知的事实是:奴隶人口从未自我繁殖,除非是在奴隶贸易变得非法之后,不得不通过走私,通过从专门的繁殖地区购买来维持其数量规模。

(4)土壤的衰竭,奴隶劳动不可能按照维持土壤肥力的方式来使用。

在这些条件下,奴隶种植园显示了15%～25%的利润。

在荷兰东印度公司,本地土著被强迫生产一定的"份额",关于这一部分产品他们只能得到一个很低的固定价格。1762年,爪哇的"份额"花了82 223.6利克斯银元购买,卖出了215 874.8利克斯银元。英国东印度公司的制度更复杂,通过把孟加拉的财政部门控制在自己手里,该公司共征收了20 000 000英镑,其中7 000 000英镑落入了当地王公的腰包,9 000 000英镑用作开支,净余 4 000 000 英镑，用于"投资"购买本地的产品。正如一位同时代人所指出的那样，所有这些产品被运往英国，"而英国没有送出 1 盎司白银"。

英国在大西洋彼岸的殖民地的白人奴役，因为极高的劳动成本而有利可图。在烟草种植中，契约奴工与黑人奴隶展开了竞争，人们预期，契约奴工的产量要数倍于奴隶。

总体来说，我们所得到的关于种植园生活的图景，显示了奴隶制中所蕴含的财富增长的巨大力量。曼努埃尔·德·萨尔瓦多（Manoel de Salvador）告诉我们，1600 年前后的巴西种植园主当中，"一个不用银质餐具吃饭的人，被误认为是穷人"。笛福在 18 世纪初写道："我们如今看到，牙买加和巴巴多斯的普通种植园主都积累了巨大的财富，他们坐在马车里，由 6 匹马拉着，尤其是在牙买加，有 20～30 个黑人徒步在他们的前面开路。任何时候，只要他们高兴，他们就会这样出现在大庭广众之下。"

在甘蔗种植园里劳作的奴隶

中产阶级需求的发展

在欧洲的历史上，对商品的需求经历了一次彻底的转变。从一个观点来看，需求的新的方面是中产阶级财富形态和中产阶级对财富的态度的重要彰显；从另外的观点来看，对于中产阶级财富的积累来说，它们又提供了很多新的机会。

我们已经指出：新兴社会阶层当中财富的发展，其需要更多新的享乐形式；庞大军队的兴起，其供给和装备需要大量统一的商品；海军舰队及商船队不断增长的船只数量，它们的建造需要远远超过本地的供应源；大城市的发展，它们的密集而广泛的集中，使其对外国供应源的依赖成为生活中的一个重要事实，不仅是它们自己生活中的，而且也是它们所源自的那些社群生活中的；还有殖民者，他们的财富以及他们对本国事物的渴望，使得他们成了那些追随其足迹走遍全世界的商人们的热心顾客。

这些新的需求，以金钱的形式被强有力地表达出来，而这些金钱，轻而易举地在国王和市民的手里被积累起来，又轻而易举地被花掉；满足这些新需求,需要非局部的、基础广泛的、积极活跃的生产和交换组织。需求的特征在哪些方面改变了呢？它的数量有多少呢？它如何影响经济过程的其余部分呢？按照古典经济学的说法,这样的讨论涉及社会心理需求（欲望）与严格意义上的经济需求之间的差距。

王室宫廷的社会史生动说明了奢侈品需求的增长。阿维尼翁的教皇宫廷多半是第一个现代宫廷,有一辈子都致力于宫廷活动的贵族,有漂亮迷人的女人,"在举止风度和机智风趣上常常卓尔不凡",她们赋予宫廷生活以格调。教皇宫廷把它新的生活方式带回了罗马,文艺复兴时期的伟大教皇,从保罗二世到利奥十世,都维持着当时无人望其项背的豪华宫廷。另外一些意大利亲王则效仿他们的榜样,查理八世、弗朗西斯二世和凯瑟琳·德·美第奇(Catherine de' Medici)把新的标准带到了法国宫廷更宽阔的领地。布洛瓦城堡显示了意大利的影响如何催生了建筑奢华的新标准。跟随亨利四世重返法国的和平,使得新的进步成为可能,在路易十四的统治下,奢侈品的支出达到了顶峰。这位太阳王为他的几处王宫总共花费了大约 60 000 000 美元。衣服也相当华丽,路易本人所穿的一套衣服装饰着价值 2 800 000 美元的珠宝。18 世纪王室的女主人靠她们非凡的花钱能力,来确保她们的地位。路易十六的王后玛丽·安托万内特(Marie Antoinette)在衣服上一年要花费 30 000～40 000 美元。

从波托西和瓜纳华托矿区的开采到腓力四世当政那段很短的时期里,西班牙宫廷在奢华程度上甚至超过了法国的王宫,西班牙式建筑的影响在各个地方都有表现。英国的宫廷,即使当斯图亚特王室试图复制法国的标准时,也从未达到过它们所维持的奢华高度。德国的宫廷甚至更加孜孜不倦地模仿路易十四,但财富稍逊,在奢华上有一种强调数量而不是着重质量的倾向。

对奢侈品的需求从宫廷向一般社会蔓延。圣西门(Saint-Simon)告诉我们:"那是一种瘟疫,一旦传入,就立即变成了恶性肿瘤,在每一个个体的要害部位生长,因为它从宫廷被迅速带到了巴黎,带到了外省和军队,有身份的人只根据他们的餐桌和他们总体豪华程度来评估。"在吃方面的奢侈,尤其是对品质的欣赏,似乎最早是在意大利变得普遍,然后被带入了法国,打那之后,总体来说,法国一直维持着最高的标准。新的热带产品、咖啡、可可、茶叶、烟草,在普遍流行的需求中不断发展,直至最后,变得在心理上与必需品很难区分。1668 年,运入英国的茶叶是 100 磅；1786 年,这个数字达到了 14 000 000 磅。1800 年,欧洲每个人消费咖啡的速度大约是每年 1 磅（如今是大约 6 磅）。欧洲进口的食糖是每人 3～4 磅,但法国只消费了每人约 1 磅。1700 年,英国消费了食糖 10 000 吨；1790 年是 81 000 吨。衣服和住处显示了类似的昂贵和奢华的上升曲线。

王公贵族的奢华生活

这种追求奢侈的趋势，城市比乡村更显著。典型的城市娱乐场所、剧院和音乐厅，在 17 世纪开始兴盛。巴黎的歌剧院可以追溯到 1673 年，喜剧院可以追溯到 1689 年；伦敦最早的戏院出现在 1576 年。富丽堂皇的餐馆和酒店最早出现在伦敦。博马舍（Beaumarchais）说，一个冬天的夜晚在伦敦的酒吧和餐馆里花费的钱，比 7 个联合省的人口在 6 个月的时间里花费的钱还要多。商店，尤其是奢侈品商店，以其陈设和装饰的日益奢华让笛福大惊失色。

奢侈品进入了寻常百姓家，成了一桩普通住宅的事，而不是大教堂或集市的事；物品取代了人；仆人取代了侍从；木雕工和刺绣工取代了建筑师和雕塑家。奢侈的节奏改变了：不是有着集中辉煌的定期节日，而是任何一天都适合举行盛大宴会、化装舞会或舞会。中世纪从容不迫的生产，让位于立即满足消费者的需求。米兰的萨基（Sacci）家族为大教堂的祭坛银器工作了 8 代人，超过 200 年；而为了路易十四，工人们夜以继日，争分夺秒，以完成他的凡尔赛城堡。需求也学会了年年变，几乎是月月变。"样式时尚"，作为需求中的一个持久因素被引入了。在 13 世纪，儒安维尔为了证明他的衣服裁剪合理，可以回答他的祖先就是这般穿着。而在 16 世纪，约维安·庞塔努斯（Jovianus Pontanus）写道："我们 4 个月前赞不绝口的那些衣服，如今我们鄙视并拒绝穿它们。"蒙田曾指出，时尚变化得太快，来不及发明新样式，裁缝们只好回归老样式。英国议会曾试图用一系列禁止奢侈法案来抵御对花样翻新的要求，其中有 6 项法案是在 1511～1570 年间通过的。然而，正是有了路易十四时代热爱奢侈的宫廷和社会，"风尚的时代"才有效地开始了：1672 年，出现了第一本时尚杂志。

第五章 不同人口群体对资本主义的适应

奢侈品需求中的一个重要插曲,是对外国物品的兴趣。法国人看重来自意大利的东西,而意大利人则看重那些来自法国的东西。英国的"女帽"商店里塞满了法国的、米兰的、西班牙的、佛兰德斯的、威尼斯的商品。本·琼森(Ben Jonson)在他的喜剧《新酒馆》(*The New Inn*)中写道:

> 我会把萨瓦的项链戴在我的脖子上,
> 佛兰德斯的袖口,那不勒斯的帽子,
> 带着罗马的帽圈和佛罗伦萨的玛瑙,
> 佩上米兰的剑,披上日内瓦的斗篷,
> 钉有布拉邦的纽扣;
> 我身上佩戴的所有零碎,
> 除了我的手套,全都是马德里的本地出产……

大城市的发展牵涉到需求的大集中。在 16 世纪的欧洲,人口超过 100 000 人的城市大概有 14 个。尽管少数几个城市,比如里斯本和安特卫普,在那之后人口有所下降,但大多数城市人口稳步增长。英国的国王们曾试图阻止伦敦人口的增长;法国的国王们也曾试图阻止巴黎人口的增长。尽管有国王的敕令,但这两座城市的人口都在继续增长;1801 年,伦敦已经有接近 1 000 000 个居民,巴黎有接近 700 000 个居民。基本上,所有这些人,以及一些更小城市的居民,都是依靠外部的经济群体(生产群体)来获得他们的生活资料。在 1736~1770 年间,伦敦人每年购买约 650 000 磅羊肉;1784 年,他们因为自己喝掉的蒸馏酒而缴纳了 330 364 英镑的税,一年内大约使用了 1 000 000 吨煤。在法国大革命之初,制宪议会的一些委员会仔细研究了巴黎的供应并报告称,每年要消费 90 000 000 磅肉,为了购买进入本城的所有供应品,一年总共要花费 260 000 000 里弗。

在其欧洲统治者的头脑里,殖民地的存在带来了一种新的更庞大的需求。殖民地对造船工业和航运业发挥了强有力的影响。1769 年,仅与北美殖民地之间的贸易,英国就使用了 1 078 艘船和 20 000 名海员。所有殖民地都很富有,甚至通过对信贷的不懈使用,购买了超出其直接购买力的商品。每一个欧洲国家都尽可能地把自己的殖民地贸易限制在母国,而且贸易常常集中在某一个进口港,尤其是西班牙在波多贝罗和韦拉克鲁斯的殖民地。亚洲的种植地区,比如印度和马六甲,已经有一套足够复杂的系统,欧洲的商人不得不与之竞争。直到 19 世纪,印度的工业才被英国人摧毁。另一方面,美洲的种植地区缺乏所有的工业设备,其新增的殖民人口需要他们在国内习惯使用的商品。黑人人口需要衣服和食物,在人口最稠密的食糖殖民地,这些供应都必须从母国购买。凡是殖民者想要寻找更廉价供应的地方，比如海地的法国殖民者到美国寻求面粉和咸鱼，或者那些为自己制造的地方，比如新英格兰的殖民者试图制造海狸帽和铁器，都制定了限制性的法律，为的是把他们驱向母国的市场。走私抵消了大多数贸易限制。另一方面，制造业发展得非常缓慢，即便在美国也是如此。当限制性的法律被美国的独立革命所废除的时候，劳动力的短缺以及农业与天然生产业的资本和劳动的更高回报，使得美国人继续依靠英国及其他欧洲国家获得制成品。

对战斗力的需求，当然随着军队的增长而有所增长。大型武器（火炮）的使用数量稳步增长。1548 年，英国的海军战船携带了 2 087 门大炮，1700 年是 8 396 门。在柯尔贝尔的治理下，法国海军的大炮数量增长了 7 倍：从 1661 年的 1 045 门，增加到了 1683 年的 7 625 门。随着军事行动扩大到了封建战争的局部范围之外，对食物供给的需求也增长了。例如，腓力·奥古斯都在热那亚为他派到巴勒斯坦的军队购买了 8 个月供给。当我们看到法国国王的代理人在 1304 年挨个走访各大辖区，要求各辖区把指定数量的谷物和葡萄酒交到加莱的时候，资本主义组织注定要履行的那种功能就一清二楚了。为战船提供补给一直按照老的局部方式操作，直到大西洋的开放式远距离巡航成为惯例，而不是简单的出港冒险。西班牙的无敌舰队再次充当了一个例证。为了航行至佛兰德斯，需要储备 110 000 英担的饼干。陆军和海军预算的增长，让我们看到了需求的革命性增长。在 17 世纪初，法国国王平均每年要花费

航运和海军的发展促进了造船业的繁荣

2 000 000美元用于他的陆军和海军舰队；1680年是40 000 000美元，1784年是160 000 000美元。

航运业的发展，在两个不同的方面对新形式的需求产生了重要的影响。它的增长反映了已经得到极大增长的需求的领土范围，船的建造本身需要很多不同种类的新式商品。从16世纪到18世纪，每年建造船只的数量稳步增长。船只的尺寸也增长了，这使得新的技术和组织成为必要。直到19世纪，欧洲水域所使用的典型船只大约只有100吨。然而，远洋巡航需要更大的船只。典型的东印度商船，其吨位从300吨至500吨不等。战船也变得更大，到17世纪末，英国舰队有41艘战船超过1 000吨，最大的有1 739吨。这意味着需要更大的船坞，更庞大的工人群体，更大规模的材料集中。造船的"节奏"也迅速上升：克伦威尔和柯尔贝尔都以非同寻常的速度建造他们的海军。船的组装特性把造船业的影响扩大到了更广泛的生产范围：木料，索具(亚麻)，船帆，铁器(锚、链、帆、索)，焦油和沥青，黄铜，铜，以及锡。成本给出了一个总指标，使我们可以看到，造船业作为一个需求之源在数量上的改变：在16世纪，一艘中等尺寸的英国战船的成本在3 000～4 000英镑；在詹姆斯一世的统治下，这个数字在7 000～8 888英镑；在查理一世的统治下，在10 000～20 000英镑；在18世纪初，在15 000～20 000英镑。

商品需求发生了以下巨大的改变：

(1)随着财富的增长，所需求的商品数量也大增。

(2)商品需求超越中世纪需求的那种城市依靠乡村的纯地方特性：除了本地商品之外，外国商品也有需求；殖民地的商品在欧洲有需求，欧洲的商品在殖民地有需求。

(3)商品需求越来越集中于大城市、大的殖民地转口港、大船坞。

企业家的出现

资本主义是那些有领导能力的个人的杰作。尽管像其他的经济形态一样，它也源自时代的环境和需要，但其发展的一个显著特点是那些有创新精神的个人和团体的活动，他们不断颠覆旧的制度，或者为了自己的目的而转变它们。这些人就是企业家，对这一新兴阶层，我们没有更受青睐的英文单词来指称他们，因为，"enterpriser"(即干事业的人)很不招人喜欢，而"undertaker"(即办事的人)开始被人们和一个完全不靠边的概念(即丧事承办人)联系在一起。封建企业——领主的功绩——和资本主义企业有很多的共同之处，因为在这两种企业里，企业家都使别人的意愿屈从于为他提供收入的问题。然而，它们本质上是不同的，因为封建企业家——那个使自己成为社区主人的意志坚强的人——的活动和影响是地方性的和个人的，而资本主义企业家的活动和影响却扩大到了千百万个他从未谋面的人。两个群体的类型是一样的：精力充沛、聪明机智、意志坚定。在曾经创造欧洲历史的所有民族中都存在这种类型的人，在法兰西与英格兰，在德意志与意大利，在西班牙与荷兰，还有在犹太人中。他们出现在所有社会阶层——君王、领主、商人、手艺人和乞丐——中，也出现在所有宗教中。

然而，资本主义企业家依据他们用来实现其计划的手段的不同，自然地分为两个截然不同的群体：那些运用政治权力的企业家——君王、贵族和官员，以及那些没有政治权力、只能依靠自己的说服能力和组织能力的企业家。这两个群体逐渐互相融合，正如我们将会发现的那样，因为后者越来越频繁地依靠政府的支持，通常为了有利于他们的活动而塑造国家的法律。在第二个群体中，某些成分似乎有着特殊的重要性，这些成分和他们所生活的那个一般社会有着共同的古怪特征：异教徒、移民，以及犹太人。

环境、野心，甚至还有责任观念，把很多旧政权的君主带入了资本主义的活动中。瑞典国王古斯塔夫·瓦萨（Gustavus Vasa）不仅鼓励采矿业，还经营了一个大型海上贸易组织。英格兰国王爱德华四世经营着大规模的羊毛贸易。伊丽莎白女王和詹姆斯一世都参与了德雷克和罗利（Raleigh）的海盗冒险。查理一世把自己的代理人派到英国各地，与不同的实业家就分享利润的问题讨价还价。路易十四的亲信大臣柯尔贝尔对各种资本主义冒险都给予支持，使他的国王得以分享其中很多人的利润。

贵族阶层，也就是领主们，尽管他们的封建出身涉及对牟利的消极态度，但还是非常自然地卷入了资本主义的企业。他们有时候受到一种人道主义愿望的驱使，即要让那些靠他们养活的人有活可干，不至于游手好闲，同时又能过上相对舒适的生活，像奥瑟克修道院的院长便是如此。然而，一般来说，领主之所以转向资本主义企业，完全就像其他企业家一样，只不过是对无限获利的吸引力和日益有利的条件作出回应罢了，这些有利的条件使得资本主义的发展更加便利。例如，克罗塞特洛德修道院的几任院长开发了一座煤矿，它很有可能不仅是欧洲大陆最早的而且也是最大的一座煤矿，有800个人在地下作业，与在地上忙活的人的数量大约不相上下。

所有欧洲国家的贵族都在变得都市化。古老的家族正在消失，新贵族正从富有的中产阶级家族中源源不断地产生。封建主义的衰落正把贵族带向宫廷。在英国,长子继承权的限制,影响了贵族家庭的"幼枝"与中上层阶级的结合。詹姆斯一世出售准男爵的爵位。在法国,这种做法在路易十四统治时期甚至得到了更为广泛的发展,当时,总共出售了 800 个贵族头衔;18 世纪,仅仅购买一处"贵族"庄园,就足以跻身贵族阶层。换句话说,成功的资本家正在取代贵族中的军人。依然有一种传统,禁止药材销售者和旧衣销售者在成为贵族后继续经营他们的"生意"。对他们来说,只有用资本主义的方式把自己对土地的控制权组织起来才是合适的。当然,通过租佃制度甚或借助工薪劳动者来种植农产品或饲养家畜,开发利用矿产或木材的财富,行使他们对劳动力的权力,这些也都是合适的。他们还可以适当地投资于大型贸易公司的股票。

在英国,采矿和冶炼工业几乎完全是贵族的企业。大规模的绵羊饲养者常常也是布料生产者,把他们生产的羊毛转变成布料。在法国,贵族创立采矿企业、铸造厂、纺纱和织布企业。18 世纪,图尔总共有 13 个冶炼厂业主,全都是贵族。源自克罗伊亲王家族的 19 个贵族拥有并行使了煤矿的开采权。在 1785 年的西里西亚,243 座矿中,20 座属于普鲁士国王,14 座属于一位公爵和两位亲王,191 座属于其他伯爵、男爵和贵族产业的拥有者,只有 2 座属于布雷斯劳的商人。陶瓷和玻璃制造由一些小亲王引入了德国。奥地利也是如此,我们发现那里的贵族也作为水银矿和钢铁产业的组织者及开发者而忙个不停。在波希米亚,第一家造纸厂是由诺斯蒂茨伯爵建立的(1644 年)。在俄罗斯,不同的产业在彼得大帝的赞助下被引入,贵族们没有参与,但在 18 世纪下半叶,他们成了工业生产中相当重要的因素,因为他们可以利用他们的农奴。1809 年,98 家织布厂中,12 家属于商人,19 家属于高等贵族,55 家属于普通贵族,12 家属于外国人。贵族通常是建立殖民地的主要冒险家和受益者。西班牙的殖民地按照监护征赋制(encomienda)赠予出去了。特拉华勋爵、克拉伦登伯爵、阿尔伯马尔公爵、沙夫茨伯里伯爵,以及其他很多贵族,都为了慈善和利润而参与了英属殖民地的创建。

整个中产阶级对企业家阶层的形成不仅作出了直接的贡献,而且还通过让他们这个阶层中更富有、更成功也可以说更有事业心的人被吸收进贵族阶层,从而间接地作出了贡献。在企业组织中,中产阶级成为越来越庞大、越来越重要的成分,直到最后,达到了政治上和经济上的支配地位。这一阶层有中产阶级的美德、勤奋和节俭的优点,而且中产阶级财富的发展,为按照资本主义的方式使用他们自己的及其他人的财富的企业类型创造了机会。与贵族不同,中产阶级企业家并不依靠权力和特权给自己带来财富,而是依靠金钱给自己带来权力与特权。他们确实是最早的资本主义企业家，因为对他们来说，资本，尤其是货币资本，是一切企业必不可少的前提。通过他们，"中产阶级财富"，以及我们刚刚研究过的这一财富的发展，对资本主义制度的构建变得至关重要。

中产阶级企业家沿着两条截然不同的路线逐步发展：一条是通过他们所控制的某个手工业企业的逐步扩张，它可以是种植业、工业、商业或运输业。一个家族中最初创业的企业家是作为小资本家出现的；他的儿子或孙子作为重要的商人或制造商脱颖而出。大部分手工业产品交易人——佛罗伦萨的羊毛商、英国的贸易商、法国的经销商、犹太人的匹头行商——都成了资本主义企业家。同样，正在崛起的工业商人成了英国人所说的"manufacturer"（制造商）和法国人所说的"fabricant"（制造商）。另外一条主要的发展路线是通过所谓的"散工外包制"[putting out（英语），Verlag（德语）]。它最初是作为一种义务出现的：富有的师傅有义务为他们不那么幸运的同行提供原材料。最后，散工外包制成了这样一套制度：富有的手工业师傅，或者更常见的是商人，通过这一制度把那些不那么进取、不那么兴旺的工人的劳动力组织起来。它在布料行业和纺织业尤其普遍，但也存在于采矿业和冶炼业，存在于小百货（尤其是念珠）制造业和成衣业。

正是中产阶级，提供了另一个截然不同的企业家类型，他们在海外贸易的发展所展开的远景中找到了自己的机会。他们是新企业的创立者，也是计划者或发起人。笛福在他的《论计划》(*Essay on Projects*)中写道："大约在1680年前后，计划的技艺或奥秘开始明显地逐渐出现在这世界上。"然而，至少一个世纪之前，在像约翰·约阿希姆·贝希尔这样的人身上（参见第二章），我们就已经注意到了这一类型。一个名叫贝内文托(Benevento)的人出现在斐迪南皇帝的宫廷，然后又出现在西班牙国王腓力二世的宫廷，提出要增加这两位君主的财政收入，无须开征新的赋

英格兰银行的创立者威廉·帕特森

税，也用不着任何重大的革新。笛福的那个时代依然是发起人的鼎盛时期。绝佳的例证如威廉·帕特森(William Paterson)，他通过创立英格兰银行，成

功地解决了不断扩张的英国君主统治的财政问题；还有约翰·劳（John Law），他在试图解决法国君主统治的财政问题时就没有那么幸运了，这就更不用说那个能说会道的家伙了，他在"南海泡沫"的高峰时期发起了一项计划的赞助，但其目的之后就被揭露了。

最后，异乡人——异教徒、移民和犹太人——在所有国家起到了作为企业家的重要作用。新教革命之后，国家教会（天主教或新教）的发展带来了公民当中的分化：正统和异端，完全公民和半公民。异端分子被排除在所有官场生活之外，只能靠容忍存在。他们的位置本质上是防守性质的。他们被迫转向商业寻求他们的生计，并培养一种特殊的诚实和节制的标准。有一句西班牙谚语说得好："异端促进了商业精神。"17世纪英国观察家威廉·配第（William Petty）精明地指出："经商本身并没有固定于任何种类的宗教，倒是固定于全体宗教中的异端部分。"在印度，是信奉印度教的人；在土耳其，是犹太人和基督徒；在意大利和西班牙，是犹太人和新教徒；在法国，是胡格诺教徒；在英格兰，是不信奉国教的人——所有这些人都在商业中扮演了重要角色，其重要性与他们的数量完全不成比例。在法国，这种不平等的分配有力地导致了《南特敕令》的废除（1685年），当时，资本主义工业的几乎每一个分支都由于胡格诺教徒的移民出境而损失惨重。

有些观察者，尤其是马克斯·韦伯和R. H. 托尼（R. H. Tawney），发现了新教——尤其是它的清教主义方面——与资本主义的特殊联系。毫无疑问，有一点似乎很明显：人的一切活动，都是"天职"这一宗教观念给予富有进取精神的新教徒商人以强有力的心理认可。在其他意义上，新教和资本主义彼此之间颇有类似之处，因为它们都是异端，都"不信奉国教"，都是创新精神的产物。

无论如何，不管什么理由，从统计证据和同时代人的判断来看，有一点很明显：欧洲的"异端"，尤其是新教徒，在新的商业形式中的重要性完全不成比例。与宗教联系紧密的异端，是16世纪和17世纪的另一个社会事实。在那一时期，移民在新教徒当中最为普遍，法国的胡格诺教徒和英国的分离主义者，纷纷背井离乡，逃往英格兰、普鲁士、荷兰和美洲。这些精力充沛、有勇气在旧世界或新世界创立新家园的少数派，发现自己不仅处在半公民身份的状态，而且还与当地习惯上的传统限制相分离，这些限制由他们所去往的那些国家的本地人所控制。他们在生活中是否成功，他们面前所展现的未来如何，一个衡量标准是可观的财富积累。

那么，当你发现，在新企业的发展中，外国人是一个杰出的参与者时，也就用不着大惊小怪了。从13世纪到16世纪,"伦巴第人"——来自热那亚、佛罗伦萨、比萨和威尼斯的意大利人——就一直是英格兰、法国和尼德兰最重要的金融家。在热那亚、博洛尼亚和里昂,来自其他城市(尤其是卢卡)的移民,以一种有点类似于现代工厂体系的方式组织起了丝绸工业。

由北美殖民者和受迫害的基督徒所构成的全体移民,比如那些来自西班牙的犹太人,更加明显地展示了外国人的这种典型作用。16世纪和17世纪受迫害的基督徒移民,涉及数以十万计的个体,其中最大的群体是300 000个胡格诺教徒,他们在《南特敕令》废除后离开法国。16世纪末,在波兰的克拉科夫、比得哥什和帕森,苏格兰难民(既有天主教徒也有新教徒)都是大商人。来自被毁灭的巴拉丁和来自荷兰的逃亡者在资本主义的基础上创立了克雷费尔德的丝绸商业。法国的胡格诺教徒在萨克森、汉堡、黑塞—卡塞尔和普鲁士创办了工厂。荷兰可能提供了外国人影响的经典实例。荷兰的宽容政策使它成为犹太人、佛兰芒人、瓦龙人、英国人、法国胡格诺教徒、天主教国家的所有受迫害者的庇护所和避风港;另一方面,也并没有把天主教徒排除在外。外国人成了典型的工厂创办者——织布厂、制陶厂、造纸厂、印刷厂。在英格兰,意大利人、葡萄牙人、法国的胡格诺教徒、佛兰芒人、瓦龙人与荷兰移民参与了一些重要工业的创建,比如棉纺、棉布印花和刀具制造。与我们时代更接近的同一现象的一个显著例证是,外国人在19世纪俄罗斯的经济发展中所扮演的重要角色。

当然,在资本主义早期的大多数时间里,犹太人都集异乡人、异教徒和半公民于一身,而且我们发现,正是经济生活中的资本主义形式迅速发展的那些阶段,犹太人扮演了显著重要的角色。在17世纪上半叶,英国外贸总额的1/12是通过犹太人之手,当时,他们在法律上依然遭到排斥。在莱比锡的商品交易会上,他们总是表现得特别突出,在该集市辉煌时期最后的日子里,有1/3的商人是犹太人。他们控制着西班牙的累范特贸易,当他们被赶出西班牙的时候,他们便把这种控制力带到了尼德兰,后来又带到了累范特本身。奢侈品贸易(比如钻石切割和丝绸)、大宗商品的贸易(比如棉纺制品),似乎同样落入了他们之手。他们在新国家的殖民化中扮演了一个重要角色。哥伦布几乎刚刚发现美洲,葡萄牙犹太人便在圣托马斯岛上建立了一个殖民地,并利用奴隶劳动。他们不顾禁令,大量涌入巴西,并在荷兰占领时期得到了强有力的增援。来自巴西的犹太难民缔造了伟大的马提尼克岛和海地的食糖工业。

同样,我们发现,在最具有资本主义色彩的经济性企业——军队的供应——中,犹太人也杰出得不成比例。"伟大的犹太人"安东尼奥·卡瓦哈尔

(Antonio Carvajal)是为克伦威尔的军队提供供给的主要承包商之一。同样，威廉三世时代"伟大的承包商"是犹太人麦地那(Medina)，他后来受封为骑士。在法国，雅各布·沃尔姆斯(Jacob Worms)作为路易十四主要的战争承包商而闻名。萨克斯(Saxe)元帅宣称，他的军队所得到的最好供给，莫过于他依靠犹太人的时候。塞弗·比尔(Cerf Beer)因为他在阿尔萨斯大饥荒中所提供的服务而被接纳为一个法国臣民。在日耳曼各国，也有同样的故事。1537年，艾萨克·梅杰尔(Isaac Meger)被允许在哈尔贝施塔特居住，因为他为阿尔布雷特(Albrecht)红衣主教的军队供应了"好的武器、马具和盔甲"。1677年，德国一位传记作者写道："打那以后，所有军需供应商都是犹太人，所有犹太人也都是军需供应商。"在独立革命和南北战争期间，犹太人是美国军队的主要军需供应商。

这些例子说明了犹太人作为企业家的杰出，而没有涉及他们作为金融家和银行家的活动，这是资本主义发展中的一个同样重要的因素，但它不属于这里讨论的范畴。

第三篇

早期资本主义

第六章 经济动机和经济形态的转变

早期资本主义的新纪元

历史时期的定义是一个很困难的问题。事实上，它们是子虚乌有的虚构——必要的虚构，是从历史学家的头脑里发展出来的，作为解释过去的一种手段——而不是那些与某个历史时期的起点刚好同时的人在显意识中所感受到的经验。另一方面，任何稍有智力的人，只要读到，比方说征服者威廉或伯里克利的雅典之类的说法，就不可避免地认识到，那个时代的状况有着截然不同的个性特征，换句话说，也就是一个截然不同的历史时期。而正当人们试图标示出一个历史时期的起点和终点时，这种必然性消失了，分歧和不确定出现了。任何给定的年代在相当广泛的余地上属于某个历史时期的更早或更晚的阶段，都是依据看待它的人头脑里的一项或多项原则。

那么，有必要记住一些原则，这些原则在对过去的重构中被使用，并以简明扼要的方式体现在我们对资本主义的定义之中。这给了我们两个条件，我们必须首先满足这两个条件，然后才可以说资本主义存在。第一个条件是，通过金钱的强迫性推动，异乡人的意志应该在经济上使得那些活跃的人适用于利润的目的；第二个条件是，应该有一种为了尽可能获取最高利润而重组经济活动并对之进行合理化的倾向。从这个观点来看，资本主义时期的始点不可能定得太早。我们应该避免这样一种观念：一些按照资本主义方式行事的个人的偶尔出现，或某些可能适合于资本主义社会的条件的出现，标志着资本主义时期的到来。

这种带有例外性质的资本主义的做法，在 13 世纪和 14 世纪都不难找到。13 世纪的教皇就曾利用锡耶纳的银行家们，帮他们处理来自四面八方的税收，这些银行家有一套体系遍及西欧各地，可以服务于高度发展的国际贸易，就像现代银行一样。但它并没有服务于国际贸易，因为后者当时还没有发展到需要这样一套体系的程度。14 世纪，莱昂·巴蒂斯塔·阿尔伯蒂（Leon Battista Alberti）在他的《家庭之书》(*Libro della Famiglia*) 中讲授了中产阶级的经济学。同样是这个世纪，至少见证了理性主义会计——也就是复式簿记——的开始。拜恩（Byrne）教授在他的杰作《12 世纪和 13 世纪热那亚的船运业》(*Genoese Shipping in the Twelfth and Thirteenth Centuries*, 1930) 中声称，在 13 世纪，热那亚的航运冒险常常是通过分销股份来融资的，人们对待这些股份，很像是今天对待那些可兑换股票——分红、出售、用作贷款抵押品；拜恩向我们显示，热那亚人募集资本的方式在很大程度上和现代企业家是一样的。如果现代资本主义仅仅是这样，仅仅是对某种方法的使用，那么，我们就不可能回答他的指控：桑巴特把资本主义的始点定在 15 世纪末实在太晚。但他接下来进一步显示，当某些个人手里的财富积累发展到足够庞大，以至于能够为航海融资而用不着这样的联合的时候，股份便渐渐不再使用，最终消失不见了。没有比这更清楚地证明了这些热那亚人的非资本主义精神。这里明显没有"为了尽可能获取最高利润而重组经济活动并对之进行合理化的倾向"。

然而，15 世纪末，资本主义企业的外在表现变得众多且一致。经济生活中新精神和新组织的那些显而易见的方方面面——简而言之，就是资本主义的方方面面——变得如此之多，以至于仅仅列出一份清单就未免太长了。15 世纪晚期，大量的金矿和银矿在德国和奥地利得以开采。这方面由于美洲的发现以及墨西哥与秘鲁巨大金银储藏的开发而得到了增强。美洲也为这些地区对劳动力的无限利用提供了机会。针对西班牙犹太人和法国及德国

早期资本主义中心城市：安特卫普

部分地区新教徒的宗教迫害,伴随着大量经济上活跃的个人的背井离乡。值得注意的是,注定要暂时成为欧洲资本主义中心的安特卫普当时已经开始发展。在法国的路易十一、英格兰的亨利七世和西班牙的天主教国王斐迪南这样一些君主的统治之下,一些大的现代国家的建立,带来了各种物质的和金融的需求,只有靠资本主义的安排才能得到满足。此外,变化的其他方面还包括工程技术和工业技术的明显进步(达·芬奇和阿格里科拉是这一进步的显著例证),以及会计学(尤其是复式簿记)的进步。"公司"的概念开始传播,大的中心市场和批发商行相继出现,还有商业招徕,以及像邮政业这样一些公共服务的运转。企业家类型出现了,清教主义为资本主义提供了一套哲学,奢侈品迅速增长。现代股份公司开始发展,尤其是在海外贸易中,商业出版开始出现,采购开始根据样品进行,贴现银行和储蓄银行开始发挥作用。

当然,早期资本主义时期的终结,是随着我们所说的"全盛资本主义"的开始而到来的。它的标志包括:充分发展的合理化、纯客观的商业惯例、联合的理想、"自由"、集中市场和远程采购、投机实践和经济危机;简而言之,就是资本主义对经济生活的一切形式的应用。把这些检验应用于事件的年代顺序,那么,就其最大限度而言,我们可以把早期资本主义的时期看作从15世纪中叶至19世纪中叶的那段时期,或者更狭窄地,看作从16世纪至18世纪那段时期。

应该指出的是,在定义我们的时期时,我们忽视了诸如法国大革命这样一些重要的政治里程碑,尽管莱瓦瑟撰写的那部关于法国经济史的巨著在这一点上用了厚重的4卷。事实上,法国大革命并没有标志着法国经济生活——即它的生产、分配和消费方式——的总体改变。在法国大革命中,资本主义赢得了一些非常重要的政治胜利,但资本主义自身的发展在17世纪和18世纪初期更巨大、更具决定性,而且注定要在19世纪中叶取得更大的发展。

经济动机

"风格"是一个很有用的概念,无论是对于思考经济史,还是思考艺术、穿衣戴帽或写作风格。就它眼下的用途而言,风格在于把一个整体——不管它是一条生命还是一幅图画,是一首诗歌还是一份合同——的各个部分拼合在一起的过程中所彰显出来的心理上的态度和意图。风格是一个社会事实。有时候,那些很不合群的人也多少有点个人风格。一般而言,在任何给定的社会中,都存在一种态度和意见的共性,遍布于并决定着其活动的形式。

在资本主义早期，经济生活的风格以"中产阶级的"这个词为最恰当的特征。然而，这个词在今天有一种严肃、刻板和保守主义的含义，但那肯定不是在经济生活转变（这正是本章的主题）过程中主要参与者的特征。他们都是"冒险家"，很可能既是商人又是海盗。在伊丽莎白时代的英格兰，我们遇到了约翰·霍金斯（John Hawkins），他同时是发现者、女王的官员、海盗、船长和商人。做生意就意味着兵戎相见、身陷囹圄、外交谈判和买卖贸易。像他们的中世纪先辈们一样，这些冒险家也抱有与他们自己的社群和民族分享的观念，而

海上冒险

他们的征服则以牺牲外国人或较小族群的利益为代价。全体人口中相对较少的人从事这些海盗贸易远征，但快速致富的基本观念导致很多留在国内的人加入那些在经济意义上同样大胆而令人不安的"冒险"，在 17 世纪和 18 世纪初，我们听说过很多这样的冒险"计划"。因此有了这么多海盗航行的融资，因此有了对采矿冒险的强烈偏爱，因此有了很多打捞沉船的合伙，因此有了海上保险（船舶抵押）的迅速发展。资本主义的主要推动力就在于快速致富。缺少的是充分发展的资本主义精神所特有的那种理性而审慎的计算。

中产阶级的那些更冷静的、不那么异想天开的特征也在发展。除了中世纪的社群观念和封建权力观念之外，还发展了一套建立在个人责任的观念和个人之间的契约关系基础上的制度。借助并通过政治机构行使权力的做法，注定要对资本主义组织的建立作出重要贡献，但在越来越大的程度上，这将是国家为商业利益服务，为契约社会服务，这样的社会最终将要求得到无政府主义的豁免（自由放任主义），使之不受政府行为的干涉。在不受政府干涉的情况下，契约一方面在政府之外，另一方面在乡村社区组织和行会之外，组织起了所有社会阶层的力量。从城市走进乡村的、作为社区生活的局外人与乡村织布工或锉刀生产者为得到他们的部分产品而协商谈判的"土商"（country merchant），则有着不同的行为原则、不同的目的，以及不同的伦理道德，既不同于有社群观念的手艺人，也不同于有社群观念的村民。他们与众不同的美德，是对契约和节俭的忠诚。

莱昂·巴蒂斯塔·阿尔伯蒂在他1450年出版的《家庭之书》中第一次清楚明白地用文学的方式表达了那种对坚实可靠、诚实可信的骄傲(对中产阶级来说,这些是最高的美德),这种骄傲与贵族对门第出身的骄傲古怪地相似。阿尔伯蒂宣称:"我们家族从未有任何人违背过他在契约中写下的任何一句话。"阿尔伯蒂所说的"从未"多半是一种夸张,但这种精神以及类似的表达,说明了美德如何在这个世界上扎下根来。在接下来的那个世纪里,越来越多的关于商业美德的文学作品都把信守契约置于首位。并非所有商业群体都有同样程度的美德,我们饶有兴味地注意到,英国17世纪的商业道德家经常把荷兰人奉为英国同胞的楷模,他们总是为后者的缺乏诚实而扼腕悲叹。就连从不操心道德顾忌的笛福,也对英国商业诚实的现状产生了非常糟糕的印象[参见《完美的英国商人》(Compleat English Tradesman)]。

一般而言,我们可以假设,这种"坚实可靠"的美德是随着资本主义一起发展的。在契约与信用的基础上发展起来的商业关系越多,这样的美德就越是必不可少。在我们看来,它似乎像一种普遍的美德,与经济制度并没有什么联系。而在17世纪晚期的一位德国诗人看来,这种联系却显而易见:

当真实和荣誉在别的地方已经湮没无闻,

在诚实商人的心中依然可以找到,

他们的快乐和健康乃建立在陌生人信任的基础之上。

"穷人理查德"用一句话总结了中产阶级的道德原则:"诚实乃上上之策"。在诚实可靠的概念中,我们有了商业职业道德的基础,就其起源而言是纯功利主义的,并被记录在我们关于商业荣誉的观念和交换习惯中。

诚信,以及另外两种主要的中产阶级美德——勤奋和节俭,在不计其数的我们今天所谓的励志书中被大肆鼓吹。一个经典的例证可以在鲁宾逊的父亲给儿子的忠告中找到。

另一个对资本主义社会的发展有着重大意义的道德观念是获利的光荣。那些虔诚的商人,就像虔诚的国王一样,他们的合同一开头便是祈求三位一体的上帝,并把他们的利润看作"上帝的赐福"。这种对牟利的宗教—道德认可,仅限于诚实地挣到利润,一个历史问题是:这一观念包括什么?

首先,基本观念依然与在生存经济和手工业体制中是一样的。获利不能是无限制的,而是要取决于理想目标,即与一个人的地位相适应的生活资料——"对每一个阶层和每一个个体,上帝都已经分配了生活资料"。另一位商业道德家写道:"我们必须严戒寻求超出对我们及我们的家人来说必要而足够的东西。"所谓的"足够",是"对于他在生活中的地位来说的足够"。笛福通过他所提出的一个成功商人的自然目标,说明了这一有限的标准。"如果他获利 2 万英镑,他可以购买一处令人愉快的庄园,成为绅士,花掉他收入中的 500 英镑,然后把剩下的钱用于增加他的地产。"富兰克林认为,"一个明智的人不会渴求超过他应得的,他会节俭地使用,高高兴兴地散财,心满意足地生活"。他投入生意中的时间是有限的,富兰克林认为,6 小时是恰当的限制。

公平价格的观念从教会法一直延续到了大约 17 世纪中叶,至少在英国是这样的。配第认识到了效用与交换价值之间的区别。法国伟大的商业作家萨瓦里在 1724 年依然认为,价格应该由这样的标准来决定:商人的获利是公平的。德国的《商人宝典》(*General Treasure House of the Business Man*,1742)认为,从稀缺中获取利润是允许的,只要它是"基督的"利润,而且商人"打心底里不觉得羞耻"就行。

城市的商业生活:伦敦亨格福德市场

竞争依然受到一定的轻蔑。巴黎 1761 年的一项法令有下面这段话:"本城的有些商人擅自以他们的名义散发公开信,宣布他们商品的销售价格,他们自称,这些价格要低于其他商人同样商品通常的销售价格。这样的违法行为,几乎一直是不诚实的商人最后的杀手锏,多么严厉地压制都不为过。"杰勒德·马利涅斯(Gerard Malynes)指控(1686 年),一切"试图低价倾销的努力"都是"危险而有害的"。《完美的英国商人》(1745 年)抱怨:"这种低价倾销的做法已经发展到了如此令人发指的程度,以至于有些人甚至公开做广告,说他们的价格低于别的商行。"广告当然是"卑劣而可耻的"。

这种对竞争的道德偏见，结合了重商主义者对人人就业的坚持，导致了相当多的反对在工业中引入技术改进的行为。1561年，伦敦的布料生产商行会拒绝了一个意大利人发明的一种精加工设备，因为它会让很多工人丢掉饭碗。1685年之前，编织机一直在法国遭到禁止，生怕它们毁掉很多穷人赖以谋生的编织工业。柯尔贝尔把省力机械的发明者视为"劳工之敌"。

总而言之，我们称之为早期资本主义的这几个世纪的商业风格仅仅是部分摆脱了把满足需求作为经济活动的恰当目标的古老观念。作为充分发展的资本主义典型特征的追求利润和经济理性主义同样都处于尚未发展的状态。很多创办企业、担任领导的人，本身就来自准封建贵族阶层，他们把自己的企业当作私人事务而不是市场事务来管理。19世纪初，一位研究西里西亚矿区的观察者写道："在这里，领主是铁矿石的拥有者，他们每年冶炼的数量，仅仅是他们的木材供应中不用于其他目的的部分所能冶炼的数量。"大多数贵族企业创办者都缺乏想让它们大获成功的内在冲动。在非贵族的中产阶级企业家中，经济生活依然是一件按部就班的传统事物，新鲜事物、新的设备或安排都是令人厌恶的，不受欢迎的。马珀格宣称（Marperger,1717）："毋庸置疑，在今天，必须认识到，一切现代化，即便它是有利的，对大多数人来说都是不合口味的。"

在尽可能早的年龄"退休"被笛福所鼓吹，无疑也在很大程度上被人们所实践。一些退休的商人，比如布赖斯·费希尔（Brice Fisher）和尼古拉斯·林伍德（Nicholas Linwood），或他们的继承人，像塞缪尔·罗米利（Samuel Romilly），他们所获得议会席位的数量，是一个相当不错的统计指标，从中可以看出英国的这一趋势。一位研究18世纪晚期汉堡生活的很有智慧的观察者指出，在商业从一开始就吸引了全部人口的同时，依然有很多挣到了财富的个人"满足于端坐在他们的深宅大院之内，享受2.5%的利息"。即使在他们积极活跃的职业生涯中，商人也并不是整天、整周、整年地工作：英国人的周末和法国人的仲夏假期，都是早期资本主义"生活方式"的残余。16世纪一位意大利商业作家甚至主张商人应该有休假年。

薄利多销的现代观念与早期资本主义的动机毫无干系。"不要试图让价格比别人更低"是商业道德家们的老生常谈。还存在一种强烈的偏见，即反对通过自由使用信用进行商业扩张。"实物"的手工业传统依然广泛地支配着商业，尽管约西亚·柴尔德（Josiah Child）反对这一观念，认为它是英国贸易在与荷兰人竞争时的一种妨碍（资本主义程度最高的国家，在提供廉价商品的技艺上走得最远；不妨比较一下英美商人对德国人和日本人的"劣质"产品的抱怨，尤其是在1914年之前）。

最后，早期资本主义商业极其隐秘，那是一种秘密。随着18世纪商业杂志和新出版物的发展，也出现了一系列抱怨和抗议，其大致意思可以用汉堡商人的抱怨来总结：这样一些消息的公开发表"使得局外人太过聪明"。

商业形式

把任何历史进程分为几个不同的时期，其中都有一个内在的特性：旧时期的很多特征将在新时期得以延续。经济生活的发展也正是如此。为了正确地理解早期资本主义时期与众不同的特征是什么，简短地审视一下中世纪形式的延续是可取的。独立手艺人的个体工业作为一种截然不同的形式，在整个资本主义早期的一些重要方面都延续了下来。然而，中世纪经济生活的更独特的形式，是我们已经介绍过的各种不同类型的联合：领主统治下的联合、手艺人的协会、家庭联合，以及商人为了这样或那样特定的冒险活动而临时组成的联合。这些联合中究竟有哪些以一成不变的形式或经过改良的形式保留了下来呢？当然，领主统治下的经济联合在我们已经讨论过的庄园制度中得到了最大的体现。经过某些改动，在1800年之前，它依然是农业生活的重要形式，虽说它在英国几乎消失不见了。在很多情况下，庄园组织是远程贸易的中心。因此，波希米亚玻璃协会在18世纪初并不是由那些自由的、已经站稳脚跟的商人们在经营，而是由玻璃生产地区不自由的居民在经营。这一中世纪的封建观念在各殖民地也很盛行。热那亚人和威尼斯人俨然是他们在东地中海地区各自殖民地的庄园的领主。西属南美殖民地的所谓监护征赋制和劳役摊派制（repartimiento）也是建立在这一观念的基础上，葡属巴西殖民地的将军辖区（captaincy）也是如此。封建观念延续的一个古怪实例是，神圣罗马帝国邮政体系被组织为一个贵族世家（托恩与塔克西斯家族）的封建保有权。1615年7月27日，拉莫拉尔·冯·塔克西斯（Lamoral von Taxis）向皇帝把自己的职能描述为一种皇家特权和采邑。劳工的联合特征也延续了下来，直到很晚的时期。农民组成的乡村社群一直延续到了早期资本主义的末期，虽说在英国遭到了严重的侵蚀。同样，在工业生产领域，行会依然保留了它们很多的古老特征，尽管资本主义生产方式的竞争以及它们自身对资本主义方法的适应，已经改变了其中很多特征。因此，伦敦的袜商行会在1657年从本质上变成了一个资本主义的生产协会。纽卡斯尔的霍斯特曼公司成了煤炭的垄断机构。在运输行业,各大江河的船主协会延续到了这一时期之末,通常几乎没什么改变。

商人协会逐渐失去了其个人特性,而这正是早期组织的显著特征。它们发展成了"控股公司",其成员身份建立在纯粹的形式条件的基础上。家庭联合经历了大致类似的改变。在我们所讨论的这一时期的前几个世纪里,这种家庭联合非常突出。法国的巴迪、佩鲁齐和美第奇家族,威尼斯的索兰佐(Soranzo)家族,奥格斯堡的富格尔家族和威尔瑟家族,纽伦堡的伊姆霍夫(Imhof)家族,乌尔姆的诺兰德(Ruland)家族,只是这种有趣的经济组织形式的少数几个实例。它们并不完全是商号或公司,也没有那种不同的家族成员拥有单独的个人财产的观念。他们逐渐接纳了外人,但普遍规定,家族成员应该得到更大的利润份额,这标志着此类联合的个人特性。

为了特定的冒险活动而组成的临时联合,直到18世纪依然相当普遍。萨瓦里在他的《商业辞典》一书中给出了一些典型实例:(1)一个商人可能想和另一个商人联合起来采购货物;(2)三四个商人在商品交易会上可能联合起来用一个共同账户采购货物,在交易会闭会的时候按照各自投入的购货款的比例分配这些货物;(3)几个商人可能联合起来,例如,在法国物价上涨的情况下,到波兰购买大量谷物,然后运到法国。这种临时性的结合,因为其纯粹的契约特性和非个人特性而对资本主义联合形式的发展很重要,尽管它在现代资本主义生活中扮演的角色微不足道。

另一方面,我们称之为资本主义的新的商业形式,在15世纪并在接下来的3个世纪里以越来越快的速度发展而逐步建立。资本主义商业形式的建立尤其以下列几点为标志:(1)作为一个法人实体的商业企业的概念;(2)作为一个会计实体的商业企业的概念;(3)作为一个信用实体(ditta)的商业企业的概念。

"公司"(Firm)的概念,亦即作为一个法人实体的商业企业的概念,在16世纪开始逐步发展。这个词本身源自拉丁文单词"firmare",意思是签字画押,到16世纪,开始指那些有着共同法定签名的群体或联合。早在17世纪,我们发现一些法国商人,每个人都是好几家公司的成员。法国1673年的法令最早通过系统的立法来厘清这种关系,但即使在18世纪,法律也没有清晰地界定它的形式。

商业企业作为会计实体的概念的发展,以复式簿记的发展与传播及资产负债表的引入为标志。正规簿记似乎源自意大利城市的政府,而不是源自商界。早在13世纪,佛罗伦萨、米兰、威尼斯和教皇政府似乎就有某种可以称之

法兰克福的集市

为簿记体系的东西;这一习惯做法似乎是从这些政府机构传到了与政府关系十分密切的银行家。发展的第二步是复式记账的引入。尽管早在 14 世纪,复式记账的苗头似乎就可以从热那亚的簿记和威尼斯索兰佐家族的簿记中看出,但最早对复式簿记的系统化阐述是费拉·卢卡·帕乔利(Fra Luca Pacioli)在 1494 年发表的。然而,帕乔利并没有列出一套完整的复式簿记和资产负债表的体系。收支结算应该每年进行,或者更常见的做法是在商人去世或公司散伙的时候进行,这一观念是荷兰人西蒙·斯蒂文(Simon Stevin)在 1608 年提出的。显然,只是到了 17 世纪末,商业会计制度才因为存货清单在 1673 年的法令中的引入而大功告成,它大概是由《完美的商人》(*Le Parfait Négociant*)一书的作者萨瓦里引入的。

对资本主义的发展来说,也就是对于理性地追求无限利润来说,系统簿记的重要性怎么说都不过分。一个名叫威廉·麦斯特(Wilhelm Meister)的人(不是歌德笔下的那位)宣称:"它是人类精神最美的发明之一,每一个优秀的商人都应该把它引入自己的生意中。"桑巴特宣称:"导致复式簿记诞生的那种精神,与伽利略和牛顿的体系是一样的,与现代物理学和化学的教学是一样的。"它通过把利润(一笔与中世纪商人最为关心的维持生活的自然目标形成鲜明对比的明确金额)纳入一种特殊的形式中,从而把获利的观念化简为一种抽象。正是这种抽象,最早使得资本的概念成为可能。

从这种对商业活动的结果所作的抽象表达出发，只需一步就可以抵达合理化。系统簿记使得资本主义企业家能够规划他的目标，能够认识到他在何种程度上实现了这一目标，能够决定未来行动的计划。如果没有簿记，诸如固定资本和生产成本之类的概念几乎是不可能存在的。

资本主义依赖于完整簿记的另一个方面，是商业的机械化和去人格化。簿记使得企业家和企业互相分离。正如一位现代会计学的权威所写的那样："大可不必把企业与资本家(企业的所有者)混为一谈。簿记把他们分开了，它把企业的所有者设想为第三人，因为他所投入的资本而把他设想为企业的债权人。"

系统簿记从意大利这个中心传遍了欧洲各地。基础教育的发展在部分程度上为它的扩张提供了条件。在佛罗伦萨，一位14世纪的作者告诉我们，有1 000~1 200个孩子在6所学校里学习计算。在巴黎，15世纪有几千个学生在小学念书。他们学的算术课程是列奥纳多·比萨诺[1](Leonard Pisano)的《算盘书》(Liber Abaci)，主要学"三分律"。16世纪，意大利的孩子们开始学习计算利息与贴现。很容易夸大意大利商人在簿记方面所受的教育；传到今天的少数簿记的例证很不完整，而且含混不清。阿尔贝蒂(Alberti)家族的一则趣闻轶事显示，记账的商人是例外，而且职能也根本没有专业化，一家企业即使记账的话，也是企业的首脑自己动手。阿拉伯数字的引入(这是一个漫长的过程，而且在16世纪尚不完整)使得簿记和一般算术教育都更加便利。

德国商人去意大利学习簿记习以为常。德国出版的最早论述簿记的著作(1518~1531年)依然落后于帕乔利；只是在这个世纪的晚期，复式簿记才在德国广泛确立。第一本英文复式簿记手册出版于1543年，但直到1569年，这种做法依然被认为是新鲜事。大约在同一时期，帕乔利的作品被翻译成了法语和佛兰德斯语。在荷兰，尼古拉斯·佩特里·范·德·文特(Nicholas Petri Van De Venter)用他的《计算、解码与簿记手册》(Manual of Reckoning, Ciphering and Bookkeeping, 1588)开辟了新的道路。17世纪，以荷兰语出版了400多本论述簿记的书。自此以后，荷兰一直是簿记标准的主要国家。本杰明·富兰克林讲述过他如何从一位朋友的荷兰寡妻那里学习簿记(1730年)。在法国，簿记的进步走得很远：1673年的大法令对所有商人(批发和零售)的簿记作出了规定。甚至在这部法令之前，萨瓦里就让我们相信，在较大的商人中簿记是习惯做法。

---

〔1〕 意思是比萨的列奥纳多，他通常使用的名字是斐波那契。——译者注

作为信用实体的商业企业的概念，以一个很难翻译成英文的单词为标志：ditta（公司）。这个意大利语单词在欧洲大陆被广泛使用，我们这里讨论的这个意义最早出现在 16 世纪，尤其被用来表述商业公司与贷款机构的关系。"ditta of the bourse"这个说法被用来描述一家信誉良好的公司，也就是说，这家公司的债务很容易出售。

在这几个世纪里，我们还看到了某些联合形式的发展，就性质而言，这些联合完全是非个人的，能够作为独立的实体一直延续下去，而不依赖于那些正在参与或不再参与它们的个人。这些特征表明，它们是资本主义的联合。最早的形式是合伙企业，在法国的法律中，它们被称作公共企业联合。作为中世纪个人联合的替代，这种合伙企业之所以成为可能，系统簿记在本质上是必不可少的。它最早作为合法机构出现在 16 世纪，那个时候，它必须建立在特定合约的基础上。在 17 世纪末，它似乎成了主要的资本主义联合形式，在意大利、法国与荷兰当时的商业著述中，公共企业联合被说成是符合惯例的、自然的联合形式。法国 1673 年的大法令对联合体的所有成员之间如何分配责任作出了规定。其中第七款规定，所有合伙成员作为一个整体都对联合体的债务负有义务；即使只有一个人签字，在他代表联合体签字的所有情况下，也适用这一规定。

现代商业城市即景：斯特拉斯堡

股份公司是资本主义联合体最充分的发展。然而，如果你发现，在 18 世纪末之前，股份公司相当罕见，那也用不着大惊小怪。从 17 世纪末至 1720 年，股份公司的发展在相当大的程度上是发生在英国。它们在亨利四世的统治下（1589～1610 年）出现在法国，但似乎并不成功。《商业辞典》（1732 年）的编纂者萨瓦里没有注意到它们。在德国，19 世纪之前很少看到股份公司。在英国，1719 年和 1720 年股票投机的疯狂爆发所引发的金融灾难导致了一部法律的出台，禁止这一组织形式，这部法律直到 1825 年才被废除，尽管许多年来它一直没有执行。这些股份公司普遍很小；1680 年之前，英国 49 家股份公司中，股东超过 100 人的只有 4 家。另一方面，两家大型殖民公司，非洲公司和东印度公司,各有股东 900~1 000 人。股东之间的关系总体上非常个人化,尽管联合体本质上是非个人的。股票向个人发行,转让受到严格限制。就连红利的分配也不平等,通常是按照购买股份的先后顺序。股东被称作"兄弟"。公司的会计账目,即便是在荷兰,直到 17 世纪末依然非常原始,只是到了 18 世纪中叶,资本主义的特征才得到了充分的发展。

这些公司获取资本的方式也显示了这种个人特性。它是地方性的,起初,股票认购者主要是一些大人物。例如,法国东印度公司的资本首先是由国王提供的,他出资 600 万里弗,而金融家们出资 200 万里弗,商人行会出资 65 万里弗。类似地,西里西亚 1609 年成立的一家冶炼企业是由侯爵出资的,他认购了 40 股,几座城市总共认购了 30 股,比托姆的 9 位居民一同认购了 10 股,诸如此类,不一而足。

政府也直接和间接地参与了资本主义企业形式的发展。其中有些企业完全由政府经营,营利性企业纯洁而简单,如 1720 年之后诺伊豪斯的皇家镜子厂,以及 1722 年在波茨坦创办的普鲁士兵工厂;其中有些企业是政府与私人资本家的结合,资本部分由政府提供,就像 1765 年创办的普鲁士银行那样。在另外一些情况下,政府提供特许权,私人提供资本,如英格兰银行,以及约翰·劳在法国组建的那家银行。一些享有特权的公司有点类似于后面这种情况,如法国的皇家制造公司、哥白林挂毯制造公司,以及那些通常从国王手里购买垄断权的垄断公司。另外的例子有《百科全书》(*Encyclopedia*)的出版商和伏尔泰作品最终版本的出版商。

第七章 市场转变之一：外部方面

市场形式的改变

　　早期资本主义的特征是市场在形式和特性上的急剧改变，尤其是地理范围和买卖过程的强度上的改变。更多的商品进入市场，这是不断增长的需求所带来的自然结果；反过来，这种需求的增长似乎要归功于金银供应的增长，平均增幅约为 1 年 600 万美元，当然也要归功于人口的增长，在整个这一时期，人口增长是如此显著。此外，新的消费者群体开始出现，其形式足以影响对商品的需求。中产阶级和贵族的财产开始表现在舒适和奢侈目标的支出上。伊丽莎白时代英格兰的那些漂亮迷人、花费昂贵的民用建筑，便是一个恰当的实例。当欧洲大陆的国王们成功地集中了权力并发展出了庞大的军队的时候，他们需要巨大的供应，只有精密复杂的组织才能提供。城市发展成了庞大的人口集结中心，它们依靠范围广泛的地区获得粮食和原材料。海外殖民地，既作为买家也作为卖家，需要新的组织来处理它们的商业关系；与此同时，它们把整整一系列新的物资引入了普通商业中。佛罗伦萨在布料工业中的主导地位，导致那里发展出了庞大的羊毛和燃料市场。造船业需要把相当规模的造船原材料和养活工人的物资集中到造船业中心。我们还将看到，在这一时期，国家对商业的限制和鼓励日益明确，使得市场的范围与古老的城镇集市比起来有了极大的增长。它还给古老的地区间贸易设定了限制，正如商业行会及其他地区间组织的衰落所说明的那样。

价格的决定,也从惯例和公平价格的观念占主导地位的前资本主义时期那些有点非理性的、捉摸不定的方法,向着更理性的基础转变,像交易所这样的组织提供了很好的例证,在那里,价格通过看上去几乎是机械的方法来决定;它还从有点个人性质的方法(中世纪集市上如此普遍的讨价还价提供了生动的说明),向着固定价格的习惯做法转变。1786年,巴黎的六大公司指控小敦刻尔克(巴黎城第一家现代商店)以固定价格销售它的商品:"公众被那些不容争辩的、作为待售商品的实际价值而提出来的固定价格所诱惑,毫无道理地被吸引到了这家商店,在这里,他们认为自己的无能受到了保护,可以免受各种欺骗,借助这一观念,那些有缺陷的商品得以被销售。"

现代商业城市即景:慕尼黑

然而,定价并没有变得充分合理化。"公平价格"的观念并没有绝迹;即使在有合理化价格的意愿的地方,保密的习惯以及随之而来的信息缺乏,还有技术上的不足,比如缺乏统一而严格的度量衡标准,都阻碍了任何接近于当前标准的东西的实现。垄断的残余,其中有些一直延续到了资本主义早期之末,也干涉了合理的定价。

周期与危机

早期的资本主义市场并没有经历现代资本主义市场如此常见的且周期甚

短的扩张、危机和萧条。市场联系尚没有紧密到使整个经济世界共进退的程度。更为重要的是,技术和信息的服务尚没有发展到这样的程度,能使得如今在萧条时期之后所发生的那种迅速扩张成为可能。因此,如今在迅速扩张时期的高潮中所发生的那种危机,当时完全没有可能。

然而,这种涨落起伏的部分表现还是可以看到的。一次稳定而广泛的扩张是一般经济生活的标志。工业统计资料的普遍缺乏,使我们缺少可以方便地加以概括的证据,但扩张阶段的一个非常重要的标志连续不断地贯穿了整个这一时期——从15世纪直至18世纪末,即稳定上涨的物价。18世纪初期大规模投机的爆发,荷兰的"郁金香狂热"、英国的"南海泡沫"、法国的"约翰·劳计划",仅仅在表面上显示了与后来的"扩张—危机—萧条"周期有些相似,一方面因为它们是纯地方性的,另一方面因为它们是纯金融事件,实际上,几乎相当于新的、颇有吸引力的赌博形式,正如一位同时代人所描述的那样。对我们眼下的目的来说,它们的重要性主要在于:市场至少已经达到了这样一种组织化程度,以至于大规模的人群,作为买家和卖家,可以通过非个人的联系而走到一起。

然而,在非常真实的意义上,可以说,需求的性质,正如我们所看到的那样,依然以订购未生产商品的订单的形式表达出来,生产技术依然几乎完全依赖于有机原材料,这一特性把扩张限制在非常缓慢的速度上。在现代早期的这几个世纪里,经济生活的各个方面,工业和贸易的各个行当,都没有显示出现代统计学家所熟悉的那种快速增长:在5年或10年的时间里,增长率常常高达100%。

另一方面,早期资本主义工业常常经历了这一时期所特有的那种危机。像已经发生的那种市场的发展,使得它们容易受到很多偶然因素的影响。限制消费的法律、时尚的变化、王室成员的服丧期、原材料的缺乏、整个国家的贫困、金银条的不足,是17世纪和18世纪的不同时期导致里昂丝绸工业危机的不同原因。这些危机实际上根本不是现代经济生活中的那种危机,而仅仅是一些特殊条件,在这样的条件下,局限于"老主顾"的市场由于地方性的和临时性的原因而转入不景气。

从另外的观点来看,在这几个世纪里,有可能从几个欧洲国家(作为经济共同体)中看到范围更广泛的周期运动。在中世纪末,资本主义发展的主要地区是德国南部、意大利、西班牙和法国。16世纪中叶之后,德国、意大利和西班牙倒退了,而法国与荷兰迅速崛起,占据了支配地位,在17世纪末达到了它们的相对最高点。接下来,它们开始让位于英国,到18世纪末,英国完全占据了支配地位,这一优势一直延续到了 19 世纪末才受到了来自德国的挑战,大概因为第一次世界大战而受到了毁灭性的削弱。

交通工具与贸易

资本主义早期的几个世纪以交通方式的稳定进步为标志,这些进步表现在:公路、江河与运河的改良,陆路和水路运输的技术装备,以及运输服务的组织。很自然,海洋作为一种往来的途径,只能通过人们使用它的技术的发展、通过其航道的发展来改进。最宽泛意义上的航海技术的进步,我们已经在第二部分的第四章中讨论过。除了地图绘制技术的一些次要改进以及海洋知识的偶尔增加之外,这种性质的技术发展确实微不足道。船只本身的发展要等到 19 世纪。尽管浮标和灯塔早在中世纪的西欧就已经为人们所知,但它们的建立在 17 世纪之前一直比较缓慢。16 世纪大约只有 18 座灯塔,17 世纪共建立了 35 座新灯塔,1700～1750 年间 29 座,1750～1775 年间 39 座,1776～1780 年间 64 座。只是在 1792 年,圆筒芯灯才取代了牛油灯笼。港口的发展也比较晚。法国国王亨利四世开始通过疏浚工程和建造防波堤来保护法国的各个港口,直到 1789 年,法国君主在促进经济的这一领域上一直占据着真正的支配地位。利物浦有最早的人工海港:动工于 1710 年的"老船坞"。直到 18 世纪末,伦敦只有"法定渡轮"往返于全程 460 米的伦敦塔和伦敦桥之间。西印度公司的船坞是最早的现代大型人工港,建于 1799 年。在阿姆斯特丹、汉堡和不来梅,直到 18 世纪末甚至更晚,船只都是在河里抛锚,以装卸货物。海港的这种局限性,当时起到了限制船舶发展的作用。

在 19 世纪之前,法国在公路发展上也走在了前列。16 世纪,法国只有很少几段修造的公路;以巴黎为例,每 1 000 平方公里的面积上大约有 40 公里公路。修造的公路在首都附近最多,但路况一般都很糟糕,因为对它们的维护保养很不充分。18 世纪见证了非常可观的发展,阿瑟·杨很公平地证实了法国在这方面的优势。在英国,公路建造几乎直到 18 世纪中叶才开始,当时,作为私人特许权而修造的收费公路成了公众的投资目标。在乔治三世统治时期的前 14 年,议会共通过了 452 项法律,授权修造公路;到 1821 年,英国每 100 平方英里的面积上有 100 英里修造公路。

如果说,法国在公路建造上是第一,那么,英国在内陆水道的发展上多半是第一,尤其是它的江河开发;在 17 世纪,有 24 条水道获得授权,18 世纪有 36 条。尽管早在 1563 年就在托普瑟姆与埃克塞特之间修凿了一条小运河,但直到 1759 年，运河修造的时代才真正开始。在那一年，从沃斯利到曼彻斯特的布里奇沃特运河由布林德利(Brindley)修建；在这个世纪结束之前，共授予了不下于 150 份修造运河的许可执照，运河系统为全国各地的商品流通提供了方便的运输。在法国，修造运河早在亨利四世统治时期就开始了，他的得力大臣苏利(Sully)对国内运输很感兴趣。柯尔贝尔修造了几条运河，尤其是把地中海与大西洋连接起来的南方大运河。1770 年，有 8 条运河完工，到 18 世纪末，可用运河的网络达到了 1 000 公里。1688 年，德国有 185 公里长的运河和 330 公里已改造成运河的河流；到 1836 年，它已经有 649 公里长的运河和 1 225 公里已改造成运河的河流。

内河航运的繁荣对资本主义的发展至关重要

这些运输通道的使用，远没有现代运输那么系统化。除了荷兰与英国之间的那些控制得相当严格的班轮航线及横渡地中海的朝圣者和十字军战士的运输之外，海上定期客运服务似乎直到我们讨论的这段时期的晚期才为人所知。1525 年，的里雅斯特的官方规定禁止装运货物的船只搭载乘客。内陆江河似乎提供了最早的定期客运服务的例证。在英国，泰晤士河上伦敦上下游的客船早在 16 世纪初就已经有了。到 17 世纪末，已经存在确定的价目表。到 18 世纪末，交通已经如此拥挤，以至于一艘船常常要用几天的时间才能通过。在法国，所谓的"市场船"早在 16 世纪末就已经出现在塞纳河上，往返于默伦与巴黎、科尔贝与巴黎、桑斯与巴黎之间。其他的江河也有类似的服务。在罗纳河上，从圣灵到阿维尼翁只需 4 个小时。到 18 世纪，在卢瓦尔河、布里

第七章 市场转变之一：外部方面

亚尔运河和加伦河上,都可以找到客运服务。这些河运航线在整个这一时期一直都是私人企业控制的,与此同时,正如我们所看到的那样,陆地运输却掌控于国有企业。在荷兰,运河上的马拉船每小时运行一趟,被认为特别豪华。在德国的河流上,尤其是在莱茵河上,客运服务在中世纪就已经为人所知。定期客运服务早在17世纪就开始了。在18世纪,从美因茨到科隆的旅行要持续两天半的时间,费用是3个泰勒。在法兰克福与美因茨之间,"市场船"每天往返两趟。类似的服务在多瑙河的部分地区也已出现。

当然,经水路旅行因为下面这个事实而受到了局限:河流并不能把你带到每一个地方,而且,直到18世纪,人们依然主要以骑马旅行。在17世纪之前,旅行者必须使用自己的马匹。然而接下来,骑马旅行的组织化通过驿站的建立而取得了很大的进步,驿站使得在欧洲的广阔范围内租马旅行成为可能。当然,"驿站"这个词只是偶然被应用于邮件传送。"驿站"最初的意义只不过是一个租借马匹的地方。在16世纪,驿站系统蔓延到整个西欧和南欧最重要的商路。罗马是大约69条驿路的中心。在罗马与马德里之间有170个驿站,在尼德兰与马德里之间有107个驿站。17世纪初的一本旅行指南告诉我们:"在英格兰的南部和西部地区,从伦敦到苏格兰的巴威克,每隔10英里左右便建有一个驿站。"英国驿站系统的价格约为1英里3便士。在1637~1779年间,英国驿站一直是国家垄断的。

马车旅行最早在16世纪变得普遍,但直到17世纪末,它才在西欧像骑马旅行一样习以为常。起初,私人公司只是出租马车供整个旅行,但驿站经营者开始与它们竞争,先是提供马匹和马车,后来建立了"普通驿站",即乘客可以购买马车中单独的座位。驿站系统的全盛时期是在1820~1840年之间。年度运载能力似乎达到了约10亿(旅客)公里(对西欧各地而言),不妨把这个数字与1913年德国铁路的运力比较一下:412亿(旅客)公里。市内马车运输也得到了相应的发展。18世纪中叶,伦敦有900辆出租马车;1781年,巴黎有1 800辆小型四轮出租马车。

对旅行者的照料以有点类似的方式得以发展。在中世纪,普通旅行者必须照料自己。这是西欧各地把生活起居的地方与外贸机构紧密相连的原因之一,比如伦敦的钢铁商站和威尼斯的德商会馆。虔诚的信众为朝圣者们提供了客栈,很快以同样的方式提供给其他的旅行者。伊拉兹马斯(Erasmus)描述过他在德国见过的此类场所,能容纳80~90个来自各个社会阶层的客人,他们在一个公共房间里吃饭和睡觉。修道院也承担了招待客人的职能。在17世纪,客栈得到了极大的改良:吃饭和睡觉的房间按照不同的阶层分开了,

伦敦街头的公共马车

单独的卧室被引入。驿站自然而然成了招待旅行者的地方。名副其实的宾馆早在15世纪就在大城市里发展起来了,但起初被局限于有社会地位的人。有大规模集市的里昂早在15世纪上半叶就有10家宾馆,在16世纪下半叶达到31家。然而,直到18世纪末,欧洲大陆各国的宾馆才引入了歌德所谓的"本世纪最伟大的发明",即按菜单点菜的服务。

商品的运输同样系统化了。海洋运输由平均吨位小于150吨的小型商船经营。正如我们所看到的那样,它们的尺寸由于海港发展的迟缓而受到了限制。这样的小型商船在英国非常多,那里可以找出将近1 800艘商船。大约在1700年前后,荷兰的商船队总吨位达到了90万吨。荷兰商船队的规模大约是法国的9倍,是英国商船队的将近2倍,而其他国家的船队则远远落后于这三个大的海上强国。相对来说,船员也为数众多。荷兰大约是每20个吨位一个人,英国是每17个吨位一个人,而现代的典型比例是每50个吨位一个人。因为船只都很小,船员的规模也就很小,由于这个原因,他们也更容易维持手工业的传统。

在整个资本主义早期,商人拥有甚至建造自己的商船依然是惯例。在17世纪,波罗的海来自埃姆登的贸易有80%是由从事贸易的商人自己的船只来运输的。在18世纪,法国典型的海外贸易商不仅要装备自己的船只,而且还自己的一帮船长。1830年在汉堡,拥有自己的船只是商人生意兴隆的标志。然而，租船可以追溯到中世纪，这一点反映在《阿马尔菲法典》中。16世纪，汉堡的商人曾抱怨，英国商人冒险家公司把所有可用的船只都租了出去，这在汉堡的商人看来是不可理解的。正是在荷兰，商船出租达到了资本主义早期最高的发展阶段。到17世纪，这一行业已经变得充分组织化，足以养活整个商船经纪业。这些经纪人的生意就是为驶往某些特定地点的商船寻找货物。还有受托人，他们的生意就是找船，出租给世界上的任何地方。

在某种意义上，定期航线也可以追溯到中世纪，但发展相当缓慢。阿姆斯特丹在17世纪便开始发展为定期航线的中心，有定期航班驶往欧洲各大港口。英国的班轮在安妮女王时代就开始定期运营。本地航线在北亚得里亚海很早就发展起来了。到18世纪初，英国已经有几条航线驶往大陆各地；18世纪初还见证了从英国出发的跨大西洋定期航线的建立。每个月的最后一个星期四，便有一艘船离开泰晤士河，前往巴巴多斯、蒙特塞拉特岛、尼维斯岛、圣克里斯托弗岛、安提瓜岛和牙买加。阿西恩托的商船在《乌得勒支条约》签订后，每年装载一趟货物驶往波多贝罗，它也可以被视为一艘班轮。就在大革命爆发之前，法国政府曾试图建立一条跨大西洋班轮航线，但没有成功。当然，船队的载货能力按照现代的标准来看很小，尽管在我们讨论的这段时期它增长得很迅速。在16世纪末，英国商船队的总运力大约是50 000吨；17世纪末约为300 000吨；18世纪末是1 725 000吨；19世纪末超过900万吨。

运输速度没有显示出很大的进步。尽管船只在18世纪得到了改进，但港口和贸易关系的组织使得"好转"非常缓慢。西班牙的大帆船跨越大西洋的往返航行要用12个月。在17世纪，葡萄牙与东印度群岛之间的旅行要用18个月。荷兰的船只在17世纪和18世纪要用7个月至1年的时间。航行印度和中国，英国东印度公司的船只要用18～20个月。

乘船旅行的危险也很大。生病是很平常的事。奥地利商船队在1760年，以及英国西印度公司舰队在1780～1781年间，船员生病的比例都超过了100%[1]，相比之下，法国海军在1890～1896年间船员生病的比例是11%。海难也很常见，直到18世纪末，被海盗或私掠船劫持依然是一宗实实在在的危险。阿姆斯特丹保险公司维持了6艘战舰，为的是保护在本公司投保的商船。到14世纪末，涉及海难和劫持的海上保险在葡萄牙作为一种必要手段而出现。同样在这个世纪，见证了意大利保险业的肇始。起初，其形式有点像个人用剩余的现金进行临时性的投资。保险公司大约出现于17世纪末，萨瓦里

---

[1] 也就是说，在这一年里，病例的数量超过了船员的人数。

把它们作为一种新的现象予以关注。事实上,海上保险是大型资本主义组织得以出现的最早时机之一,而且,从 17 世纪末起,在不同的国家,我们都看到了这些保险公司的建立。在法国,1668 年创立的保险商会在 1686 年被转变为一家股份公司。18 世纪初,英国的"泡沫"时期带来了一连串创立海上保险公司的计划,其中两项计划成功地得到了发展。从保险法的充分发展及为数甚少的统计学证据中都可以明显看出,到 18 世纪末,保险已经成了航运业的正规组成部分。

海上运输的成本大幅下降(在 15~18 世纪之间大约下降了一半),尽管与现在比起来要高出 15~20 倍。甚至到 19 世纪,保险费依然比货运费还要高,尤其是贵重商品的保险费。相当一部分在现代条件下完全可以避免的成本,要归因于易损货物的变质损坏,比如烟草和面粉。

商品的陆地运输还是很简单,一直到 18 世纪末。小贩们肩扛背驮,携带大量的商品,走遍全国各地。直到 19 世纪,对于运输像煤炭和木材这样的大宗原材料来说,手推车和驮畜依然很平常。直到 18 世纪晚期公路得以改进之后,运货马车才开始普遍使用。货运的组织经历了一次有点类似于客运组织那样的发展。起初,生意兴隆的商人能够使用自己拥有的驮畜。然而,早在 13 世纪,我们就发现了搬运组织,尤其是在意大利的城市里。然而,在自由的或无组织的地区间,货运似乎在 18 世纪达到了发展的最高峰,尽管它多半在这一时期之前就已经得到了发展。在英国和德国,农民似乎把它当作副业来经营。在 17 世纪末的法国,萨瓦里告诉我们:"一些有权有势的人物都有好几匹马和运货马车,并派出他们的车夫从事货运的营生。"在 1705 年,我们听说有 3 位受托人花费了 10 万里弗,购买了法国货运的垄断权。从 17 世纪起,英国、法国和德国都出现了远程货运。

货运调度的生意连同其他生意一起迅速发展。货船似乎从更早的年头起就有了调度员,驿站成了货运调度站。萨瓦里说到过,驿站的受托人是很常见的现象。银行家很早就发展出了与商品转移有关的职能,这一职能自然是货币转移的副产品。然而,正是在阿姆斯特丹,货运到 18 世纪成了一宗单独的、截然不同的生意。一位同时代的观察者告诉我们,当时,阿姆斯特丹的一位商人想要"把一批商品送往这些国家之一,他只给他的货运承包商寄去了一份签字指令,告诉他这批货应该送达何地、交给何人。"普通货运线路的运能似乎相当可观。在 18 世纪,据称,一天的时间里就有 1 000 匹驮马从哈特斯海姆经过;一年有 72 000 匹驮马从纽伦堡经过。另一方面,1769 年,当克莱福出现了一次煤荒而承包人答应一年运来 2 700 万磅煤的时候,他发现,自己只能运

资本主义早期是马车运输的时代

来 300 万磅。从理论上讲,这样的运能大约只有德国 1913 年铁路和水路运能的 1/130。

当然,内陆水路的利用可以追溯到最原始的时期。江河上的船运业在中世纪被彻底组织化了,商人们叫苦连天,抱怨船主们的收费太高。到 17 世纪,定期航班服务在大多数可通航的河流上都得到了充分的发展,运费大约是今天费用的 3~4 倍。在修造了运河的地方,运费被大幅降低;例如,柯尔贝尔的南方运河与英格兰的布里奇沃特运河。尽管江河与运河在它们可用的地方得以大量利用,但在更大的大陆国家,陆路运输当然远远超过了内陆水路运输。

新闻与信息服务

个人之间的消息交流就像人类种族一样古老,而且,从我们的观点来看,作为一种简单的人类习惯,它实际上是没有历史的。古巴比伦人刻在黏土板上的书信,被考古学家们用铁铲挖了出来,与现代书信并没有什么特殊的差别。我们这里涉及的,是新闻—商业的两个社会方面的发展,即传播手段(尤其是邮政系统)和公共信息服务机构(尤其是报纸)。

在欧洲,邮政系统作为给社会提供的集体邮递服务,其发展可以追溯到 16 世纪末开始出现的商人们的私人邮递系统。在德国南部,送信的生意与走街串巷的小贩联系了起来,直到 17 世纪末依然是这样。在英国,公用运输从业者和小贩被用于这一目的。为公众提供的私人邮递服务于 1563 年在巴黎就有了，1685年出现在伦敦。有些城市发展出了它们自己的邮政系统，威尼斯早在1300年就有了这样的系统。1570年，纽伦堡有到布雷斯劳、法兰克福、莱比锡和里昂的邮路。1608年，莱比锡有30个宣过誓的送信人和10个候补送信人。两个互相关联的系统通过埃克塞特把巴恩斯特布尔与伦敦联系起来。两个城市之间签订了邮政协议，在某些情况下，一些城市在邮路的各个终点保留了邮递代理人。15世纪末，国家邮政系统出现在西班牙、法国和英格兰。它们的职能主要是递送官方信件；在某些情况下，禁止它们投递私信。

邮递马车

由托恩与塔克西斯家族经营的帝国邮政系统逐渐发展成了国际邮政系统。1633年，英国邮政大臣与根特的邮政局长签订了一份协议，在安特卫普与伦敦之间开通快递邮件服务。在1579年3月28日至12月25日之间，莱茵豪森记录了36个来自尼德兰的送信人和79个来自意大利的送信人从这里经过。到17世纪初，欧洲的主要地方都被连接起来了，尽管不一定是直接相连。例如，布拉格只是通过维也纳与华沙相连。普通日程安排是每周一趟，但即便如此，邮政系统似乎还是走在了需求的前面，除了通过意大利的向北邮路之外。1598年9月，莱茵豪森报告共传递了266封信件。1633年，英国邮政大臣估计，512座集镇中，每座城镇一周向伦敦寄出了50封信件，也就是说，一年大约有100万封信件，相当于现代每一座城市大约寄出4 000封信件。在18世纪，英国的邮政网络已经发展到了这样的程度，以至于所有重要集镇都能达到。服务的频率一直增长到了1800年，每天都发运。收入的增长反映了邮政系统在使用上的迅速发展。

当然，服务的速度依赖于运输的发展。在15世纪，一封信从热那亚到巴黎要用 18~22 天,从安特卫普到阿姆斯特丹要用 3~9 天。在 1666 年的英国,估计速度是每小时 3~4 英里。费用很高,在 19 世纪之前几乎没有下降过,而且随着距离的增加而迅速增长。在英国,根据 1657 年的价目表,在距离伦敦 80 英里的范围内,信件的邮资是每盎司 8 便士,到苏格兰是每盎司 1 先令 6 便士,到君士坦丁堡是每盎司 3 先令 9 便士,到斯德哥尔摩和哥本哈根是每盎司 4 先令。

新闻的发布,以 16 世纪和 17 世纪所发生的很多变化为条件,比如印刷术的普及和邮政服务的发展。一点也不令人吃惊,我们发现,最早的报纸出现在 17 世纪初。斯特拉斯堡的《通告报》(Zeitung)出版于 1609 年。1702 年,最早的日报《每日新闻》(Daily Courant)出现在伦敦。到 18 世纪末,报纸已经有了很大的发展,尤其是在英国。据估计,1753 年,欧洲各国的报纸销售总量达到了大约 7 400 000 份,1792 年略微超过 15 000 000 份。就连英国在美洲的殖民地在 1775 年也有 37 种报纸。报纸对经济制度发展的重要性在于下面这个事实:它是一种广告媒介,也是传播商业消息的媒介。

通过街头叫卖和商店招牌吸引顾客的更古老的广告形式,当然不在我们直接关注的范围之内。17 世纪,印刷的广告招贴出现在伦敦。伦敦的一位商人把"广告招贴"免费提供给每一位购买了价值 1 个几尼商品的顾客。在法国,"affiche"(招贴)这个单词并没有出现在萨瓦里《商业辞典》的第一版中,而是出现在 1732 年出版的增补中。这个词的定义是:"一张被张贴于公共场所好让某个东西人人都知道的海报。"报纸广告最早于 17 世纪初出现在荷兰。在整个 17 世纪,广告小报在所有国家都得到了相当程度的发展。伦敦的《公共广告人》(Publick Advertiser)出版于 1657 年。

然而,总体上,广告业在资本主义早期只实现了非常有限的发展。按照现代的标准来衡量,报纸的种类极其有限,大概只有今天的 1/6 000~1/4 000。广告的对象也有限,主要是一些临时性的偶然事务,而今天很可能要交给报纸的"分类广告"去处理。新书、江湖郎中的灵丹妙药、新产品,以及临时性的特价商品,是广而告之的主要对象。竞争的观念,以及由此带来的竞争性广告的观念——声称更好的服务、更高的品质和更低的价格——在商业界依然不是什么正派得体的观念,它们属于全盛资本主义时期之初。在 1788 年 1 月 1 日伦敦《泰晤士报》(The Times)的第一期上,出现了三则这样的广告,就像一座纪念碑一样把旧时代与新时代分开。

中世纪的商业和工业信息局限于行会,并在行会内部分享。这一观念在资本主义早期很大程度上被延续了下来。例如,在 16 世纪的某个时候,一个

最早的日报：《每日新闻》

新邮包从里斯本来到埃姆登。市民们齐聚在市政厅里，书信被当众大声宣读，而丝毫不关心这些信件到底是写给谁的。有一次，有人注意到这样的警告："向全体成员传达是不可能的，因为很多市民都在场。"然而，随着行会观念的衰微，商人群体开始有了互相提供重要信息的观念。每个商人都试图在其他的中心城市为自己寻找"通信人"，向他通报当地的市场信息。"商人和经纪人都有自己的秘密，每个邮件达到日，他们都会迅速地打听消息，不仅有商品的价格，而且还有汇率"（路德维希，1743）。这些商人的信件常常被复制，并在商业伙伴的圈子里传递。它主要包括价目表，尤其是外汇的价格。1634年，伦敦的一位市民和宣过誓的经纪人约翰·戴被授予特许权，在基督教国家的主要地方独家销售每周市场商品清单。特许权的授予状声称："市场清单的公布，在我们这里尚未臻至完美的境地，能够对我们伦敦城内所忽视的大海那边的其他地区作出回应，本城深以为耻，我们所有的商人在贸易和通信上都受到了妨碍。"到1700年，这一习惯做法尤其在阿姆斯特丹得到了发展。萨瓦里告诉我们，某些"市场行情表"公布了30份不同的市价清单，它成了一项重要的付费服务。到19世纪初，我们发现，这项服务是作为一种对潜在客户的恩惠而免费提供的。

就一般意义而言，它依然是一项服务，而不是消息发布。随着商业消息的集体传播，第三个时期开始了。报纸起初根本不是发布商业消息的媒介。即使在18世纪中叶，当法兰克福的一份日报发表交易价格清单的时候，经纪人们立即提出抗议："公布国家大事、发表战争与和平的消息，而不操心商业和交易，这才是出版人的本分。"法兰克福的经纪人有点落后于时代，因为商业消息的定期发布已经在18世纪上半叶的荷兰开始出现。在伦敦和巴黎，它开始得稍稍晚了些。伦敦《泰晤士报》第一期投入它4个版面中大约有1/16的篇幅，用来发布商业消息，包括船只的动向和大约13只股票的市场价格。几份所谓的商业期刊在 18 世纪下半叶开始出现。在汉堡出版的那一份，除了商业和船运消息之外，还有交易价格、阿姆斯特丹的股票价格，以及农产品价格，但它的大多数篇幅充斥了关于英国歌剧史的文章、公告，以及杂七杂八的新闻。报纸还没来得及充分介入商业生活，而商业生活也还没有与报纸密切联系起来，资本主义的早期阶段便宣告结束了。

第八章 市场转变之二：
买与卖

在中世纪,商品的销售有三个与众不同的特征:(1)周期性;(2)范围广泛的行商及其他流动推销形式——商人游走四方寻找买主;(3)高度个人化的交易,始终通过买家与卖家的直接接触来完成。本章我们将研究的是,在资本主义早期,这些销售特征在什么地方、在何种程度上延续了下来,以及它们在这几个世纪里经历了什么样的改变。我们将看到,从周期性的集市交易向全年开张营业的永久性销售机构的过渡。总而言之,我们将看到去人格化、物质化和机械化。这一发展,得到了日益增长的奢侈品需求的支持——它强有力地影响了零售贸易的形式,得到了军队和城市日益增长的大宗需求的支持,也得到了海外贸易日益增长的重要性的支持,它对仓储贸易的发展作出了极大的贡献。如果没有我们刚刚研究过的交通手段的发展,上面所说的这些发展是不可能的。

固定零售和批发的发展

在整个资本主义早期,行商依然很重要。在17世纪,尤其是在18世纪,烟草、茶叶、咖啡、食糖和香料都是小商贩们走村串寨销售的。在欧洲大陆,他们在阿姆斯特丹或其他进口中心购买商品,然后卖给乡村店主,或直接卖给消费者。在英国,19世纪的前几个10年里,成百上千的苏格兰年轻人从事他们的"茶叶贸易",尤其是在兰开夏郡的工业社区。类似地,小五金由"谢菲尔德人"销售,"他们在不同的集镇之间穿梭往来,在某个客栈里,他们会拿出自己的商品,卖给当地的店主"。类似的方法被用于莱茵兰的小五金生意。钟表是小贩们特别青睐的一种商品。纺织品在所有国家都通过小贩销售。波希米亚的玻璃工业大概是得到了最高发展的行商体系,延伸到了全欧各地。

行商在两个方面尤其重要。它在偏远地区的人口当中发展了对新式商品的需求。贾斯特·默泽尔(Justus Möser)把小商贩称作"农民妻子们的杂货商"。行商还是这样一种贸易形式,现代的自由重商主义精神最容易从这一形式中发展出来。典型的小商贩大多是外国人,英格兰的苏格兰人、德国的法国人,尤其是所有国家的犹太人。据估计,1800 年前后,汉堡有 1/4 的犹太人是小商贩。一位德国观察者估计,1885 年,"整个美洲云游四方的商贩当中,不到 1/20 的人是基督徒"。行商的一般条件使得小商贩避开了行会的限制性条件。

另一方面,到 1700 年,固定零售似乎已经延伸到了西欧和中欧的每一座城镇,实际上也延伸到了大多数乡村。贾斯特·默泽尔告诉我们:"成千上万的人放弃了农业耕作,没有学过经商便干起了开店的营生。"当然,正是在大城市里,这一发展最迅速、最广泛。1528 年,一位意大利观察者宣称,在巴黎,"有很多漂亮的街道,布满了惊人漂亮的店铺,有数不清富裕的商人"。然而,在巴黎,还有伦敦,大规模的发展出现在 17 世纪。1633 年,伦敦绸缎商的数量不超过 50 人或 60 人。而在笛福那个时代,也就是 1700 年前后,有 300~400 人。同样,亚麻布商人的数量有了"吓人"的增长。总的来说,有一点显而易见:零售商数量在 17 世纪和 18 世纪的增长速度,远远快于人口的增长速度。在 18 世纪末,一位很有能力的德国观察者注意到,店主的增长是以损害手艺人的利益为代价的。

商店专门化的出现有点缓慢,大城市比小城镇更早,伦敦比巴黎更早。早在亨利六世统治时期(15 世纪),伦敦就出现了专门化的商店;而在巴黎则要到 17 世纪末才出现;在其他大陆城市,到了 19 世纪才出现。专门化似乎是依据度量方法来发展的(按磅计算的商品、按码计

美因茨的集市

算的商品、按件计算的商品），有时候依据商品的来源，更少程度上依据它们的用途。巴黎在17世纪的一本名址录中列出了25种不同的商店：书店、古玩店、珠宝店、枪炮店、家具店、各类食品店等。依据需求性质的专门化似乎最早出现在18世纪。一位英国观察者告诉我们，1745年的绸缎商标价销售"一连串数不清的昂贵小玩意儿，作为女性的装饰物"。奢侈品的生意，比如珠宝，也是以这种方式组织的。在巴黎和伦敦，家具陈设同样也是组合起来的。然而，直到我们讨论的这一时期末，这种专门化依然是例外。

这些专门化商店的交易，其性质是非常个人化的。正如笛福在《完美的英国商人》中所写的那样："顾客喜欢在店里与店主面对面地打交道。"在巴黎，皇家花园区的那些精美商店成了上流社会阶层出入的胜地。在18世纪，商店的陈设和装饰成了广为谈论的话题。伏尔泰在他最后一次访问巴黎时谈到了小敦刻尔克（一家早期的百货商店），他说，表面上看没有比它更辉煌的东西了。商店的改进伴随着这样一种倾向：让商店坐落于城里更优美雅致的街区（伦敦的邦德街），或者像威斯巴登这样的奢华中心。

在资本主义早期，集市和商品交易会仅仅以不断衰落、不断改变的形式延续下来。中间商（职业商人）在他们发展起来之后，便取代了零售市场的最初生产者。像谷物这样的大宗商品倾向于消失。在中欧和东欧，起初，农业人口在商品交易会上供应工业生产者下一年所需要的原材料，集市的原初特性持续的时间比西欧要长很多。迟至1820年，梅默尔、太尔西特、但泽和柏林的商品交易会各聚集了1 000多名商人，买主多达5 000人。整个18世纪，即使在西欧，发展起来的批发生意依然在利用集市体系。英国的斯陶尔布里奇和布里斯托尔、法国的博凯尔和里昂、德国的莱比锡、蒂罗尔的波森，这些地方的商品交易会直到19世纪依然保持着作为年度批发集市的重要性。波多贝罗、维拉克鲁兹和哈瓦那同样作为批发集市一直坚持到了西班牙控制的衰微。其中有些集市专门化了，像波尔多的葡萄酒集市和雅茅斯的鱼类集市。英国的布料集市和各种制造业中心的集市是每周而不是每年举行一次，是在永久性的"交易厅"里而不是在临时性的建筑里举行。萨瓦里告诉我们，这些交易厅也是法国集镇的普遍特征。在一般商品交易会上，我们发现，不仅有制成品，而且还有原材料，以相当可观的数量在交易。1781~1789年间，在法兰克福商品交易会上，农产品交易总额大约为200万美元。这些集市上的生意依然保持了古老的个人特性。买主和卖主面对面地交易，就摆放在他们中间的商品讨价还价。

随着贸易在数量上不断增长，批发生意也开始像零售生意一样连续进行，而不是偶尔为之。它在很长时间里依然基本上保持了个人特性,依然是"一手交钱一手交货"。萨瓦里坚持认为,"批发商的存在,无论是对商品的购买还是对商品的销售来说,都是必需的"。即使在商业技术发展程度最高的阿姆斯特丹,迟至18世纪,几乎每一笔交易也都是用实打实的硬币来交易——买和卖的观念都是这样个人化。

拍卖被各大殖民公司广泛应用于它们的商品抵达地所在市场,它构成了间歇性的集市与定居性的批发之间的过渡形式。它们与商品交易会的不同就在于,举行拍卖的日期取决于商品从国外抵达的时间,而不是取决于习俗或特许状。英国东印度公司总是在交易所宣布某时某地销售某某商品之后,便"秉烛"销售它的进口商品[1]。到18世纪,拍卖已经成了销售各种商品的惯例,尤其是在一些大的进口中心,比如伦敦、阿姆斯特丹、哥本哈根和汉堡,还有在一些内陆中心城市,比如莱比锡。在汉堡,到1760年,拍卖频繁举行,达到了每周一次的程度;1790年,共举行了不少于196次拍卖。

"交易厅"起初是为了安顿临时集市而建造的,到18世纪,它们也成了批发生意的永久性场地。最有名的交易厅是伦敦的"布莱克威尔厅",1397年开张,作为一个"乡村裁缝"常去的地方,他们每到规定的集市日便去那里叫卖自己的商品。一些裁缝不能或不愿亲自到场,于是布莱克威尔厅的代理商便开始发挥作用,接受他们的销售委托,这些代理人很快就发展成了占支配地位的批发商。

"乡村收购"——买主不想等到商品出现在邻近城镇的集市上,而是想从生产者手里直接购买原材料——于17世纪出现在法国和英国的谷物交易中,在德国出现得稍晚一些。类似地,羊毛在英国被那些走村串寨的"贩子"收购去了。1581年勃兰登堡伯爵的一篇法令的前言中抱怨,外国人买走了所有优质羊毛,把它们带出了本国,为此下令:不得在年度集市之外销售羊毛。

工业产品同样被人买断囤积。17世纪晚期,伦巴第的批发商在斯瓦比亚走村串寨,收购亚麻布。英国的商人定期进入纺织地区购买布匹。在法国,这方面发展出了一种经纪人业务:来自某个城镇的批发商联系某个熟悉本社区的人,他能够提供关于本社区可用原材料的信息。在德国和英国,小五金也以同样的方法被买断。

从经常收购货品的店铺里连续不断地常年批发,只不过是超越乡村收购

---

[1] 也就是说,名义上,在拍卖的时候,只有等到蜡烛被烧至某一点的时候,出价才会被接受。

伦敦的街市：煤炭交易厅

的一个步骤，后者已经挫败了人们所习惯的集市和商品交易会。它在 16 世纪明显是极为新鲜的事物。奎恰迪尼（Guicciardini）描述安特卫普是一个"永久性的商品交易集市"，当时，这座城市在几乎每一种形式的商业制度上都领先于其他中心城市。这种店铺里经营的常年批发（零售商和生产者在这样的店铺里出入），首先是在进出口生意中发展，然后是在国内贸易中与集市和商品交易会并肩发展；到资本主义早期之末，它已经在每一个商业分支中获得了重要的地位。因此，棉花（这是一种新产品，因此容易接受新的方法），从它进口之初就是在仓储式批发货栈里销售的。荷兰的纺织商在仓储式批发货栈里购买他们的羊毛，而西班牙的饲养者或荷兰的进口商则向这些批发商供应西班牙的羊毛。其他的殖民地商品遵循类似的路子：在阿姆斯特丹、伦敦或其他地方的拍卖会上购买，储存在进口这些商品的港口，转运到某个内陆批发货栈，再在那里卖给零售店主。

在出口生意中，大约在同一时期也发生了类似的变化。英国的商人冒险家公司起初是在集市和商品交易会上把它们的出口品卖到欧洲大陆。在 16 世纪，它们依然一年四次出现在安特卫普的集市上。然而，1601 年，这些公司便把新货物到达的消息通报给外国消费者，后者可以随时去购买。波希米亚的玻璃商人也是这样，他们带着自己的商品来到某个遥远的国度，比如葡萄牙，"租下一个地下室作为店铺，为期几个月，卸下他们的商品，尽快地卖掉它们"。到 18 世纪，在伦敦和阿姆斯特丹，这种形式的进口和出口生意已经普遍被整合在一家公司里。国内贸易中同样的发展可以通过笛福的一段话来说明,他说:"全国的工业产品被送到伦敦,再由仓储式批发货栈的经营者卖给零售商。"

通过这种经营场所固定的零售和批发业的逐步扩张,中世纪的临时交易(在集市和商品交易会中被制度化了)被取代,并沦为非常次要的形式。

合同购买的发展

交易的个人特性,即像易货贸易那样的买家和卖家当面谈价、一手交钱一手交货,是中世纪交易的典型特征,在资本主义的早期由于"期货"购买的发展而发生了根本性的改变。所谓的"期货"购买,就是根据未来某个日期交货的合同来购买,这种形式渗透到了普通的商业购买中,并为商品和股票的投机提供了必要的基础。中世纪频繁颁布的禁止生产前购买的禁令表明,尽管这种做法并非完全不为人知,但与此同时,它并不是普通商业惯例的组成部分。然而,出自17世纪末的一系列评论,向我们显示了这种做法突然变得很普遍,至少在英国、法国和德国是这样。法国1699年的一份请愿书中讲述了巴黎的谷物市场如何被农民包抄了,他们用小袋子装来样品,在集市外面的旅店或咖啡馆里与有意成为买家的人会面,与他们商定价格,然后去集市,面对少许几袋货物,假装当众履行交易。这之后,农民拿到集市上的谷物被交易者带走,但随后他便去农场,大量收购他实际上在上述交易中所购买的谷物。同样,笛福曾说到这种"通过所谓的样品"来买卖谷物和麦芽的"完全非法的"新方法。

很显然,对谷物的日益增长的需求所带来的压力,使得买家和卖家都渴望避免常规集市的繁重管制和物质上的不便。伦敦、巴黎及其他城市都发展到了前所未有的规模,对粮食的需求也相应增长。路易十四的历次战争,尤其是西班牙王位继承战争(1702~1714年),伴随着粮食供应需求的急剧增长。在法国,其结果是严密管制的柯尔贝尔体系的实际瓦解。在英国,粮食出口的数字从1697~1700年间的平均约144 000蒲式耳,增长到了1710~1720年间的平均896 000蒲式耳。

布料贸易也出现了这种通过样品和远期交货合同来交易的端倪。我们前面已经提到过的布莱克威尔厅的新组织对这一做法青睐有加,还给运输业带来了改进,"搬运工和马车夫源源不断地来往于各自的家乡与伦敦之间"。

很明显,远程销售开始了,这仅仅是开始。萨瓦里在他的《完美的商人》一书中并没有提到凭样品销售,但在他儿子编著的《商业大辞典》(*Dictionnaire universel de commerce*）中，"echantillon"（样品）是一篇冗长条目的主题。即使在阿姆斯特丹，样品也被用在谷物交易中，作为仓储式批发中实际的个人交易的前奏。旅行商人（样品携带者）直到18世纪末才出现，实际上属于充分发展的资本主义时期。

然而，使商业世界摆脱其古老习俗和传统惯例并使合同购买成为"大买卖"的巨大力量，是日益发展的国家需求，尤其是它们对供应其日益庞大的军队的需求。甚至早在1500年之前，生活物资和装备材料的运送就在意大利扮演了一个相当重要的角色，大银行通常参与其事。在法国，直到亨利三世时代（1574～1589年），宫廷里一直有一位官员——manutentionnaire（承运官）——负责征收直接从乡村征来的物资。1575年，最早的为军队供应物资的合同，是与尼奥尔的一位富有的中产阶级商人签订的。逐渐地，整个17世纪和18世纪，所有军事国家都转向了合同体系。到18世纪末，军队合同成了合同销售的主要形式。

鲁昂的街市

支付手段

在这一时期，支付的形式和条件也经历了一次相当可观的改变。赊账销售在英国和法国似乎比在荷兰或德国更加常见。笛福宣称，英国有2/3～4/5的生意都是赊账交易。在商品交易会和集市坚持下来的地方，比如在德国，现金购买更常见，一直盛行到了19世纪。

支付形式也显示了相当程度的发展。如今几乎从欧洲彻底消失的易货交易，在我们所讨论的这一时期始终相当普遍。德国那些吸引波兰人和俄罗斯人的商品交易集市，比如布雷斯劳，见证了大量的直接交换。硬币的使用范围也比现在更大。1725年，一位经济学家估计，英国的交易总量是126 199 328英镑，而可以用于交易的硬币大约只有15 000 000英镑。可以肯定的是，17世纪末英国的硬币收回重铸所导致的动乱，远远大于我们对今天类似操作的预期。对纸币的不信任,以及对"叮当作响的硬币"的偏爱,在大多数阶层的人们当中十分普遍。农民和手艺人之间的买卖不得不通过硬币进行。在大贸易公司的拍卖行里进行的整个越洋贸易,也都是通过硬币来进行。

然而,五花八门的货币替代品也开始使用。在发行银行得以发展的地方,钞票的使用成了批发贸易的惯例。在商品交易会上,人们创造了清算体系,借助这一体系,买卖账款以这样一种方式互相抵消,以至于相当可观的交易是在没有交付任何现金的情况下做成的。杰勒德·马利涅斯曾提到(1622年):"债票是一个商人给另一个商人出具的买卖商品的凭证。"这在北欧大多数中心城市都很常见,但在英国很少见。

到这一时期之末,汇票的使用有了极大的增长。最重要的汇票形式,我们可以称之为"商人汇票",而不是银行汇票。起初,兑换是现金兑换,也就是欧洲流通的不同硬币之间的一种套汇。从15世纪起,直至17世纪末,意大利的尤其是热那亚的银行家以很高的利率买卖信用票据,也就是说,一个想要传递一笔应付款的人,可以从银行家那里购买一张汇票,在另外某个地方把这张汇票支付给他的债权人,兑换那个地方的硬币。为了获得这种服务,他必须支付很高的价格,常常高达20%。这宗生意在里昂(16世纪的主要例证)、安特卫普、贝桑松、皮亚琴察等地发展成了"兑换集市",最后是18世纪的圣玛格丽塔(热那亚附近)。这种兑换形式有着纯金融意义,仅仅间接影响了一般商业过程,例如,充当一个通道,通过这一通道,来自美洲的金银流对整个欧洲来说变得可以利用。

商人汇票是另外一回事,它更像某些集市上实行的清算体系,另一方面,又有点像马利涅斯所描述的债票。就其最早的形式而言,在13~15世纪,商人汇票本质上是一份这样的文书,它声称签字者在某地收到了一笔确定数额的钱,将在另外一个地方支付给某某一笔钱。一个商人在偿付一笔债务的时候,交给第二个人一张由第三个人签字的汇票,而第三个人欠第一个人一笔同等(或更大)数额的钱。在这一阶段,这张汇票的使用受到了下面这个事实的限制:它是不可背书的,因此只能在有限的范围内流通。当贝海姆(Behaim)还是博洛尼亚大学的一个学生的时候,他收到了一张威尼斯的汇票,他只能去威尼斯把它兑换成现金。当商人利昂(Lion)在翁弗勒收到迪耶普的一位商人的汇票时,他把它寄回去了,"眼下压根儿不需要迪耶普的钱"(17世纪)。在16世纪末,此类汇票的使用变得很普遍。到19世纪初,它的使用范围得到了极大的扩张,比方说在曼彻斯特,有人估计,9/10的结算都是通过汇票实现的(1820年)。10英镑汇票回到最初签署者手里时,上面的背书常常多达120

个。

由于交通运输的不发达以及分发和支付形式的笨拙,此类汇票的"周转"极其缓慢。在海外贸易中,不来梅商人预期的周转率是3年。旨在缩短这一周期的手段是"贷款银行",有几家这样的银行是在18世纪创建的。即使在欧洲,汇票与实际现金返还之间的时间通常也要2~3个月。汇票的贴现,大约在1700年前后出现在法国和英国,大约在1750年前后出现在德国的一些更先进的商业中心。正规的贴现银行只存在于英国和维也纳,直至1783年,瑞典才组建了一家贴现公司。收费高得出奇,常常是10%、15%和20%——它们自然很少被人们使用。一个德国人在1796年写道:"对商业来说,它们是害虫。"个体商人唯恐避之不及。

商人与商业服务的分化

整个这一时期,职业商人的数量稳步增长,随之而来的是日益增长的分化。自产自销的手艺人越来越少,尽管直到19世纪才彻底消失。中世纪十分常见的临时性商人首先消失了。

第一次大的分化是批发商与零售商之间的分化。在这一发展最早清楚显露出来的英国,差异出现在伦敦的绸布商行会,其成员被分为以下几类:(1)商人(海外贸易商);(2)贸易商(内陆批发商);(3)店主(零售商)。到老萨瓦里的时代,这种分化已经在法国清楚地确立,萨瓦里在他的《完美的商人》一书中建议,除了零售商以外,批发商不要把自己的商品卖给任何人,因为那样一来,成本就会变得众所周知。

批发业本身也变得专门化了。我们已经在上一章中显示了,运输、交通和寄宿如何很早就与贸易本身的功能相分离。到资本主义早期之末,依据功能不同而实现的个人分化也有了相当可观的进步,其形式相当于我们已经描述过的非人格化组织。在进口贸易中,包括:(1)购买者;(2)外国的出口商行;(3)进口商行;(4)商品进口国的销售者;(5)内陆批发商,即"二手"经销者,他们把商品销售给制造商或零售商。在出口贸易中,包括:(1)批发商(包买主),像布雷斯劳的那些买断西里西亚亚麻布的商人;(2)港口城市的出口商;(3)进口商,一般是到出口国的本地公司,像安特卫普和汉堡的商人冒险家公司,后来是进口国的本地公司。在commerce d'économie(即由第三国本地公司经营的两国之间的贸易,荷兰人使之得到了广泛的发展)中,另外的成分出现了。在国内贸易中,批发商有规律地在零售商与生产者之间进行调停。正如笛福所写的那样(1727 年)，外省的零售商不再从生产者那里购买商品，而是"与伦敦的批发商联系，那里有专门的店铺或货栈，为所有零售商服务"。

伦敦的比林斯盖特市场

依据所经手的材料不同而实现的分化也得到了发展。在"商人"(海外贸易商)当中,我们听说了汉堡商人、土耳其商人、东土商人、东印度商人,他们进口相关地区的所有产品。而国内贸易的区分则更加具体：煤炭商、羊毛商、丝绸商、伯明翰五金商、纱线商、布料商、绸缎商、杂货商,诸如此类,不一而足。

资本主义早期的银行业也从这一庞大种类的一般业务中专门化了。除了英格兰银行与维也纳的储蓄银行之外(就功能而言,只有这两家银行类似于现代银行)，还有很多私人"银行家"，他们本质上是从事兑换生意的商人,但他们通常结合了委托和转运业务。1823 年,法兰克福有 275 个商人从事"兑换、委托和转运"。柏林的施克勒兄弟公司就是这种结合的一个例证,其业务范围比普通商人更加广泛,它经营的业务有:(1)转运货物;(2)委托买卖;(3)铁器和武器工业的"散工外包";(4)兑换;(5)管理普鲁士国王的庄园;(6)金融保险;(7)船运业。在像巴黎这样一些更大的城市里,兑换商依据其经营地区的不同而进一步专门化了。

零售业也经历了一次彻底的分化,对此我们前面已经描述过,这里无须进一步提及。

说到非人格化商业关系的发展,一个最明显的征兆是各种形式的代理业务的发展。在 16 世纪,即使在像威尼斯这样重要的商业中心,一个商人陪伴自己的货物到像安特卫普这样遥远的港口也是件平常的事情。1517年作出规定,任何一个商人,只要通过佛兰德斯商船队运送价值15达克特(也可以说35美元)以上的货物,都必须跟随货物前往。随着个体商人接触面的拓宽,他们有必要让自己分身在同一时间出现在几个不同的地点。这事通过代理人的发展实现了。

在某种意义上,老的商人行会的成员、家庭联合的成员,甚至还有商业公司的成员,都充当了他们所在的联合体的代理人;但这种关系纯粹是有机的和个人的。确切地说,向代理人发展的第二阶段是经纪人的使用,它出现在意大利和法国[15世纪布尔日的大商人雅克·科尔(Jacques Coeur)有135个经纪人],尤其在16世纪的德国得到了发展。德国南部所有的大商行,比如富格尔家族和威尔瑟家族,实际上就是庞大的经纪人体系。大的殖民地公司在很大程度上是以同样的方式构建起来的。最后的阶段是代理人业务的专门化,作为单独的服务被购买和出售,就像汇兑银行和运输服务一样。经纪人,也就是那些以帮助买主与卖主之间达成契约为业的人,在中世纪就已经出现在意大利和尼德兰,尽管其职能与现代经纪人稍有不同。他们有时候是那些不允许彼此之间直接交易的外国人的中间人,但更常见的是保险经纪人或汇兑经纪人。然而,在1600年前后,一次非常重要的扩张发生了。法国国王亨利四世建立了一种经纪人行会,限制每座城市经纪人的数量,比方说巴黎是8人;1634年,这个数字增加到了20人;1638年增加到了30人。类似的发展发生在德国的城市。在法兰克福,1582年有12个经纪人,1589年是48个,1610年是52个,尽管业务比一个世纪之前更少。经纪业似乎在尼德兰的两个大的商业中心达到了最高点。在安特卫普,即使在17世纪中叶,官方登记在册的经纪人就多达124人。不久之后,据说阿姆斯特丹大约有1 200个经纪人,分为不同的专门化群体:250个汇兑经纪人,100个股票经纪人,80个葡萄酒和白兰地经纪人,诸如此类,不一而足。在英国,这一发展更缓慢。俗谚云:"精明的商人用不着经纪人。"采购经纪人在这一时期比较罕见,一般局限于原材料或半成品的采购,如西里西亚的生亚麻。另一方面,销售经纪人(委托卖家)却得到了相当可观的发展,并构成了国内贸易和进口贸易的显著特征,尤其是在18世纪。我们已经讨论过布莱克威尔厅的那些为布料贸易履行职能的代理人。笛福在他的《完美的商人》(1717年)一书中这样描述布料生产商:"他们的货物一旦完工,他们便立即带上账单,赶往伦敦,去找他们的经纪人。"同样,伦敦有各种产品的经纪人(承销人),"他们根据委托进行交易,销售别人的产品,按照惯例获取委托金"。在巴黎,据老萨瓦里说,"几乎所有重要商人都接受外国人和本地商人的委托,销售他们的商品"。当然,对外贸易是委托贸易的特有领域。通过加的斯与西班牙殖民地进行的贸易尤其青睐于这种做法,西班牙的法律把外国人排除在殖民地之外,而委托贸易则使得规避这样的法律成为可能。德国东部斯拉夫人和马扎尔人的内陆地区的产品"被委托给值得信赖的商行,它们要么把货物运回,要么用硬币与发货人结算"。委托贸易局限于那些汇兑体系和交通方式都已经牢固确立的地区。

交易所的发展

商业人口的一般组织揭示了类似的变迁,即从中世纪的个人化有机联合向非人格化的交易所或商会过渡。有些行会一直延续到了资本主义早期之末,如巴黎的六大商会;有些行会(在形式上)延续至今,如伦敦的同业公会。除了行会之外,还有一些"同乡会",中世纪期间在各外国港口建立,它们在某种程度上一直持续到了我们所讨论的这一时期。这些组织逐渐失去了作为联合体的力量,并开始被商业公司所取代。

大约 1600 年前后,交易所开始出现在西欧所有主要的商业中心。但它们至今尚缺乏这个名字在后来时代里所意味的那种严密的组织性和纪律性。它们只不过是商品(在较次要的程度上还有股票)的买家和卖家碰头会面的地方。在交易所里,那种地方性和个人性的"体面商人"的古老观念,被安特卫普交易大楼的铭文所取代:"in usum negotiatorum cuiusque nationis ac linguae."〔无论何种民族或何种语言的商人皆可使用(拉丁文)。〕交易所尚没有发展出非常复杂的方法。在交易所里碰头会面的商人依然要亲自商谈,依然要去货栈完成他们所商定的交易。"在交易谈妥之后,商人或经纪人便带着他们的样品去货栈,为的是向买家显示他们的货物与样品相符,然后在那里完成交货。"交易所的国际品质,引得许多自诩有文学才能的人大加赞颂,有些颂词是以诗歌的形式。就连阿狄森(Addison)也写过这一主题:"看到这么一大群同胞和外国人在一起商谈人类的私人事务,让我有一种说不出的满足。"

这个新的组织通过商会的建立发展出了其正式的方面,这些商会,要么是在政府的赞助下成立的(如在法国),要么是独立创办的(如在英国)。

商业企业的管理,采取了几种新的形式。在很大程度上,或许是在大部分业务中,古老的手工业观念延续了下来。在 17 世纪末,巴黎的六大商会由 2 752 个师傅组成,他们有大约 5 000 个助手;类似的比例在布雷斯劳和柏林直到 19 世纪依然存在。在小型零售企业中尤其如此。批发企业通常以某种联

曼彻斯特的市场街

合的形式组建起来，要么是合伙关系，或者是更明显的资本主义的组织形式。在对外贸易和海外贸易中，因为在"工厂"、船队、军队和政治关系上的巨额投资，也因为缓慢的周转率，大型特许公司显然是唯一能够有效运转的组织类型。

　　地理意义上的商业组织，以日益增长的城市当中的专门化为特征。在某些地方，比如埃克塞特、诺里奇、鲁昂、赫希伯格，"外包商"（Verleger）们把邻近地区产业工人的产品集中起来。"内陆商行"，尤其在德国，则通过"二手"收购这些物资，再转运到带有大都市性质的中心城市。莱比锡和布雷斯劳是大的"内陆商行"城市。巴黎、伦敦、汉堡、阿姆斯特丹是大的都市集中点。转运点（商品集散地）是"商品抵达地，它们不是商品的销售地，而只是转运地"，比如里昂、奥尔良、士麦那和巴达维亚。银行业，也就是贷款业，有点局限于某些城市，比如热那亚、奥格斯堡、阿姆斯特丹，以及这一时期结束时的伦敦。

第九章 生产的转变：
从手工业体系到工厂

旧制度的延续

在市场和交易体系的发展中，我们注意到了新的活动形式的迅速出现——专门化，范围的扩大，新的运输手段和组织方法——连同古老的手艺人的个人精神在显著程度上的持续。在对生产的研究中，我们必须注意到，长期坚持的，不仅有老的精神，还有老的技术、老的组织，以及老的形式。就好比工业习惯——用手干活的习惯——不知何故，比商人的习惯更坚韧，更不容易改变。同时我们应该看到，与老的特征一起，极其重要的新特征也在发展。

说到欧洲生产体系，本质上毫无改变，一个最明显的标志是下面这个事实：在资本主义早期之末，人口依然以农业人口占压倒性优势。即使是18世纪的英国，当时工业化程度最高的欧洲国家，城市之外的居民也有城内居民的3倍之多。据估计，1818年的法国有农业人口23 000 000人，而城市人口只有6 000 000人。德国直到19世纪中叶本质上依然是一个农业社会。1846年，在德国工业化程度最高的萨克森州，农村人口是城市人口的2倍。如果下面的估计可靠的话，这种农业特性就表现得更加显著：(1)相当数量的城镇居民管理着农业机构，如17世纪的一些巴黎居民，他们直接从自己的庄园里获取粮食，自己研磨面粉、烘烤面包，其数量等于通过市场获得的粮食的1/3；(2)有些人在城市里从事农业经营。

农业生产继续受维持生计的观念支配。整体上,农场一半以上的产品被农业人口所消费。迟至1862年,德国的一位权威估计,整个德国农业人口所消费的农产品占到了总量的2/3;很有可能,这个比例在一个世纪之前的整个西欧是普遍的。农业人口巨大的数量优势和谷物出口贸易的小规模支持了这一结论。传统主义基本上控制了所有的农业过程,正如阿瑟·杨在他论述英国和法国的各种著作中所证实的那样。据19世纪前10年一位波希米亚批评家说,新的农业方法是"对上帝的背叛"。公耕制依然盛行(英格兰除外),并阻碍了新作物和新方法的引入。在意大利的部分地区、佛兰德斯和布拉班特,对灌溉或排水的系统控制的需要,以及诸如桑葚和橄榄这样一些特种作物的栽培,使得一定程度的理性主义变得不可避免。科学农业的某些基础已经奠定,在法国是由奥利维·德·塞尔奠定的(1600年),在英国是由塞缪尔·哈立布(Samuel Hartlib)奠定的(1633年),但直到资本主义早期快要结束的时候,这两个国家的农业方法都没有发生根本性的革命。德国农业中,新技术的缓慢进步可以通过马铃薯的历史得到生动的说明:1588～1648年间,马铃薯在德国是奇珍异品;17世纪的后半叶,在奥地利、萨克森、莱茵河畔和斯瓦比亚,它被当作园艺作物来栽培;自1719年起,在少数地区作为大田作物种植;自1771年起,普遍作为大田作物种植。畜牧业显示了同样缓慢的进步曲线。绵羊养殖在英格兰所导致的进步,在当时的人们看来似乎是对传统农业的一次严重侵害,但工业方法自中世纪以来(实际上是自古代以来)在本质上依然没什么改变。乳制品业,特别是干酪制造业,大约在14世纪就在瑞士和尼德兰作为手工业开始了,依然是最保守的工业,特别是在瑞士。养马业由于国王和贵族感兴趣,因而发展得要早一些。腓特烈二世和文艺复兴时期的意大利亲王们都有闻名天下的马厩。法国国王路易十三和英格兰国王查理一世作出规定,拥有良马是贵族的义务。然而,直到18世纪,才在冬天里普遍提供人工饲料。森林工业也没什么大的发展,因为一方面受制于传统的乡村经济,另一方面受制于领主和国王们占支配地位的狩猎兴趣。当18世纪晚期由于工业的扩张使得对森林的需求日益增长时,不计其数的森林法令和惯例都完全不足以阻止森林的迅速毁灭。

在几乎与农业一样的程度上,工业生产也保持了古老的形式。在整个资本主义早期,工业品需求的主要部分继续由家庭工业(或庄园工业)或手工作坊生产来满足。普通的土地耕作者,其目标依然是直接养活自己,"尽可能少惦记不是由自家土地供应的东西"。他的食物、衣服、住处,甚至还有他的工具,都是通过他自己和家人的劳动来生产的,偶尔借助于本村的面包师、铁匠、

第九章　生产的转变：从手工业体系到工厂　　　147

磨坊主等人，他们都是本社区的成员，分享农民们生产的生活资料作为其职位的津贴，而不是任何非人格意义上的报酬。

庄园是一个自给自足的生产单位

一切组织得很好的庄园，都包括所有必不可少的手艺人。在德国，即便是在义务效劳不复存在之后，也普遍是用庄园的产品来支付庄园工人的报酬。罗切福特伯爵夫人(17世纪末和18世纪初)是一个绝佳的例证，她一辈子都在管理着自己家里范围广泛的工业活动。就连她的男仆的金色假发，也是用她庄园里出产的生丝做成的。她的日记讲述了一个漫长的故事，如何管理梳毛工、纺纱女工、缝纫女工、织布工、石匠以及很多其他种类的工人。

在城市里，普通家庭自己杀猪宰牛，德国的城市尤其是这样。在法国，这种做法在逐渐衰微。1778年，帕门蒂尔(Parmentier)指出："在多数大城市里，个人不再自己动手烤制他们的面包。"

手工业体系依然根深蒂固，直到资本主义早期结束，只是随着充分发展的资本主义的到来才土崩瓦解。尽管行会的法律身份在伊丽莎白统治下的英格兰(学徒法令)和柯尔贝尔时代的法国(政府规章)就已经作出了重要的改变，但行会组织仅仅在两个领域被普遍取代，即在那些为远方市场生产的非城市手工行业中，以及在更大城市的行会中。老制度的蛛丝马迹依然存在于这些领域。尽管采矿业和冶炼业不得不在很大程度上转变为资本主义的形式，但行会组织继续存在的例证依然可以在法国、德国和英国找到。最显著的例证是纽卡斯尔的霍斯特曼公司。德国雷姆沙伊德和施马尔卡登的小五金工业、法国南部的制钉业，以及波希米亚和法国某些地区的玻璃工业，保持了行会性质。纺织工业既为资本主义的发展提供了最好的机会，同时又是行会形式最重要的庇护所。在城市里，即使行会关系的精神死去很久之后，行会的形式依然残留了下来。富有的和贫穷的手工业师傅的分化、与互助观念形成鲜明对比的获利意图的发展、着眼于最高物质成果的个人职能的重组，所有这一切，使得行会与中世纪的行会完全不同。然而，雇员(满师徒工和学徒)的比例依然很低，每个师傅从 1 人至 4 人不等；他们依然被看作师傅家的家庭成员。在 18 世纪的伦敦，尽管像酿造、蒸馏、建筑这样一些行业明显已经成了资本主义的；其他行业，如毛皮、马具、家具装饰等行业，也部分成了资本主义的；但还有很多手工业，如铁匠、面包师和屠夫等，依然保留了行会的性质和行会的形式。

散工外包制

不断发展的资本主义工业制度，穿过传统手工业体系的坚固构造，顽强地挤了出来，就像树木穿过岩石一样。它们特有的形式是工人的联合，与从前看到的联合比起来，不仅规模更大、方式更有意义，而且，更重要的是要指出，为了对一个新的因素——资本主义的企业家——的意志作出回应，它们武装了新的力量——财富的力量。

"散工外包制"(只有德语有一个恰当的专门术语：Verlag)是向工业资本主义过渡的第一阶段。根据这一制度，财富的拥有者提供生产资料(要么是钱，要么是物)给手艺人，而得到的回报，要么是一笔固定的金额，要么是工匠产品的一定份额(有时候是全部)。早在 16 世纪，这一做法在欧洲各地以及在所有重要的工业行业都十分普遍。因此，1527 年，富格尔家族在多达 142 家小银矿中有这样的利益。造价高昂的高炉使得资本家在钢铁工业有了十分有利的机会。在纺织工业，散工外包制采取了家庭工业的形式，资本家或外包商保证织布工人在自己家里有活可干。例如，在佛罗伦萨的布料工业，有一种契约十分常见，根据契约，穷困的织布工把自己的机器的所有权交给债权人，但留下这些机器，以部分产品作为他们的报酬。另一些人则购买织机，但不用为此掏钱，而是承诺交付一定数量的产品。威尼斯的丝绸工业早在 14 世纪就以这种契约为特征，热那亚则早在 15 世纪就使用这种办法，在里昂，这种做法一直持续到了 19 世纪。玛丽女王时期(1553～1558 年)，英国的一部法律宣布："富有的布商不得压迫织布工……不得把织机垄断在自己手里，然后以十分不合理的租金出租它们，致使贫穷的工匠没有办法养活他们自己，更不用说养活

第九章　生产的转变：从手工业体系到工厂　　149

他们的妻子和家人。"在荷兰，外包合同通常包括这样一项规定：工匠不得为其他任何人干活。直到18世纪，很难实现行会组织的纺纱业，在西欧各国都几乎完全是按照外包的方式组织的。图书印刷从很早开始就采取了这一形式，这一点反映在流行的德语单词"Verlag"中，这个词的意思就是"出版社"。一些著名的印刷商，比如汉斯·弗罗本（Hans Froben），他们的企业几乎不比普通工匠的企业更大：一个审稿人、一个校对工、五六个排字工，以及类似数量的印刷工。我们听说，在伊丽莎白时期的英国（1583年），"铅字及属于印刷行业的其他很多东西都可以征收繁重的赋税，以至于大多数印刷商都被迫先与书商结合起来"。法国的造纸工业便是以更复杂的方式在这个原则的基础上组织起来的：业主把造纸厂出租给纸的批发商，后者则预付一笔现金给工匠，这笔钱将用于生产一批规定数量的纸。工匠师傅把这批纸按照既定的价格卖给批发商，返回最初的资本。外包商从产品的再销售中挣到自己的利润。散工外包制在某些大的行业中依然在使用，尤其是在费城的一些大型机车厂。

最早的印刷作坊

　　在某种意义上，散工外包制代表了一种比后来的工厂制更纯粹的"金钱—权力"关系，在工厂制中，资本主义企业家不仅提供生产资料，而且还指导和管理工厂。外包商根本不操心这样的事，而只是拿出一定数额的现金（或原材料），要求返还一定数量的产品；对工业过程本身的管理，依然掌握在工匠师傅的手里。散工外包制是以抽象的形式强加给手工业体系的资本主义。然而，本质上，外包商更是商人，而不是工业主管，事实上，在那些已经实行散工外包制的地方，他们确实被称作商人。外包商的影响力，对工业生产率来说是一个刺激。他的利益要求工匠数量尽可能多，生产效率尽可能高。

然而，尤其是在18世纪，我们看到了外包商正在发展出一种新的特性：他日益成为这样一个中心，即手工业生产者开始以更高级、更复杂的形式围绕这个中心联合起来，同时他也开始对工人生产的数量和质量发挥影响。例如，巴黎的裁缝师傅兼商人达塔朗格（Dartalongue）先生曾宣称，他"能够几乎片刻也不耽搁地满足顾客的需求，因为他雇用的工人数量可观"。外包商还是新的标准之源。在这方面，他不得不与古老工业的习惯和法定标准作斗争，就像法国制帽匠行会试图阻止引入用海狸和羊毛的混合物制成的帽子时那样。外包商经常利用生产手段来影响经济，比如在纺织工业，外包商拥有漂白工场，用来处理整个纺织工群体的产品。他对专门化的发展作出了贡献，比如在针的生产中，这一生产过程要经过72个工人之手，其中大多数是家庭工人，通过外包商来协调。

上述分析及例证有助于表明：在最充分的工业合作与专门化的发展过程中，外包商如何是其中的一个阶段，即工人以庞大的单位在共同的指导和纪律之下联合起来，或者，我们可以索性称之为工厂生产制。

工厂中的生产集中

接下来的问题是要追踪这些大型工业组织的开始并实现一定程度的工厂发展，以及直到资本主义早期之末，工厂形式扩大到工业的各个分支和各个不同的国家。很容易认识到，在很多工业行业中，工厂组织必须等到动力驱动的、半自动化机器的发展，即便在英国，这个过程也几乎要到18世纪最后一个25年才开始。然而，正如我们将要看到的那样，认为工厂制的基本观念在那一时期之前没有得到应用的想法是错误的。这一经济制度，早在技术进步给予它巨大的推动之前，就已经出现在范围广泛的工业中。

就一般发展而言，有一个例子早得有点孤立，以至于没什么意义，这就是1341～1371年间博洛尼亚络丝工业的转型，当时，人们利用水力驱动的机器，同时络4 000股丝线。这种用机器络丝当时似乎没有传播到很远，直到17世纪，它才被引入荷兰，或者是大名鼎鼎的约翰·约阿希姆·贝希尔在那里发明了一种类似的装置。贝希尔告诉我们，为了安顿他的机器，人们在哈勒姆建起了一幢长300英尺的建筑，造价40 000弗罗林。1680年，另一间工厂在乌得勒支市建成，有37台络丝机。笛福在谢菲尔德发现了一家这样的"丝厂"，还提到了斯托克波特的另一家厂,雇用了 200 个人手。英格兰最早的绢纺厂 1719 年在德比附近的德文特建成,它的机器(水力驱动)每转一圈水轮要使用 73 726 码纤维。1708 年,皮德蒙特地区有 125 家络丝厂,总共雇用 6 900 人;1787 年,它有 272 家络丝厂,16 143 名雇员。尽管这些数字实际上几乎没有反映这个世纪里集中程度的增加,但它们还是证明了一种新的生产单位的存在,它们完全不同于只有四五个工人的典型的手工业店铺。

布料制造的最后一部分——各种不同的"精加工"过程——是最早按照工厂的方式组织起来的。外包商通常在他自己拥有的一家工厂里对纺织工们交给他的粗布进行精加工。英国的东印度公司在自己的管理下对它买来的布料进行染色和精加工处理。在西里西亚和萨克森,各大商行普遍有自己的精加工机器。亚麻布和棉布的漂白开始按照工厂的方式集中起来,尤其集中在荷兰的哈勒姆市,未漂白的布匹从"世界各地"——至少是从英格兰和西里西亚各地——运到那里。

制袜业成了机器工业,但在这一时期没有明确成为工厂工业。例如,1789 年,奥尔良的一家袜厂在厂内雇用了 800 个织袜工,但厂外的工人数量是这个数字的 2 倍多。锯木厂在某些情况下是以大单位组织起来的:1764 年,比利时的一家锯木厂雇用了 102 个工人。

制造基本化学产品的工厂在 19 世纪之前几乎没什么发展,除了硫酸制造之外。第一家现代硫酸厂 1736 年在伦敦附近的里士满市建成。在这个世纪结束之前,各种各样的改进导致了一次大的扩张——化学品的"大工业"时代开始了。

对我们眼下的目的来说,更重要的是依赖于化学过程的食品和饮料工业。食糖工业从一开始就集中在大的生产机构中,即便不是大规模的工人群体。典型的投资额在 5 000~25 000 美元之间,尽管典型的雇员数量只有 10~20 人。直到 19 世纪,酿造业本质上依然是手工业和家庭工业,但少数酿造厂在 18 世纪就出现了,尤其是在英国:惠特布莱德公司是威廉三世统治时期建成的一家酿造厂,一次酿造 3 007 桶啤酒。在 18 世纪中叶,伦敦的两家酿造厂每周生产 1 000 桶啤酒。蒸馏厂的建立需要"多达 2 000 英镑"的资本,是大财富的来源。肥皂制造业和蜡烛制造业也是如此,某些企业发展成了大型机构。在 1760 年的马赛,38 家肥皂厂雇用了 1 000 名工人。

金属行业的冶炼和精炼工业,同时也是机械工业和化学工业,由于其技术进步和企业的昂贵特性,尤其适合于资本主义的集中。向工厂体系过渡相应出现得较早——16 世纪出现在铁和铜的工业中,17 世纪出现在其他金属工业中。对钢铁工业作一番研究，将会说明其他工业中发展的一般过程。

英国利明顿钢铁厂

钢铁工业实际上由几个不同的分支构成：(1)高炉中生铁的生产；(2)熟铁的生产；(3)精炼为高品质的形式，比如钢；(4)转化为成品形式，比如工具、铁锚和铁链；(5)铸件的生产。到资本主义早期结束的时候，钢铁工业的一部分依然是小手工业，要不然就是散工外包制工业。而整个冶炼业、几乎全部铸造业和精炼业，以及相当一部分精加工材料的生产，都采取了大型联合的形式。这一转变过程，很大程度上是统治者、城市和封建领主们在正在兴起的资本主义企业家的帮助下完成的。高炉(而不是个体工匠的小熔炉)的建立，是冶炼工业转变的一个公正的指标。在几个最重要的钢铁生产地区，包括英格兰、列日、那慕尔和洛林，小熔炉早在16世纪初期就已经被高炉所取代。关于这些早期的高炉，人们所知甚少。在哈尔茨，第一座高炉在1551年由当时统治这一地区的伯爵建立起来；在萨克森，选帝侯奥古斯塔斯一世在1575年建起了一座高炉；在海塞，一家医院大约在同一时期建起了一座高炉，作为其捐助的一部分；在拿骚，威廉·威尔金(Wilhelm Wilking)在亲王的保护下建起了一座高炉；在克恩滕，维特市建起了一座高炉，后来把它卖给了私人资本家。在整个资本主义早期，冶炼过程依然靠木材作燃料，但有些技术进步，特别是规模和产能上的进步，发生在熔炉本身。冶炼依然明显是一个季节性的行当：在瑞典和克恩滕，生产季只有20～25个星期。生产铁的熔铁炉也越来越大，但没有工人的大规模集中。在更重要的精加工生产分支，铁锚制造业到18世纪初发展成了工厂的形式；铁丝厂和钢锉制造企业在18世纪发展成了工厂的形式。大约在同一时期,联合钢铁厂开始出现,几个不同的工序(从冶炼到制钢)全都在同一个地方至少是在同一家公司的管理下进行。18世纪法国最大的钢铁厂是拉·舒赛德(La Chaussade)在格里尼的工厂,是他在1781年花了2 075 099里弗买下来的,包括2座高炉、4个大熔铁炉、几个生产小五金的熔铁炉,以及很多制钉车间。洛林、挪威和瑞典也存在类似的企业。

正宗的制造业——在这样一些行业里,生产方式是手工技术的应用,而不是自动化机器和工序的运转——在某些情况下也显示出了集中的趋势。巴黎的图书印刷业非常清楚地反映了这一点。1600年,有270家图书印刷企业;1694年,只剩下40家,尽管业务有了很大的增长。在伦敦,40人被认为是最少的工人数,至少需要500~1 000英镑的资本,一家印刷厂才能运转。同样是手工过程的棉布印花业,显示了更大规模的劳动力集中。一家有44台印花机、雇用250个工人的企业,需要30 500泰勒的资本。典型的企业包括一个印花车间、若干台印花机(每个工人在印花机前独立作业)、一个裁料车间、一个染坊、一个漂白车间、一个干燥车间、一台轧布机(通常由水力驱动)。开姆尼斯市(萨克森州)的10家企业共雇用了1 437个工人。18世纪的烟草(尤其是鼻烟)生产,其集中程度甚至超过了后来的雪茄制造,直到19世纪晚期。比利时的一家烟草企业有151个工人,巴伐利亚的一家企业有120个工人,撒克逊的一家工厂有130个工人。里维隆(Reveillon)设在巴黎近郊圣安东尼的挂毯印花企业雇用了300~400个工人。在1665年的兰斯,花边制造业被组织为工厂的形式,到第一年年底就为120个花边制作工提供了就业岗位。法国的一家制绳厂雇用了300人;在伦敦,创办一家制绳厂据说需要10 000英镑的资本。

各种不同的工艺过程在单一管理下的结合,最早在布料工业得以发展。英国1685年的一份出版物《已发现的金矿》(The Discovered Gold-Mine)讲述了制造商如何"花费巨额成本,整幢整幢地建造大房子,在这些大房子里,羊毛分拣工、精梳工、纺纱工、编织工、轧布工和染工一起干活"。16世纪一位自称诗人者这样告诉我们:

在一间又大又长的房间内,

立着200台结结实实的织布机,

200个人,千真万确是200个人,

在织布机前工作,全都排列成行。

诗人告诉我们,除了织布工之外,还雇用了100个梳理女工、200个纺纱女工、150个分拣工、50个剪毛工、80个精梳工、40个染工、20个漂洗工。在

英国的布匹印花厂

18世纪之前的苏格兰，工厂形式的发展明显比英格兰更充分、更常见。1681年，一家布料生产企业在哈丁顿郡的新米尔斯建立，资本金为5 000英镑，一年生产布匹55 000厄尔以上，净利润1 413英镑。1700年，格拉斯哥一家毛纺厂雇用的工人不少于1 400人。在1720年之前，为了从事毛纺和亚麻布生产而组建了几家股份公司。在法国，萨普特斯的布料生产企业在17世纪的最后那些年里雇用了800个工人。范鲁拜斯有1 692名工人在一家企业工作，在这家企业，羊毛要经过22道工序处理。在1775年的奥地利，林茨的皇家毛纺厂雇用了26 000个人，其中有1 000个人在工厂里干活。

建筑作为一个行业，很早就表现出了向交换经济过渡的特征，而且同样很快就采取了资本主义的形式。直到15世纪，建筑业就其组织而言一直是纯手工业；接下来，专业建筑研究的复兴导致了建筑师的分化，他们从想要修造建筑的亲王或领主那里得到原材料，承担建筑生产的任务，有点类似于散工外包制；再接下来，早在16世纪初，就出现了作为承包商的建筑师，按照规定的价格生产整体的建筑。到17世纪末，至少在城市里，建筑业采取了今天的资本主义企业家管理下的联合形式。然而，所有建筑物依然是按照未来业主的要求建造的。为了出售或出租而建造的投机性质的建筑，除了在巴黎和伦敦稍露苗头之外，是要等到资本主义充分发展时期才会出现的现象。

在造船业，大规模私营企业并不是直接从小型手工企业发展而来的。在威尼斯、英格兰和法国，工业所经历的最早扩张，首先是作为国有企业，而不是资本主义的企业。14世纪的一部旅行日记详细描述了威尼斯的船坞：大约雇用了1 000个工人。在英格兰，有证据表明，早在13世纪就有一家皇家"兵工厂",或称海军船坞,到 16 世纪已经有 4 家。从伊丽莎白时代起,合同承包制被普遍使用,亦即承包商得到原材料的供应,按照规定的每吨位价格建造船只。黎塞留(Richelieu)建造了一些大"船坞",一位同时代的人告诉我们,在布雷斯特,"全世界"的工人在皇家造船商的管理下工作。马车制造业,像造船业一样,也利用了范围广泛的工匠们的服务,似乎在 18 世纪下半叶迅速集中了起来。从柯尔贝尔时代和哥白林挂毯厂建立(1667 年)起,精美家具的制造就已转变为"大工业"。巴黎的查尔斯·布勒(Charles Boulle)估计,他的店铺里所生产的家具价值80 000里弗。像 18 世纪英国家具艺术大师谢拉顿(Sheraton)和齐彭代尔(Chippendale)等人的名字,也反映了在他们管理下的较大规模企业的发展。家具生产依然是买主"定做",因此依然受到艺术家的影响。仅仅在 18 世纪的晚期,按照预期需求生产才消除了艺术家的影响,并导致标准的降低。

在采矿业,相当程度的资本主义集中在资本主义的历史上很早就表现出来了。从 16 世纪起,技术的进步导致了带有扬水机的深井开采,这需要大规模的动力和劳动力的集中。阿格里科拉描述过需要 96 匹马才能运转的 3 台机器。在某些矿场,有相应规模的劳动力在干活:1556 年,在费尔肯斯坦(蒂罗尔)的银矿,工人的数量多达6 850人;1649 年,纽卡斯尔(英格兰)的一座煤矿有 500~1 000名工人。在同一年,"博蒙特老爷……拿出他的30 000英镑投资于我们的(纽卡斯尔)矿"。换句话说,这些矿场由于是以这种集中的方式组织起来的,因此很早就为纯资本主义的投资提供了机会。

然而,武器工业是一个在技术和商业上都达到了最高程度组织化的行业。随着军队的越来越庞大,日益增长的国家需求需要组织化,需要计划生产,需要富有效率的交货,而只有资本主义的管理才能够提供这些。自 17 世纪中叶起,军事武器的生产就逐渐失去了它的手工业特性。1640 年,瑞典的一家工厂一年制造10 000支步枪。在彼得大帝时代,俄国的一家工厂雇用了 683 人。斯班道兵工厂在它 1722 年创建时就有 252 个工人。

这一节关于集中的、联合的工业形态的早期实例的讨论,之所以拉得这么长,乃是因为几乎所有通史和经济学教科书都给读者留下了这样的印象:工厂制本身是 18 世纪末和 19 世纪初的所谓"工业革命"的产物。当然,有一点倒是真的:技术设备(自动机械、蒸汽动力等)与当时存在的一系列经济条件相结合,使得工厂制在非常短的时间内迅速扩张。但是,当我们所说的"工业革命"开始扩张的时候,工厂的生产形态已经成为欧洲史的组成部分,读者如果没有懂得这一点,那我们这一节漫长的讨论就是白费力气了。

工业的地理再分布

工业的地理分布也经历了一次变迁,大致类似于我们刚刚研究过的生产形式的改变。不难理解,作为工厂工业典型特征的那些造价昂贵的大型工厂,对于那种在手工业时期的某些行业已成惯例的经常变动,并没有提供什么帮助。与此同时,个体企业的范围变得越来越广泛,并且,在政治家们日益偏袒的帮助下,企业家开始把他们的市场设想为全国性的,而不是地方性的,或者另一方面,设想为某个外国市场。实际上,几乎所有国家创办和国家资助的工业,就市场范围而言都是全国性的。很多工业形式离开了城镇,搬到了乡下,带着它们的行会传统和限制。外包商扮演了重要角色的布料工业尤其如此,在英国、荷兰、法国、西班牙及德国的部分地区,到18世纪,纺织工业已经在很大程度上成了乡村工业。与此同时,精加工过程普遍在工厂的基础上处理,这一事实导致了乡村与城镇之间的程序分工,这一点在布料工业最为显著,但在其他行业也是如此。英国的伯明翰和埃塞克斯、法国的鲁昂和色当、德国的赫希伯格、比利时的欧本和韦尔维耶,都成了周围很多乡村的精加工中心。一定程度上的向某些特殊地点集中的情况也发生了,如英国的毛纺工业集中在约克郡,以及德国的亚麻布工业集中在西里西亚。然而,这一发展才刚刚开始,几乎不能说是资本主义早期的典型特征。不过,有些行业已经明确地局限于一座或少数几座大城市,比如巴黎的时装业,以及伦敦和阿姆斯特丹的殖民工业。

劳动力的组织

工业的转型也涉及劳动关系的转型。实际上,说这一转型发展出了作为生产过程中一个截然不同的要素的抽象的"劳工"概念,也并不过分。整个过程可以简要地总结如下:

(1) 全身心地投入企业职能中的资本家群体(企业家)开始明显不同于工薪工人群体,后者并不拥有生产资料。

(2) 两个群体在感情上完全是资本主义的,企业家只关注尽可能获得最高利润,工薪工人只关注尽可能获得最高工资。

(3) 工人与企业家之间的关系开始依赖于很容易终止的自由契约,在这样的关系中,工人的生产率可以按照明确的标准来衡量——现金工资。

第九章 生产的转变：从手工业体系到工厂

（4）在生产组织（工厂或矿山）内部，劳动力以理性的方式来组织，也就是为了尽可能获取最高利润，而不直接考虑个人的需求和愿望。

早期资本主义只是部分接近于这种劳动力组织的资本主义标准。首先，只有部分——多半是很小的一部分——劳动者是既没有财产又没有自由的。而不自由的劳动者，即农奴（serf），整个18世纪，我们在瑞典、苏格兰和西里西亚的矿山，在波希米亚、摩拉维亚和俄罗斯的工厂里，都能遇到他们，还有公共慈善机构、济贫院、孤儿院和监狱里收容的那些人，根本不能订立自由契约，却以这样或那样的形式被强迫劳动。在自由人中，我们遇到了一些贫穷的手艺人，他们拥有部分生产工具，因此不能视为完全没有财产，还遇到了拥有土地的产业工人（他们多半是最庞大的阶层）。统计资料十分稀罕，但有一张简短的表格，分析了1830年一个德国小圈子的人口构成，这张表格让我们对上述分布有了一定的认识。这个小圈子有9 718个家庭，它们的收入来源如下：

构　成	家庭（个）
仅靠耕作	3 055
商业与手工业	1 763
仅靠日工资	666
日工资结合耕作	933
没有耕作的工业家庭	346
有耕作的工业家庭	2 167

这张表并不能十分说明问题，除了在下面这一点上之外：某种农业与工业劳动之间的结合在产业工人中占主导地位。1840年，一位英国观察者班菲尔德（Banfield）写道："德国人依然以某种形式依赖于土地，土地明显确保了他们维持生计，因此也确保了他们的独立，即便伴随着贫穷。"班菲尔德想到了一种非理性的原始关系，它已经在两代人之前就从英国消失了。在法国，造纸工业只是在冬天进行，而在夏天，劳动者要打理他们的田地。1783年针对圣埃蒂安兵工厂的一项法令禁止工人中断他们的劳动，"除非是在生病和迫切需要耕作自家土地的情况下"。

劳动者对待其工作的态度正在经历一次改变，但依然远不是现代劳动者的态度——他的思考和感觉仍然是依照维持生计的观念。当他有吃有喝的时候，他就不会选择工作，他所挣到的全部收入，他全都消费掉，主要是吃喝。从企业家（他需要连续不断地劳动）的观点来看，"挣得太多的工人是难得的好工

工厂林立的英格兰约克郡

人"。一般来说,根本不存在无产阶级的感觉:工人认同自己的手艺,认同那个为他提供工作并管理他的工作的企业家,而不认同"工人阶级"。

劳动契约在很大程度上成为自由契约的同时,依然没有摆脱老的观念。它依然带有这样一种观念的强烈色彩:工人是雇主的家人,是他的家庭的组成部分,自然应该仰赖雇主获得他的食物和庇护之所,在他生病或年老的时候得到照料。即便在像冶炼这样的季节性职业中,普鲁士有一项法令,要求订立为期一年的合同。在法国工厂——尤其是造纸厂——幸存下来的一些账目中,供应给工人的食物和酒是经营成本中最显著的部分。很多法国企业有大片的农地,为的就是直接供应粮食。在瑞典,分给每个工人一个住处和一小块地的做法很常见。

散工外包关系对这些早期工资合同的形式也有影响,发展成了类似于现代计件合同的形式。在采矿和冶炼企业,尤其是这样。

工资的决定依然如此非理性、如此缺乏统一性,以至于很难(即便不是完全不可能)发现任何一般性的原则或标准。然而,我们已经看到,工业本身的改变并没有给原先事业兴旺的工人带来灾难;相反,新的行业倒是为此前在经济上一直很萧条的阶层提供了诱人的机会。

随着工业过程向工厂集中的发展,工厂里的劳动力组织也发生了改变。早期资本主义还没有看到沿着"劳动分工"的系统路线的任何大的发展,亚当·斯密曾经用如此之少的实例对"劳动分工"进行过如此精彩的描述。改变是沿着另外两条路线发生的,即在专家管理的组织上以及对未受过训练的工人的使用上。这两个趋势意味着"师傅"向"工头"演化。

利用妇女和儿童充当工人的做法比今天广泛得多,但我们必须懂得,这更多的是老习惯的延伸,而不是新习惯的引入。早在13世纪,巴黎大约有15个行当只有妇女从事,有80个行当是男女都从事。儿童的使用被认为既对他们自己有利,也对社会有利。1768年授予两位绅士的"新式纺纱机"的专利,生动说明了早期资本主义的这一精神,据称,这种机器的主要优势之一是:借助它,三四岁的孩子所干的活,可以像七八岁的孩子干得一样多。然而,工厂制度对童工的利用并不比行会制度更严重。手工业学徒制的教育手段被转变为提供廉价劳动力的手段。这种剥削童工的最早实例之一来自16世纪巴黎和里昂的图书印刷行业。一份满师徒工的抗议声明抱怨道,每台雇用5个工人的印刷机都是由1个满师徒工和4个学徒在操作(有时候甚至是5个学徒),并要求不允许企业主每台机器使用2个或3个以上学徒。我们已经看到,英国立法机关如何偏爱学徒制作为一种利用童工的手段。像采矿这样的行业也雇用童工,严格来说,这样的行业从未有过学徒制。10~12岁的孩子在德国银矿和铜矿以及英国的煤矿工作。

生产转变所回应的社会需求

在这个时候最好是回顾一下工厂——典型的资本主义工业单位——的早期发展,以便尽可能地认识一下,究竟是什么利益和社会需求促进了工厂对店铺的取代。从人的方面来说,它是君主(国家)和实业家的利益;从非人的方面来说,战争和奢侈品促成了——你几乎可以说是导致了——工厂制度的发展。

商人本身常常为了增加收入的目的而转向资本主义工业,波希米亚的金银矿的情形就是如此,统治者声称这些金银矿是他的权利的组成部分,然后为了获得收入而把它们"外包"出去。王室宫廷对高级奢侈品的需求导致了另一种王室企业的产生,哥白林的挂毯工厂——人们称之为"为国王生产家具的制造业"——是一个绝佳的实例。有时候,正如法国的丝绸工业那样,企业的建立,是作为私营企业的榜样和激励,为的是不让钱外流他国。类似的动机导致战争工业的建立:"彼得大帝需要一支正规军;这使他很是为难,他将不得不依赖汉萨同盟的各大城市、荷兰和英国供应服装、武器、火药、船只和海军补给品。他作出决定,要在自己的国家建立陆军、炮兵和舰队所需要的所有工厂。"这套办法在所有比较大的大陆国家实施了,并导致了生产各种军需品的国家工厂的建立,普鲁士君主甚至为了供应军队而开设了大规模的面包作坊。

散工外包制，正如我们已经指出的那样，构成了几乎纯抽象的资本主义关系，尽管它本质上是过渡性的，这一制度部分建立在这样一个简单而具体的需要上：工人需要资金，好让自己度过生产和销售之间的那段时期。有两段同时代的评论颇能说明这一点，英国1550年的一篇法令的序言说："大多数工匠都是穷人，无法提供能满足自己需要的原材料储备。"勃兰登堡1687年的一篇法令声称："有些织布工没有必要的资金为自己供应羊毛……而那些有资金的人则没有办法把他们的产品带到市场和商品交易会上去。"在法国（路易十四时期），我们听说整个国家只有4个家庭拥有制造玻璃的全套设备，但"还是不能维持他们的行当"，因此要求3个商人为他们的外包合同筹集资金。

然而，我们在这里更关注那些集中了的工业企业在资本主义企业家的管理下所取得的发展。仅仅一件事情导致人们在资本主义的基础上生产商品：希望在处置自己生产的商品时能有利可图。这一处置依赖于足够需求的存在。于是，有两个问题出现了：(1)对于有希望给企业家带来足够回报的产品的需求究竟存在于何方？(2)这个第一需求在何时何地创造出了对生产资料的第二需求？

我们已经讨论过富人、军队、造船业主、城市和殖民地新的商品需求的发展所带来的革命性影响。大多数这样的新需求可以概括为两大类：奢侈品需求和军队需求。实际上，一切重要的带有资本主义性质的"成品"工业，要么是奢侈品行业，要么是军用品行业，或者是为这两个行业供应生产资料的行业。

简单地浏览一下资本化行业的清单就足以显示，它所涵盖的奢侈品行业多么全面。食糖（当时是奢侈品）、巧克力、丝绸、蕾丝花边、刺绣、小饰品、挂毯、镜子、瓷器、珠宝、钟表、图书印刷，这些都是到1800年在形式上几乎完全是资本主义的纯奢侈品行业的实例。仅仅在部分程度上资本化的行业，为我们提供了甚至更有启发性的评论：在当时人们的意识里，"手工业"和"奢侈品行业"是两个截然不同的概念。正如梅西耶（Mercier）所言："一个人会说，投身于比奢侈品技艺更有用的职业，手艺人得到的回报是良心的安宁和生活的平静。"这一区别在很多行业得到了十分具体的说明。在英国，瓶装啤酒在大型酿酒厂里生产。早期的毛纺厂只生产精纺布料（英国的约翰·温什科姆，法国的范·鲁拜斯）。在苏格兰，销往殖民地的粗亚麻布是在乡下生产的，细亚麻布则是在爱丁堡的大企业里生产。棉布——最初是奢侈品，并在很长时间里是这样——作为一种新产品，几乎是为专门的资本主义组织提供了一个领域。"人人都必须有一顶帽子"出现在德国18世纪的一份企业发起计划书中；大多数帽匠"只为普通百姓生产劣质的小帽子"，因此应该建立"一家生产精美帽子的工厂"。

在建筑业——正如我们已经看到的那样——以及在家具行业，故事是一样的。正是齐彭代尔家族、谢拉顿家族和亚当家族发展出了资本主义组织，而另一方面，普通家具的生产和普通房子的建造，直到19世纪依然是手工业。

这一时期的军事工业显示了大致一样的发展。对于投掷弹、火药和步枪的纯军事需求，从很早开始就是由国家资本主义管理下的工薪工人群体来满足的，而不是由手艺人来满足。其他工业也受到了影响。所有大型铸铁厂直到18世纪都主要是大炮铸造厂。军队对布料和制服的需求，在很大程度上是由大型集中化的工业单位来满足的。在俄国，从彼得大帝的时代起，就建立了专门为军队生产的纺织厂。在英国、法国和普鲁士，军队对布料的需求影响了纺织工业各个不同的分支。资本主义服装工业——以生产成衣的工厂的形式——的起步，几乎完全要归功于军队对制服的需求。与奢侈品需求比起来，这种军事需求更多的是数量需求，而不是质量需求。

英国的纺织厂

消费品需求的增长和技术的强化给生产手段、工具和机器的生产带来了压力。例如，化工材料在各种不同的工序——从镀金和皮毛加工到染色和漂白——中的使用，需要大量硝石、硫酸盐、明矾、碳酸钾、硼砂及很多其他化学制品。船只的尺寸越来越大，商船队和海军舰队的船只数量越来越多：对铁、帆以及数百种不同的造船用品的需求必然随之而增长。就我们眼下所关注的问题而言，对每一种商品的需求也是对那种资本主义的大规模、集中化生产的需求。瑞典的铸铁工业，由于国王大力促进用于大炮铸造的高品质铸铁的生产,而被提高到了支配地位,它享有这一地位一直到了 18 世纪。英国纺织工业的发展,似乎直接导致了对更好的纺织设备的自觉需求。满足这一需求的旧式纺纱机和走锭精纺机,在纯资本主义的条件下生产、组织和经营。阿克赖特在很多方面是最早的现代大规模制造商。当铸铁的需求越来越大时,正如我们即将看到的那样,给木材和煤炭的供应带来了很大的压力,资本主义的煤矿公司所生产的煤炭很快就被投入使用。

资本主义的生产依然是为了富人,为了国家,为了企业家。至今尚没有依赖于像后来那样的广泛需求,是廉价生产使这样的需求成为可能。

资本主义工业究竟有什么样的优势,使它在这么多工业领域战胜了那种得到长期惯例的认可、在很多情况下也得到法律认可的手工业店铺体系?在部分程度上,答案就是我们已经指出过的、作为资本主义发展之必要条件的那些观察材料:(1)那些有进取精神的人们的发展需要;(2)这些已经控制了资本的人们需要引入新的工业组织方式;(3)必要的市场已经得到了发展,尤其是在大的军事组织和有奢侈品需求的城市人口中;(4)生产技术已经精细化为我们所指称的工厂的那种综合体;(5)已经发展出了组织化的劳动力;(6)必需的原材料和生产资料的供应已得到确保;(7)运输和商业组织的发展已经承担起了向市场供应和分销的职责;(8)国家授予了很多工业资本家以特权地位,尤其是在由那些锐意进取的个人或有经济头脑的政治家新近引入的产业中。

手工业制度没有能力与之竞争。正是生存的原则把它与古老的方式紧紧捆绑在一起,不能调整自己以适应新的方法。以传统方式限制生产力是手工业行会的原则,它没有也不可能有企业家的容身之地。另一方面,它不能调整自己以适应人们对新种类和新品质商品的需求:其间的区别——手工业生产粗制品,工厂生产精制品——我们已经充分提及。它不能按照军队、城市和工厂本身所需要的那种大规模进行生产。在这场新旧之争中,价格差别仅仅扮演了一个次要角色:资本主义工业的功劳,更多的是提高生产力,而不是降低价格。

在某些情况下,只有资本主义企业才能生产人们想要的商品;生铁就是这样,它只能被大规模的、造价高昂的企业所生产。就手工业和资本主义企业都生产的其他商品而言,也只有后者才能以足够大的数量和足够统一的质量来生产,以满足单一的大规模需求,比如军队的需求。就连收集上百个纺织工匠的产品的商人,也没有能力供应企业家从他的纪律严明的企业中所获得的那么统一的产品。只有资本主义的生产者才有足够的灵活性,以满足不断变化的时尚。大规模生产控制了更好的原材料(如荷兰的亚麻布);它使得生产过程的复杂分工成为可能,它使得对工人的更严密的监督和更充分的培训成为可能。

综上所述,在18世纪结束之前,资本主义企业组织已经在经济生活中为自己挣得了一个明确而重要的位置。这一组织在很大程度上与技术进步无关。它在一定程度上要归功于有需求的消费者与个体工人之间一个新的心理因素的介入——企业家的意志(通过市场联系),金钱的力量,使得工人在集中起来的、纪律严明的群体中为那些根本不认识的消费者生产,而消费者本人在生产的时候也不知道他们自己对这些商品的需求。新的组织注定要在19世纪发展得越来越庞大、越来越复杂,特别是它对新的技术设备的开发和应用,将使得经济活动的空前扩张成为可能。但是,资本主义的基本经济关系已经在工业活动的大型领域为自己挣得了与古老的手工业关系平起平坐的地位,这一点也与重大的技术进步无关。

第十章　18世纪末作为一个经济社会的欧洲

本章的目的是要以简明扼要的方式,回顾一下作为经济社会的现行组织的运转,它是我们前面几章所描述的那种发展的结果。欧洲经济社会如何运行？其基本观念是什么？这些观念如何落实到实践中？16、17和18世纪经济转型如何影响了欧洲各民族的政治和社会结构？

作为思想和感情的重商主义

关于18世纪的经济关系的基本思想和感情,被"重商主义"这个名称所涵盖。我们前面已经提到,重商主义是早期资本主义国家以及像柯尔贝尔和克伦威尔这些统治者的经济政策的基础。在这里,问题略有不同:作为一套系统思想的主体,重商主义是什么？在某个方面,它在一系列欧洲经济思想体系中是最早的,领先于重农主义、古典经济学和社会主义。与其他思想比起来,重商主义算不上是一套体系,部分因为它不是任何伟大思想家深思熟虑的综合的产物,部分因为它没有得到像亚当·斯密的《国富论》(*The Wealth of Nations*)或卡尔·马克思的《资本论》(*Das Kapital*)那样精心构思的系统阐述。事实

法国重商主义先驱、财政大臣柯尔贝尔

上,用一句方便而正确的陈述向大学生来介绍重商主义思想依然有点困难。最伟大的重商主义作者大概是查尔斯·达文南特(Charles Davenant),但他只是17世纪末、18世纪初众多论述经济学课题的英国作者当中最重要的一位。丹尼尔·笛福(我们前面经常引用他的话)、托马斯·孟[Thomas Mun,他的《对外贸易给英国带来的财富》(England's Treasure by Forraign Trade, 1664)是这一学派的典型产物]、乔治·查尔默斯(George Chalmers),以及18世纪末的谢菲尔德(Sheffield)勋爵,全都是重要人物。在法国,有孟克列钦(Montchrétien)、福博奈斯(Forbonnais)、内克(Necker);在德国,有贝歇尔(Becher)、施罗德(Schröder)、尤斯蒂(Justi),都是重商主义学派的伟大名字。

对重商主义的总体误解是如此普遍,以至于恰当的做法是首先说说它不是什么。重商主义不是这样一种理论:金条就是财富或财富的唯一形式。诚然,重商主义者全都敏锐地意识到了通货的慷慨供应在活跃的经济生活中的重要性。但把这一点提升为该学派的主要学说,就误解了重商主义者的根本关切。

他们主要关切的是国家的富强,他们的全部思想关注的是国家所体现的共同利益。"一个人热爱他的国家并服务于它"是托马斯·孟那部著名作品的出发点。国家的强大是他们的"政治算术"的主要目标,个人利益只是次要的。"国家的强大并不在于其领土的范围,而在于其人民的繁荣和数量。"在重商主义者看来,经济生活不是"自由力量的游戏",而是对组织化社会中经济活动的管理,为的是提供力量。

用来增强国力的经济方法,原则上很简单:提高这个国家的组织化社会的生产力(而不是提高个体工人的生产力——重商主义者始终不赞成任何在他们看来似乎有可能减少人口的技术改进)。生产力应该通过就业来提高,也就是让尽可能多的人在尽可能多的时间里充分就业。乞丐、流浪汉、妇女甚至儿童都要加以利用。工作时间必须延长,节假日和"烦闷的星期一"应该取消。生产性力量必须在最大可能范围内利用土地、原材料和人力。国家生产性力量的利用,必须通过提高土地、工人和交易体系的生产力(通过商业组织和运输的改进)来增强。为了处理剩余产品,必须发展对外贸易:"我们的产品出口是我们的一切贸易的基础……"达文南特这样写道。当然,最好的贸易是以最少出口换回最多物品(尤其是金条)的贸易,亦即针对附庸国的强迫贸易。

卡尔·马克思为19世纪的科学发现了资本主义;而为经济实践发现了它的特征和意义,则是重商主义者的功劳。他们认识到了企业家的价值:在贝歇尔看来,散工外包制是"公民社会的基础支柱"。重商主义者认识到了充足流动资本——尤其是以货币的形式——的重要性,以及劳动力供应的重要性:

"在英国,我们需要人手,而不是制成品"(达文南特)。他们念念不忘商品销路的重要性:腓特烈大帝的一位大臣坚持认为,他的 2 万士兵不是普鲁士的负担,而是一个幸福之源,因为满足他们的需求使得必须增长人口以增加就业。

有人问,是什么给这台庞大的经济机器以必要的推动力?重商主义者的答案很简单。在他们那个时代,商业的扩张给必不可少的交易工具的供应带来了很大的压力,黄金和白银依然是主要的普通支付工具,那种我们已经学会了的提高给定数量贵金属效率的手段依然没怎么发展,在这种情况下,他们的学说基本上是正确的。对 17 世纪和 18 世纪任何一个国家的经济社会来说,重商主义者对增加贵金属储备的强调都是对一个明显事实的简单认识。它不是重商主义学说的基本成分,它只是实现增强国力这一伟大目标的手段。"贸易带来(贵金属)储备;这一储备,如果得到恰当而勤勉的管理,就会使国家更好,并带来更多的各种用于出口的产品;它所带来的收益会增长,而产品将使得一个国家成为平衡中的获益者。"

重商主义经济学家的思想在用语上截然不同于古典经济学家的思想。我们前面已经指出,他们不操心"经济力量的自由比赛",这正是自亚当·斯密之后他们的后辈所全心关注的。他们的思想本质上是有机的、社会学的,与古典学派的机械观念形成鲜明对照。把国家(在他们看来,它是社会的组织化形式)比作人体组织几乎出现在他们所有人的著作中。"一个组织良好的国家的躯体,与一个动物的躯体之间,存在一种重要的关系,一种非常接近的相似性。"

重商主义者的注意力固定在商品生产上,而古典学派则关注分配的问题。另一方面,没有一个重商主义者有自己的价值理论,到大卫·李嘉图(David Ricardo)时代,他撰写的《政治经济学及赋税原理》(*Principles of Political Economy and Taxation*)一书甚至可以没有一章论述生产。对古典学派来说,经济原理是静态的;而对重商主义者来说,它是动态的。对后者来说,财富就是生产的能力;不像对他们的后辈来说,是已收集商品的总和。就连货币,也只有当它有助于"保持运行中的机器不断运转"时,才是财富。他们的目标是一个理想的实现,而不仅仅是对一种状况的观察。

在某种意义上,重商主义者是科学经济学的先驱,因为他们把思考的结果应用于经济问题。然而,在更真实的意义上,他们履行了不同于科学经济学家的职能,更像是李斯特(List)、杜林(Dühring)和亨利·凯里(Henry Carey)这样一些人(他们本质上是宣传家)的先驱,而不是亚当·斯密、魁奈(Quesnay)和李嘉图的先驱,这些人是科学经济学真正的创立者,即把经济学看作一套静态原理。

第十章 18世纪末作为一个经济社会的欧洲

重商主义影响的伟大纪念碑是很多法律和条约,政府试图凭借这些法律和条约,以能够增加其臣民的活力和繁荣的方式来组织经济过程。说到这一影响的发展,可以把15世纪的任何政府行动与18世纪的任何政府行动进行比较,从而看出端倪。例如,英格兰国王亨利七世与勃艮第公爵为了方便各自臣民的贸易而在1498年签订的《大商业条约》(Intercursus Magnus)引起了人们的关注,因为它在那个时代几乎是独一无二的;在18世纪,绝大多数议会法令(或会议)和条约,都完全(或大部分)专注于这样的问题。

大英帝国的海上霸权与重商主义政策不无关系

英国的航海条例和法国的限制性制度,大概是欧洲最深思熟虑的重商主义制度。18世纪的观察者(英国的和非英国的)都同意,英国能够在海上赢得对荷兰和法国的优势地位,因为航海法律而变得更容易,即使不是由它直接导致的。在1715~1789年间,法国享受了一段稳步增长的经济扩张的繁荣时期,由此带来的进步,直到我们今天依然很难超越。我们不可能说,资本主义政策是灾难性的。像大多数被大规模群体所信奉的学说一样,重商主义持续的时间太长了,寿命超过了它的有效性,成了假的学说。到18世纪末,通货的问题对于西欧各国来说已经基本上得到解决;从属于政府并得到政府支持的组织经济力量的问题也同样得到了解决;产量的提高创造了一个新问题,也就是分配的问题,它是古典学派所承认的功能(要留待未来解决)。各国都已认识到,它们最好的市场不是在殖民地,而是在有利可图的相互交换中。

实践中的重商主义

实践中的重商主义是争夺外国市场,尤其是殖民地市场("出口是我们贸易的生命"),以及对贵金属的争夺。

资本主义早期之末见证了对外贸易总额的迅速增长。1700～1792 年间,英国的进出口平均总额从大约 12 000 000 英镑增长到了 36 000 000 英镑。1716～1788 年间,法国的进口额翻了 6 倍,出口额翻了 4 倍。

三个最重要国家——英国、荷兰和法国——的进出口贸易总额从大约 300 000 000 美元增长到了大约 500 000 000 美元。这三个国家的贸易总额远远高于其他国家。在 18 世纪末,葡萄牙的外贸总额约为 25 000 000 美元,意大利是 37 500 000 美元,西班牙是 40 000 000 美元,德国是 60 000 000 美元。在 18 世纪初,荷兰轻而易举地名列前茅,法国第二,英国第三。然而,在这个世纪,三个大国的位置刚好颠倒了过来,荷兰把它的优势地位一直维持到了世纪中叶,在最后一个 10 年,英国已经遥遥领先于法国。

然而,就人口比例而言,荷兰依然像它在今天一样:稳居第一。下面这张表格显示了 1790 年前后几个主要国家的人均进出口贸易总额:

国　家	人均贸易总额(美元)
荷兰	75.00
英国	17.50
法国	10.00
葡萄牙	7.50
西班牙	5.00
德国	3.75
意大利	2.50

当然,我们应该懂得,这些数字都纯粹是建立在估计(无论是贸易额还是人口)的基础上,因为准确的数字根本没有。把它们与 1910～1911 年间的数字进行一番比较颇为有趣,这些数字表明,荷兰以人均 425.00 美元位居第一,英国以人均 137.50 美元位居第四,法国以人均 87.50 美元位居第五,美国以人均 37.50 美元位居第九。(1924 年,最后一个数字上升到了大约 70.00 美元。)

国际贸易也在相当程度上拓宽了它的领地范围,部分是由于 15 世纪的一些发现。印度的贸易,16 世纪和 17 世纪的香料、18 世纪的食糖和烟草,成了"海外贸易围绕它旋转的主轴"。安德森(Anderson)这样描述英国:"我们的东印度和西印度贸易是最为突出的,是我们庞大的商业构造的两大支柱。"在荷兰,印度贸易从 17 世纪初的大约占总贸易额的 1/10 增长到了 18 世纪末的大约 1/4。英国与殖民地地区的贸易从 18 世纪第一个 10 年占贸易总额的

21.9%增长到了第八个10年的40%;法国与类似地区的贸易从1716年占贸易总额的18%增长到了1787年的33%。

所有国际贸易的目标都是要让各自的国家在贵金属上变得富有。这一时期三个最富有的贵金属来源是西属殖民地(银)、葡属巴西(从17世纪末开始)和非洲(金)。洪堡在18世纪晚期估计,大约价值42 000 000比索的商品(包括走私商品)被西属殖民地拿去了,给欧洲换回了大约价值38 500 000比索的贵金属。直接或间接地,所有这些贵金属基本上都进入了欧洲商业的流通渠道。荷兰看似获得了西属殖民地白银的主要份额,要么通过销售他们自己的商品(用西班牙商人作为名义上的代理,同时也以他们自己的名义与各殖民地做生意),要么通过他们自己的美洲领地(尤其是库拉索岛)走私。1688年,法国大臣塞涅莱(Seignelay)在一篇给路易十四的备忘录中估计,荷兰人每年给国内带回5 000 000弗罗林,作为第一类贸易的利润,与西班牙人的直接贸易所挣得的利润大致相当,还有来自走私的未知利润。同一时期,尤其是波旁王室家族的腓力五世登上了西班牙王座之后,法国在他的恩准下可以直接参与同西属殖民地的贸易。因此白银开始源源不断地从西班牙流入法国,直到1789年。那一年,法国向西班牙出口了价值87 000 000法郎的商品,而只从西班牙进口了价值41 000 000法郎的商品;差额是用硬币支付的。英国直接或通过它的北美殖民地参与了走私贸易,并在1713年获得许可,一年可以运送一船50吨货物至波多贝罗。与它为进一步的走私所提供的基础比起来,这一做法对于按这种方式进行的合法贸易来说并不那么重要。与西班牙之间的以及通过加的斯与各殖民地之间的合法及半合法贸易,总是给英国带来更大的贸易顺差,从1770至1780年,英国从西班牙的进口额是平均每年2 230 000美元,而对西班牙的出口额是平均每年4 500 000美元。谢菲尔德勋爵估计,1700~1773年间,英国共出口了价值150 000 000美元的商品到北美殖民地,从各殖民地的进口额大约是50 000 000美元。差额主要是用白银和黄金支付的,而这些金银是通过与西属殖民地之间的走私贸易的复杂渠道挣来的。

18世纪初,在巴西富有的金矿和钻石矿被发现之后,与葡萄牙之间的贸易再次变得十分重要。1703年的"梅休因条约"使得葡萄牙和英国结成了如此紧密的关系,以至于葡萄牙人的黄金几乎全都流向了伦敦的市场。一位同时代的观察者写道:"我们从葡萄牙那里获得的贸易差额比从其他任何国家获得的都要大。通过这一条约,我们的出口额从大约300 000英镑增长到了接近1 500 000英镑。"在1700~1780年这80年的时间里,这种贸易顺差,加上获得葡萄牙人的黄金的其他手段,比如英国人在巴西的殖民地投资,大概使价值

120 000 000英镑的黄金流入了英国。

与非洲的贸易是英国和法国的另一个巨大的"顺差"之源,也是硬币形式的净利润之源。对这两个国家来说,它与奴隶贸易捆绑在一起,结果不仅源自同非洲本身的贸易,而且还源自同西属殖民地市场的交往,这些市场把优惠给予了法国,把许可给予了英国。传到我们手里的统计材料表明,到18世纪末,两国在非洲贸易中的顺差都接近每年5 000 000美元。

德国和奥地利在次要程度上依然是黄金和白银的生产者。哈布斯堡王朝保持了它们的进出口大致平衡,但在1787~1789年间,与德国的贸易给法国带来了10 000 000美元的顺差,贸易总额是111 000 000美元,而英国的顺差比例相同,总额更小。

这一金银的流入,其影响因为贵金属稳定地向东方流出而有所减少。洪堡估计,每年从美洲向西欧各国流入的金银,有一半以上流向了印度、中国和累范特。在18世纪中叶,英国每年从印度和中国进口大约价值5 000 000美元的商品,而对这些地区的出口额大约只有这个数字的1/3。1787~1789年间,法国的进口额大约是34 000 000里弗,出口额约为17 000 000里弗。

三个主要商业国家之间的贸易平衡对荷兰严重不利,有利于法国,与另外两个国家相对尤其有利于英国。在大革命之前的那些年里,法国对荷兰的贸易顺差高达15 000 000里弗,贸易总额为65 000 000里弗。从1700至1780年,据估计,荷兰对英国的负债增长到了116 000 000英镑。

在这些欧洲国家之间,贸易逆差的清偿主要是通过资本输出来实现的,资本输出在18世纪开始形成规模。在16世纪,它已经作为一种灾难性的现象出现在宗教难民的移民过程中。然而,在18世纪,那些组织化程度更高的国家,尤其是荷兰,开始用无形输出来支付。就荷兰的情况而言,外汇业务(当时依然集中在阿姆斯特丹)高达约200 000 000弗罗林。正如我们已经看到的那样,贴现和海上保险也大规模地发展起来了。资本的直接输出(与金融服务不同)采取了下列形式:(1)抵押贷款,尤其是在英属、法属及荷属殖民地;(2)直接投资,像在英国那样,18世纪前10年的中期,英格兰银行1/3的股票被荷兰人持有;(3)向各国君主发行的公债,在这一领域,荷兰人和瑞士人很久之前就已经取代意大利人和德国南方人。

在18世纪,英国也成了债权国,尽管正如我们已经看到的那样,其相当可观的一部分公债(1/8~1/7)和英国公司的很多股票被国外持有。英国债权头寸的主要财务项目有:对外贷款、来自远洋运输和海上保险的利润(在这些领域,英国正在取代荷兰)、来自印度的税收、来自在别国之间(如印度与中国之

第十章 18世纪末作为一个经济社会的欧洲

阿姆斯特丹曾经是欧洲的金融中心

间)进行的贸易的利润、来自外国殖民地投资的利润。在账目的另一栏,记载着非常可观的一项:为了战争的目的在外国的开销,其表现形式是津贴和雇用外国雇佣兵。然而,这笔开支也带来了有利的结果,即为英国商品开辟了新市场,因此而导致的汇费增长鼓励了商品出口。

显然,英国所获得的大部分白银和黄金都转向了消费用途。与葡萄牙和非洲的丰富的黄金供应之间的联系逐步导致白银被排除在货币供应之外(在乔治三世的统治下,直至1780年,只铸造了7 126英镑银币),以及金本位制的建立。正是在18世纪,英国富裕之家开始大规模地收藏金银餐具。

在法国,硬币供应从1715年的7.3亿里弗的低点增长到了1784年的约22亿里弗。这是18世纪获得超过54.9亿里弗黄金和白银的结果。据同时代一位能干的统计学家阿诺(Arnauld)说,这55亿里弗金银的用途分配如下:

用途分配	金额(里弗)
1. 铸币	1 268 614 000
2. 消费(餐具、首饰等)	1 752 000 000
3. 流向亚洲	617 481 000
4. 支付外国的津贴、养老金等	1 095 000 000
5. 教皇宫廷	262 800 000
6. 重铸银币	216 000 000

硬币在几个欧洲国家的分配也很有意义：

国　家	年　份	人均数额（法郎）
英国	1800	63
法国	1791	75
荷兰	1823	107
西班牙	1782	50
葡萄牙	1788	50
普鲁士	1805	22
俄罗斯	1815	4

资本主义与社会

到18世纪末，资本主义的发展已经对欧洲的社会制度和政治制度产生了严重的影响。首先，它对国力的巨大增长作出了重大贡献。新兴的商人在思想上是民族主义的，既不是地方主义的，也不是国际主义的。他们为君主制消灭贵族的封建地方主义和平民的经济地方主义提供了动机、手段和方法。另一方面，国际经济组织迄今为止尚不是什么问题。即便是在金融领域，走向国际主义的决定性步伐尚没有跨出去。只有荷兰，因为其存量资本与国土之间比例失衡，开始了国际金融的系统实践。

各国凭借重商主义贸易政策所采取的明确方向，即土地出产的剩余产品的开发和销售，而变得更加接近于自给自足。

重商主义者十分关心的人口有了极大增长，尤其是在18世纪。下面这张表显示了一些特定国家的人口增长：

单位：百万

国　家	年份/人数	年份/人数
英国	1700/5.5	1780/7.9
法国	1700/19.0	1787/23.0
荷兰	1737/0.98	1805/1.9
意大利	1700/14.0	1800/17.0
普鲁士	1740/3.3	1790/5.6
奥地利	1754/6.1	1784/7.9

第十章　18世纪末作为一个经济社会的欧洲

国家税收甚至出现了更大的增长。法国国王的收入从16世纪末的约10 000 000里弗,增长到了18世纪初的约200 000 000里弗,在18世纪末达到将近500 000 000里弗。英国政府的税收在伊丽莎白时代约为500 000英镑,1700年是4 000 000英镑,1801年是34 000 000英镑。此外,各国都极大地增加了它们对政府信用的使用。法国君主在1789年拥有超过4 000 000里弗。英国1793年的公债超过261 000 000英镑。

社会关系和社会阶层受到了财富巨大增长的激烈影响。只有一些估计数据可用;不管它们多么不准确,但全都一致反映了非常明显的财富增长。英国的总财富将近翻倍,法国的财富似乎超过了翻倍,欧洲大多数地区的所有迹象和同时代的估计都证实了类似的扩张。

早期资本主义有一个最重要、最典型的特征,这就是:所有欧洲国家自始至终都是"出口土地产品",亦即自愿地以原材料或制成品的形式输出其土地的剩余产品,并自由地进口精选商品,大部分服务于给生活增光添彩的目的——出口和进口对其中任何国家来说都不是必不可少的,荷兰和挪威可能是例外。进口到荷兰的谷物数量巨大,但大多数进口谷物都被再次出口。挪威对外国食品供应的依赖比任何其他国家都要大,但就连挪威的出口也是土地生产的木材剩余。即使是像瑞士这样的工业化国家,在19世纪中叶,其5/6的谷物需求也是本国生产的。只有在一个领域,即造船工业,西欧国家不得不转向其他国家寻求木材和铁。在森林工业,它们不再是土地出产国。

外贸履行了重商主义者分派给它的职能:(1)为商业国家提供资本主义发展所必需的金条;(2)起到在几个民族之间分配土地剩余产品的作用,并刺激分享这一剩余所必需的生产能量;(3)使得受剥削的海外地区和中东欧各国的产品大量涌入西欧国家。

由于企业的扩张和劳动力供应的增长(既通过人口的增长,也通过空闲和半空闲人口的就业),生产力得以提高。人民的工作时间似乎比中世纪时期更长,劳动强度更大。更多的土地得以耕作,新产品被引入,森林尤其得到了更集中的利用。新人口地区的这一发展的一个实例是渔业的增长,它最早是由荷兰发展起来的,对英国和法国的经济生活有着同样重要的意义。动力,尤其是水力,在工厂被广泛利用,正如我们已经看到的那样(参见第四章),尽管蒸汽动力的应用在1815年之前无足轻重。航道和公路的改进在生产力的发展中也意义重大。

劳动力的效力也增长了,不仅仅是通过工业技术和工业组织的发展,而且还通过商业和交往的技术以及组织的发展。

欧洲的财富，有很多来自不受限制的对其他民族的剥削。种植园体系很大程度上是建立在强迫劳动的基础之上，尤其是黑人奴隶制。东印度的贸易建立在强迫当地人交出商品的基础上。达文南特写道："凡是严格而细微地审视我国事务的人都会发现，英国曾经拥有的财富，主要来源有二：第一，我们的种植园贸易；第二，我们的东印度贸易。"

社会不仅变得越来越富裕，而且也开始呈现出资本主义组织的典型特征。它正变得机械化——在那种经济关系中人身接触的意义上，那种一手交钱、一手交货的交易，雇主与工人的家庭关系，以及家庭联合（作为商行），正在被非人格化的市场所取代。高度组织化的市场是一台机器，决定着商人的价格、劳动者的工资、发明者的回报，而不考虑他们的需求或他们的应得，既没有歧视，也没有偏袒。

中产阶级成了顶级阶层

财富，即生产力的控制权，也带来了新的社会分化。中产阶级正在成为顶级阶层。古老的分类：王公贵族、平民百姓、下层贫民，在18世纪完全乱了套。老的形式由于老的象征被修改得包括新的势力而暂时免于消亡。法国的金融家、英国的富豪，接管了老贵族的头衔和特权。另一方面，古代贵族就其活动及其与经济生活的关系而言，本身大多成了资本主义的中产阶级。拉法耶特（La Fayette）侯爵是法国最令人自豪的贵族家庭之一的成员，在美国独立革命之后，他用了几年的时间，试图改正法美贸易关系的糟糕组织。

正是这个中产阶级（成为了顶级阶层）统治着法国，尽管体制是老式的，而且当体制与现实之间的矛盾变得太过明显的时候，他们便发动革命，以打破旧的体制。商人和制造商成了英国议会中占支配地位的成分。荷兰的商人，作为大议会(还有省议会),作为东印度公司,统治着荷兰。

与"中产阶级"相对应,还出现了一个无产阶级。无产阶级远非现在的阶级意识,而是流动人口,在像伯明翰和曼彻斯特这样一些新秩序的中心构成了人口巨大增长的主体,基本上由没有财产的劳动者组成,是企业家借助非人格化的工资制任意支配的经济对象。

早期资本主义的限制条件

在 19 世纪之前,资本主义的发展与它在 19 世纪的最后阶段比起来,缓慢得令人吃惊。为资本主义赢得的经济活动的领域是有限的和专门的。不仅农业,而且还有工业生产和分配的绝大部分,都依然禁锢在中世纪的传统形式和过程中。所有领域(不管是资本主义还是非资本主义)的经济生产率与后来的水平比起来依然微不足道。这不能归咎于现代方法的无效。我们已经看到,荷兰的批发贸易显示了几乎完全现代的特征,所有国家的工业组织都带有现代工厂的特点,大规模钢铁生产的意识形态基础与现代冶炼厂是一样的。当 18 世纪的经济生活看上去如此不同的时候,为什么远远没有达到 19 世纪所取得的那么巨大的发展呢?本书中常有机会提及:在有关联的历史事实中,原因是不可知的,没有关联的就更不用说了;在这种情况下,唯一要指出的可能是:一些心理和智力条件是这种相对迟缓的部分原因。

我们不妨首先看一下阻碍个人不能充分遵循资本主义生活方式的几个心理条件。18 世纪的资本家依然是只要获得足以维持舒适生活的收入之后便立即退休。在英国,他会购买一处乡村庄园,成为一个绅士。在法国,他会为自己——或者,更常见的是为儿子——购买一个贵族头衔。在荷兰,他会把自己的资本投资于外债。这笔潜在的资本,其本身对于资本主义经济活动的发展来说,在国家手里可能比在"所有者"手里更有意义。另一方面,"所有者"和潜在企业家与企业的这种分离,当企业家依然较为罕见的时候,是某种重要价值的净损失。

正如我们已经看到的那样,政治条件整体上对资本主义非常有利,即使在手工业组织保住了立法支持的地方,富有进取精神的资本家也不会让自己受到妨碍。然而,国家依然保持了很多封建出身的东西,在很多方面达不到今天已属平常的对资本主义经济的完全服务。即使在英国,也只是在 17 世纪末,货币和金融才以一种有益的、合理的方式组织起来。在西班牙、法国和德国,不合理的税收和同样不合理的开支起到了商业冒险的作用。你只需想想,在法国,

1789年的现代商人依然不得不扫除数不胜数的内部关税壁垒。国家甚至没有充分履行治安管理的职能。劫匪和海盗在1800年的经商风险中占到了相当大的份额。在很多地区，专门针对海盗的海上保险费高达10%~20%。

宗教统一的激情导致不止一个国家采取特殊的措施，这些措施对一般意义上的经济生活及特殊意义上的资本主义经济的发展都是灾难性的。荷兰和英国相对宽松的宗教容忍和热情好客，意味着资本家阶级在这两个国家持续不断地增强；西班牙对异教徒、无信仰者和犹太人的驱逐和排斥，意味着资本和有资本主义头脑的人的巨大流失。《南特敕令》的废除（1685年）明显拆除了柯尔贝尔劳心费力构建起来的现代经济体的一大部分，使得法国在资本主义发展上倒退了几十年。

战争对某些资本主义企业的组织作出了强有力的贡献。"三十年战争"在德国造成的破坏，以及路易十四及其继任者的战争所造成的破坏，摧毁了很多刚刚萌芽的资本主义企业。更糟糕的是，它们往往扰乱了资本主义的精神。1689年，尼姆的一位市民写道："没有一个人工作，战争就是原因。"商业关系的中断使整个工商业的所有分支陷入瘫痪，彻底摧毁它们的情况也并不少见。荷兰与法国之间的贸易尤其是这样。总的来说，从历史观点来看，战争需求和战争方法对资本主义企业的发展作出了贡献，很可能像和平时期作出的贡献一样大，甚或更大，取得的进步也更迅速。

18世纪文明在技术上的不足，对正在发展的资本主义来说甚至是更大的阻碍。卫生条件的不足急剧削弱了欧洲人口旺盛的繁殖力。瘟疫直到1666

瘟疫曾给欧洲文明带来重创

年之后才从英国消失,直到18世纪才从欧洲大陆国家消失。直至19世纪末,斑疹伤寒、天花和霍乱作为持续不断的危险一直没有消停过,尤其是在大城市;而黄热病刚刚得到了控制。这些事实的经济意义,可以通过巴拿马运河修凿时的条件,最方便地得到说明:没有高度组织化的卫生控制技术,这项工程是不可能完成的。在18世纪,卫生控制技术的缺乏,意味着经常性的灾难,大批消灭组织化的劳动力,持续不断地消耗着城市的人口,那里的死亡率通常大大高于出生率。在伦敦(这座城市可以被看作极端实例),1761年登记的出生人数是16 000人,而死亡人数是21 000人。

在运输和生产领域,技术的不完全发展也在不同的方面限制了资本主义的发展。对经验主义方法的坚持,在前面已经讨论过。对有机力量(人力、畜力和水力)和有机材料(木材、棉花和羊毛)的依赖,需要认识到一个由土壤生产力所决定的非常明确的限制。每一个人、每一头牲口,实际上都需要投入很多土地以维持生存,在高度发展的运输体系尚不存在的情况下,可用土地的总量非常有限。

此外,工业技术的缺乏使得复杂工序受到了每个工序中效率最低成分的约束。18世纪中叶,在纺纱机发明之前,织布受到了纺纱工较低产量的限制。据估计,一般而言需要10个纺纱工才能保持1个织布工有活可干。钢铁工业的情形也类似,冶炼工是这一行业中技术发展程度最高的,他们的生产受制于发展程度较低的矿石生产以及更低的煤炭供应。生产过程中的不同成分所受到的这种不平等压力,典型地导致了生产成本过高以及市场的收缩,由此又导致更高的成本,总的来看,还导致资本主义组织发展的严重受限。在哈尔茨山,生产1吨铁的成本从18世纪初的50.14马克增长到了1801年的67.38马克。在英国,1吨钢的价格从1566年的21英镑11先令8便士增长到了1753年的50英镑。整个形势在18世纪早期的一份手稿《一个八旬精纺工人的回忆》(Reminiscences of the Worsted Man, by an Octogenarian)中得到了很好的记述:"生产必然受到了限制,不断增长的需求不可能有成比例增长的供给来予以满足。"

然而,最终的限制是日益临近的、看得见的森林枯竭所设置的。欧洲的经济生活依赖于木材供应。木材是住所、工具、马车和船只的原材料;它还是一些重要辅助材料(沥青、松节油、碳酸钾等)的来源;它是普通的燃料,不仅供家庭使用,而且供工业企业使用:陶瓷厂、玻璃厂、石灰窑和砖窑,尤其是采矿和冶炼工业。当木材被耗尽的时候,玻璃厂总是从一个地方搬到另一个地方。生产100磅铁条需要350~1 400磅木炭。洛林的一家冶炼厂雇用了21个工人，一年用光了345英亩木材，以供应它一半的燃料需求。

早在17世纪，几乎所有西欧国家都开始认识到木材供应所面临的威胁，正如很多法令和规章所证明的那样。在威尼斯，石灰窑被禁止使用木材，"除非它来自伊斯的利亚半岛"。1560年，讷韦尔的市民请求法国国王"拆除、夷平并摧毁"本城周围3里格范围内的冶炼炉，为的是确保家用木材的供应；他们的请愿获得了批准。整个17世纪和18世纪，一连串的法令禁止工业使用能够用于建筑和燃料的木材。在德国各州，冶炼被限制在一段有限的时期内，一年8~12个礼拜。在17世纪，很多钢铁厂因为缺乏燃料而关门大吉。在英国，除了建造房子和给房子供热的需求之外，对造船工业的关注导致立法（1559年）禁止沿海14英里范围内开设钢铁厂。燃料的匮乏发展到了非常严重的程度，以至于18世纪见证了英国钢铁工业的衰落。然而，尽管有立法限制，欧洲各地的森林规模还是在下降。托斯卡纳地区1400年有3 474平方英里森林，而1842年只有2 435平方英里。法国1750年有7 500平方里格森林，而1825年只有2 213平方里格。英国在中世纪有79片森林，在19世纪初只剩下温莎、迪安、舍伍德和新森林。

多瑙河上放筏运木材

越来越严重的短缺，通过从森林国家进口森林产品和木材来满足。英国的北美殖民地受到重视的一个主要原因是它们的森林产品：木材、松节油和沥青。然而，正是斯堪的纳维亚半岛，提供了最可利用的资源：横跨北海和波罗的海的贸易变得头等重要。人们也作出了种种努力，引入更经济的使用木料的方式，用其他材料取代木材。这些努力有了一些成果，尤其是在用苏打和碱性产品取代碳酸钾上。煤作为燃料仅仅对于家庭供热才重要。人们还没有学会用煤冶炼金属,也没有学会建造钢铁船只。人们对"木材危机"感受最深的,正是在这些行业。安德森在他的《商业的起源》(Origins of Commerce)一书中告诉我们,英国在 1730 年大约生产了 17 350 吨钢铁,"据说,这个数量不能再增加了,因为我们消耗的木材太多,以至于极大地抬高了冶炼铁矿石所使用的堆积木材的价格"。在法国,"很多冶炼厂不得不关门大吉,因为木材的成本吞噬了一半以上的产品价值"(1836 年)。

  总的来说,欧洲人普遍缺乏木材,在当时的环境下,木材对其经济生活和经济制度的发展是必不可少的。不断增长的财富使得 18 世纪的生活光彩照人,它源自系统性的资源枯竭,其限度已经出现。木材正在消失,殖民地作为扩张地区因为越来越高的航运成本而正在关闭;在母国,土地得到了充分的利用,生产力因为人力的有限供应和原材料的有限供应而受到了限制。"欧洲的经济文化明显达到了发展的临界点,此前的一切文化都曾达到过这一点,其中没有一种文化跨越过。"从这一点起,它们全都要么在灾难中土崩瓦解,要么衰落为一种平和的、个体的小农经济。西欧文明是如何克服了它的危机,并发展出了历史上的其他文明都不曾有过的那种东西——即"全盛资本主义"的制度——呢? 这就是我们接下来的主题。

第四篇

占主导地位的
资本主义

第十一章 经济能量的释放

我们现在来研究经济活动的资本主义形式达到其成熟和充分发展的那段时期。大致来说，这一时期就是 19 世纪。毫无疑问，我们不可能准确地使用 1800 年作为始点，以 1900 年作为终点。事实上，强调任何两个年份作为这一时期的定义都是误导性的。在欧洲世界的不同地区，"全盛资本主义"的典型特征出现在 1750~1850 年间的不同时期。一般而言，研究历史进程的学者都觉得最好是把他的一个时期的起点和终点定义得非常灵活。一个菜园提供了一个很好的类比：谁能说它的生长期始于何时？是第一棵胚芽露出地面的时候？还是大多数植物出现的时候？抑或是它们全都破土而出之时？没有一个时间点完全令人满意，然而，对于任何一个琢磨一个菜园的人来说，"生长期"都是一个很有用的概念。

全盛资本主义时期的终点更明确一些，即 1914 年。战争所带来的灾难对欧洲经济组织的影响大为剧烈，以至于任何一个当前经济生活的观察者都会觉得：与战前的经济生活比起来，它完全是另一回事，是一个新的阶段。但它是什么呢？要判断最后的发展所采取的方向，依然为时尚早。因此，本书不想回答这个问题。偶尔会提到 1914 年之后的事情，为的是说明更早发展的制度习俗。

全盛资本主义的特征是什么？这一部分的整个内容暗含了这个问题，在给出更全面的回答之前，试着给出一个简明扼要的答案或许是有益的。以最简洁的方式，这些特征可以这样概括如下：

(1)所有前资本主义制度的彻底消失：很明显，社区农业、行会工业、城镇商业、整个生存经济,以及作为过渡时期特征的大多数折中主义转变,全都消失了。

(2)经济活动的一切形式完全实现了资本主义的特征:合理化、去人格化,以及把经济活动的目标抽象为利润。凡是能够找到这些特征的地方,必有全盛资本主义的领地。

更具体地说,我们将看到一次独一无二的技术发展:新的机械发明、新的货币和银行手段、新的运输系统、新的劳动力组织。我们将看到,国家成了经济社会的工具,它的整个活动受制于促进繁荣的目的——与重商主义观念形成鲜明对比;重商主义认为,经济活动的目的是要对国家的强大作出贡献。我们将看到,新类型的人实现了对经济生活的控制,因此也实现了对国家的控制:民主。

从数量上说,19世纪见证了经济能量的一次巨大释放。越来越多的人,越来越多不同类型的人,成了资本主义企业的领袖,并更彻底地投身于经济生活。

1872年,白芝浩(Walter Bagehot)在他的《伦巴第街》(*Lombard Street*)一书中抱怨,那些"继承了良好教养和巨额财富的"古老的商人家族,"可以说,被肮脏下流的乌合之众挤出了场外……这些人渴望立刻交易,他们为了得到业务而生产劣质商品"。白芝浩的抱怨反映了全盛资本主义的一大特征:成为经济领袖的机会扩大到了新的社会阶层。

经济领袖大概既是自己环境的创造者,也是它的被造物。然而,正如白芝浩在谈到他那个时代的新人时所暗示的那样,有些东西总是产生于那些处在权力中心的人的品格。资本主义的驱动力就是资本主义的企业家。

毫无疑问,在我们已经审视过的那些发展时期,处在经济领袖位置上的人表现出了这几个时期截然不同的品格。在中世纪,封建王侯、教会领袖、乡村村长,都是有机地组织起来的农业社会理所当然的首脑;贵族商人是最重要的行会理事,也是干劲十足的市镇官员。在资本主义早期,来自各个社会阶层的富有进取精神的个人在新的经济形态中彰显活力,但是,正是国王和他们的大臣,"牵着平民百姓的鼻子,拽着他们的手臂,把他们拖向了新的利润之源"。在资本主义后来的那些日子里,这一功能不再需要了:市场使得企业家能够控制资本主义企业所必需的力量。

通过市场,企业家能够掌控其他人的资本,而不是自己的资本,或者除了自己的资本之外。通过市场,他能够得到高级技术员、会计师、销售员、效率工程师的服务,把很多职能转交给了他们;而在18世纪,更早的企业家们把这些职能视为自己特别操心的事。因此,企业家或商人往往把自己的活动限制在政策和方向、人员和措施的选择这些一般性的问题上,而不是直接参与企业的生产或销售的日常工作。

因为"企业家"这个概念的范围有点不太确定,所以有必要作出两个更细致的区分。一个成本会计师,如果发现对业务流程进行某种改组可以节省10%的生产成本,他可以向经理报告他的发现。他显示了企业的品质,并确实履行了企业的某项职能,但他并不是企业家。那个冒着利润降低的风险、决定应该作出改变的人,才是企业家。另一方面,从底层起家的企业家很可能会参与履行他感兴趣的某些职能,正如一个将军可能继续是一名神枪手:在他这样做的时候,他不是纯粹的企业家。

企业职能的这种剥离使得职能的"横向"整合成为可能。数量较少的董事可以充当整个一连串企业的领导人。1912年,J. P. 摩根公司的10名成员占据了38家公司的63个董事职位,总资本超过10亿美元。

现代企业家可以区分为3种类型:技术专家、销售者和金融家。技术专家从一项产品、一个发明或一种组合开始;销售者从市场的角度看待问题;金融家提供必要的资本。福特(Ford)在他的第一阶段是第一种类型的典范,后来是第二种类型的典范;爱迪生(Edison)几乎是第一种类型最纯粹形式的典范;卡内基(Carnegie)、克虏伯(Krupp)、西门子(Siemens)和阿尔弗雷德·皮尔森(Alfred Pearson)爵士都属于第一种类型。美国的拉斯科布(Raskob)、舒尔特(Schulte)、彭尼(Penney)、伍尔沃斯(Woolworth),英国的塞尔弗里奇(Self-

年轻时的西门子

ridge)、利普顿(Lipton),德国的拉特瑙(Rathenau),属于第二种类型;美国的摩根(Morgan)和范德比尔特(Vanderbilt)、英国的阿尔弗雷德·蒙德(Alfred Mond)爵士、法国的卢舍尔(Loucheur)、德国的施廷内斯(Stinnes),都是金融企业家的实例。

在令人吃惊的程度上,这些群体都是"第一代",即没有从家族继承来的社会地位或财产的帮助,而是凭借自己的力量挣得了他们作为企业领袖的位置。

查普曼(Chapman)和马奎斯(Marquis)从统计学上显示了,英国棉纺工业大约有3/4的企业领导人是"第一代"。在美国,卡内基、罗杰斯(Rogers)、彭尼、哈里曼(Harriman)、福特、费尔斯通(Firestone)、拉斯科布仅仅是这一现象的典型。在德国,大多数企业领导人出身寒微。航运巨头巴林(Ballin)是作为一个移民中介起家的;金融巨头邓恩伯格(Dernburg)和赫尔弗里希(Helfferich)来自专业人士家庭;AEG公司的创始人之一西门子,在他拿着借来的6 000泰勒作为电话线路的架设商开始起步的时候只是一个炮兵中尉。

另一方面,活跃的经济领袖仅仅在很少情况下才像王朝一样延续了下来:罗斯柴尔德家族是例外,只要他们能继续保住他们的领袖位置,像美国年轻一代的洛克菲勒和摩根一样。

经济企业的领袖地位似乎明确地交给了那些至少名义上和传统上属于日耳曼人的国家。1910～1911年间,英国、德国和美国生产了75%的棉纱、78%的钢铁、82%的煤。另一个随处可见的种族特征是犹太人的杰出:在战前的德国,工业企业13.3%的董事是犹太人,而在总人口当中,犹太人只占1%。

资本主义的一个特征是活动的激烈化。"时间就是金钱"可能是一句非常现代的谚语。只是在19世纪,与工业和商业过程有关的时间上精打细算才变得普遍盛行,最极端的例子大概是效率工程师用秒表研究运煤工的活动。所有工业企业都充满了最精确的方法,以调整实现目标的努力。与此同时,资本主义企业把自己延伸到了一切种类的经济活动,延伸到了劳动阶级和工薪阶层中,遍及整个地球表面,无远弗届:把西伯利亚荒野的捕兽人与伦敦的市场紧密联系在一起。

这一经济能量的巨大释放,大概是"全盛资本主义"最典型的特征,它似乎首先依赖于某些新的心理态度。我们已经注意到了企业的民主化,其本身把更多的机会带给企业家类型的个人;而在此类机会依赖于财富拥有的社会中,它所能提供的机会更少。渴望实现无限成就的浮士德式的冲动,由于诱惑近在眼前而更加强烈,尤其是在日耳曼民族和犹太人当中,导致了我们所熟悉的那种献身于商业的强烈热情。其次,我们已经指出过的职能专门化使得"纯粹的"企业家成为可能,而次要职能的转移开辟了自下而上的通道。再次,传统宗教已让位于对"进步"的信仰,让位于这样一种观念:经济活动在某种程度上是一种责任,甚至是热爱的对象,资本主义的人转而向它寻求快乐之源,把自己的一生虔诚地奉献给它。

外部影响也有利于这一能量的释放。"新人",不管是来自社会底层还是来自殖民地区,都摆脱了限制性的传统和习俗。在现代条件下,他们完全没有资本所有者的那种胆小怕事，他们典型的方式是用别人的资本办事；而提供资本的人，即使在法律上可以采取行动，他们通常也像美国电话电报公司的普通股东一样，甚至都懒得派代表。他们不受建立在宗教基础上的传统道德的束缚。这并不是说商人没有道德，而是说，他们的道德与历史上的道德——比方说中世纪的道德——只有很微弱的联系。有一个例子很能说明问题：在每一座哥特式教堂中，几乎都能找到对美德和恶行的描绘，在后者当中，几乎总能找到一种恶行：野心。

还有，经济生活中日益增长的技术困难和复杂性也引发了巨大能量的释放。竞争使得更严格的成本控制、更合理的定价和更有冲击力的广告成为必要。日益增长的劳动力成本，连同其他因素，迫使人们向更高级的技术形式转变——机器、精密复杂的训练、"效率"。例如，美国的劳动力不足，使得引入"省力"机器几乎在任何地方都有利可图。劳动力紧张给工业带来了压力，使得更集中的管理成为必要，为的是提高总利润，弥补增长的成本。人口的增长意味着每一代被迫转向经济活动的人在数量上的增长。社会压力甚至导致那些已经富有的人积极参与经济生活。

现代经济社会以更加积极的方式寻找着它的领袖人物，并在一定意义上创造他们。每一次扩张都需要征召新的成员：他们是通过系统的努力获得的。例如，西屋电气公司、标准石油公司，以及其他很多公司和商行，从前每年都派代表去各个大学，挑选受过专门训练、可能成为未来"高管"的人。每一次技术创新都唤醒和扩大了企业精神：见证了电影、收音机和飞机。

经济单位不断增长的规模提高了其领导人的生产力。典型的计划和政策对未来的设想，增加了企业家的活动范围。迅速周转的需要意味着要求企业家有更迅速的商业过程。个人所经历的财富增长导致他们寻求更大的财富。对"额外利润"的希望（通过某些过程的改进）导致了永不安宁的要求改进的压力，而不管个人有什么样的考虑。

资本主义企业变得完全物质化、非人格化了。"企业"作为一个法律、会计和信用实体的概念，它的开始我们已经讨论过。经济组织已经超越了作为其一部分的在经济上积极活跃的个人，在他的生命结束之后依然活着。资本主义企业的唯一目标是利润。福特坚持认为，"为公共利益服务"是他的个人目标，他也说："如果我不能为我自己和我的同事带来可观利润的话，我的工作就毫无意义。"其他的动机，即渴望权力、名声、责任感、公共利益，从属于对利润的需求，并以后者为条件。我们最好是理解一下福特先生那句话的本意，以免上面这个说法听上去像是抨击。假定他的活动对社会是有益的，那么很明显，如果它无利可图,或者眼下无利可图,对它的投资就会转到其他用途上去。落入他和其他人之手的利润,可以令人信服地被用作捐助,以弥补由于低于成本价销售产品所导致的亏损:那不是"商业",而是慈善,而且在资本主义的理论基础上被证明为慈善。这一"客观化"的体系有它自己的理论基础,被商业杂志、商学院、机械化的办公设备等所宣扬。它有自己的美德:勤奋、节俭[1]、持之以恒。资本主义动机这种纯客观的、物质的特征,意味着简化,因此也意味着强化。它意味着经济生活的统一:共同的单一目标抹去了细节的差异。

福特公司的创始人亨利·福特

从某种意义上讲,在经济机器那包罗一切的统一性面前,个性消失了。为了适合资本主义计划,日本人也穿起了长裤,戴起了草帽。整个地球被数不清的企业所覆盖,依照同样的模式,作为最好的可用手段,为的是实现共同的目的:利润。多样化和个性化都是不可能的,除非是作为怪僻。

从另外的意义上讲,个性甚至比过去更重要。现代企业都成了巨型组织,需要铁腕来引导和控制它们。"现代企业制度的管理,需要比过去更高的智慧。"当资本主义企业家被革命赶出俄国的时候,整个资本主义经济就停止了,直到新政府发展出了公职人员来取代他们的位置,做他们的工作。

附注:在这一部分,美国和日本将作为现代资本主义欧洲的组成部分而被提及,我将不再作解释。大概正是在美国,资本主义最早发展出了它最典型、最纯粹的形式。从本书的立场上看,经济史上的共同特征比地理或政治上的分离更加重要。

---

[1] 福特先生采纳了新的原则:节约在经济上是不利的。这一学说是一个信号,表明我们正在离开"全盛资本主义"的条件。

第十二章　新重商主义和新帝国主义

国家成了用资本主义的方式组织起来的经济社会的奴仆和工具，而不是主人和管理者，就像它在资本主义早期的那样。尽管政治体制五花八门、千变万化，从英国的民主制到俄国的沙皇制，但在所有欧洲国家，遵循的是同样的总体政策，建立的是同样的法律，以保护和促进资本主义制度。

19世纪的国家本身包含两个互相矛盾的原则。一方面，它追求一种强权政策，很大程度上是遵照早期资本主义国家那种马基雅维利的方式，其目标是"威望"、"显赫的地位"、"昭昭天命"——这些只不过是马基雅维利的"君王的荣耀"的现代化表达。另一方面，与此同时，在国内事务中，它自认的目标是促进"进步和繁荣"。当然，国家的这两个方面之间的矛盾直到第一次世界大战才十分明显，但是，即使在1914年，依然有很多人以完全合理的逻辑宣称，金融家和实业家不会允许战争。他们错了，这只不过说明了矛盾的深刻性。

国家成了纯世俗的、不依赖于任何外部的认可、完全独立自主，因此对宗教分歧毫不在乎，虽说国家教会作为早期的遗俗残存了下来。它已成为彻底的个人主义。公民纯粹成了国家的公民，摆脱了与地方或个人纽带的任何联系。作为中世纪典型特征的社群团结被推到了一旁，并被"人人为己"的原则所取代。对于个人利益的冲突，国家依然是纯中立的。它是唯名论者，也就是说，只要涉及国内政治，它就信赖这样一种观念：实体只存在于个人身上，国家没有实体，只不过是一个名称，表示个人之间的某些关系。然而，在对外政策上，它信赖相反的观念：国家是一个真正的实体，有它的目的、利益和欲求，超越了任何个体的公民或臣民或他们的组合的目的、利益和欲求。当我们仔细审视国家在内政外交中的行动时,这个一般特征便变得更具体、更明显。

经济立法

就国内政治而言,我们可以注意到下列一般特征:

(1)公职归其把持者私人所有的观念已不复存在。随着这一观念的消失,出现了公法与私法之间的明显区分:一切经济活动成了私法的事。具体来说,公职的购买和继承已不复存在,官员成了公仆,与私人(在经济上活跃的人)形成鲜明对照[参见西德尼·赫伯特(Sydney Herbert)的《法国封建主义的衰亡》(The Fall of Feudalism in France)]。

(2)作为必然的结果,经济生活摆脱了公法的约束。法律对经济生活的管制被抛弃了,并被一套与任何责任无关的主观权利制度所取代。1789年的法国制宪议会是典型。当有人要求它在发表《人权宣言》(它在法国确立了现代财产权利)的同时发表一份责任宣言的时候,制宪议会以750票对433票否决了这一动议。19世纪,当很多劳动法在欧洲各国获得通过时,总是有人强烈反对,无论是支持者还是反对者都使用"自由"作为论据。反对者声称,提议中的那些措施干涉了契约自由;而这些措施的拥护者则坚持认为,在面对更强大的对手时,为了给予弱者以"自由",这样的措施是必不可少的。

(3)就内容而言,经济立法的特征是:完全支持资本主义的基本原则。工业自由(即个人选择何时何地劳动的权利)、契约自由、物权自由(使用、滥用或毁灭的权利)、任意处置财产的权利、财产权的不可灭失性,这些成了所有欧洲国家共同的法律,表达了它们完全同意资本主义是经济生活的准则。

仅仅罗列几个国家旨在为资本主义建构扫平道路的立法目录,本身就构成了厚厚的几大卷。这里能够尝试的,仅仅是简要回顾一下这些立法的范围和一般特征。

农业经济的特征表现为:农奴制的废除、公耕制农业的解体,以及与财产有关的特权的废除。在英国,农奴制到16世纪就已经被废弃了,从未通过任何专门的立法来废除。在法国,大革命扫荡了已经在很大程度上被废弃的农奴制的残余。在德国,施泰因(Stein)和哈登堡(Hardenberg)的改革就包括农奴制的废除。奴隶制1833年在英属殖民地被废除,1865年在美国被废除。

公耕制农业,即古老的中世纪乡村制度,在所有欧洲国家一直持续到了19世纪。英国在16世纪为了毛纺工业的利益而爆发"圈地运动"(大约3%的

第十二章 新重商主义和新帝国主义

农业社会的挽歌

土地受影响)之后,私人企业在1700~1850年之间完成了这一过程。《圈地法案》在所有相关者一致同意下获得了通过,把一些指定村庄的公耕制转变成了"圈地制",从经济的观点来看,也就是说,转变成了私有制,所有者有权选择如何使用。下面这张表格是一个很好的指标,从中可以看出,那种绝非资本主义的制度——公耕制——从英国消失的端倪:

各10年的圈地法案数

年份区间	法案数
1760~1769	385
1770~1779	660
1780~1789	246
1800~1809	847
1810~1819	853
1820~1829	205
1830~1839	136
1840~1844	66

在法国,大革命对封建财产和教会财产的没收涉及完整土地私有财产权的确立。在普鲁士,这个过程是由施泰因和哈登堡在1807年开始的,但直到1850~1860年这10年才完成。

商业和工业同样摆脱了古老的约束。在英国,这个过程很早就开始了;早在 1650 年,人们就听到过乡村纺织工对"完全自由"的抱怨。1624 年,英国议会废除了垄断权,但在同一部法案中,又以完全属于现代的精神,作出了相关规定,保护授予发明者的垄断权。杜尔哥(Turgot)在他短暂的大臣任内试图废除行会(1760 年),在他倒台之后,行会得以恢复,但在 1791 年再次被废除。拿破仑试图以大加修改的形式重新组建它们(1801 年),在他倒台之后,行会逐渐消失了(1870 年,印刷工行会最后消失)。工业自由 1810 年在普鲁士依法推行,但直到 1869 年才在德国变得有效而普遍。

在商业和运输领域,典型的法案是内部关税壁垒的废除。确切地说,这个问题在英国从未作为对资本主义发展的妨碍存在过。在美国,1789 年的宪法终结了各州之间的所有关税壁垒。在法国,制宪议会彻底扫除了内部关税界线整个复杂的体系。在德国,1833 年的关税联盟减少了关税界线的数量,1870 年,德意志帝国的建立完成了这个过程。

为促进经济活动的安全,各国也做了大量的工作。1836 年,罗伯特·皮尔(Robert Peel)爵士建立了第一支受过训练的警察部队。商业法发展得足以适合新的经济关系(例如,美国的《宪法第十四修正案》和拿破仑一世的《商法典》)。用于商业目的的速决司法机构得以建立(法国和德国的商业法庭),为专利和商标的财产权提供了有效的保护。在所有欧洲国家,合理的货币制度,单一的金本位制,连同彻底组织化的辅币、纸币及银票制度,全都建立起来了。英格兰银行在 1694 年创立,1800 年是法兰西银行,1846 年是普鲁士银行,1875 年是德意志帝国银行。在每一个国家(美国和英国除外),引入了一套合理的度量衡体系,为尺寸、重量和时间维护了明确的科学标准。重大行动是 1794 年法国国民大会对米制的采用。

自由主义国家在很多方面积极促进资本主义的发展,尤其是通过承担教育的责任(包括一般

第一届世博会"水晶宫博览会"的现场

教育和技术教育），通过像博览会这样的广告手段，通过授予对社会有益（也对资本主义有益）的企业以特权。教育问题上的理想——"普遍的、自由的和义务的"——在所有主要的资本主义国家得以实现，除了 1914 年之前的英国。在技术教育领域，德国走在了其他国家的前面：第一所高等技术学校 1745 年在不伦瑞克建立。1851 年的"水晶宫博览会"是第一届世界博览会，打那以后，这样的博览会变得十分频繁。在美国，整个跨大陆铁路系统的发展，得到了联邦政府巨大的土地赠予的促进。各州和各社区都购买股票和借贷现款，以支持更多的地方铁路线。

立法的重要性很容易被夸大。毫无疑问，在很大程度上，资本主义是以一种准革命的方式在法律之外发展的；19 世纪自由主义立法对资本主义准则的遵从，只不过是一个征兆，表明资本主义早在立法获得通过之前就已经赢得了胜利。有些立法扫除了一些早已过时的、并没有多少现实意义的残余，比如行会组织；有些立法对于任何激进的改革都是必要的，正如农业组织和内部关税的情况那样。

国际贸易关系

在外部经济关系上，资本主义的欧洲一度似乎也要采用自由主义，这是其内部组织的共同特征。在 19 世纪中叶，经济自由看来不仅要在几个国家内部确立，而且要在整个欧洲经济体系中确立。欧洲将成为一个经济宇宙，在这个宇宙中，个人将自由行动，就像他习惯于在本国内自由行动一样。"自由贸易"是这场运动的象征。英国在 1840 年废除了它的保护主义制度，在 19 世纪 50 年代的前半叶，大多数欧洲国家和美国（1846 年）以自由主义的感觉修订了关税，也就是说，把它们降低为主要是为了收入的关税。1860 年，英国和法国通过《科布登条约》组织了一项自由贸易政策，后来，法国人通过与比利时、意大利、德意志关税同盟、奥地利、瑞士、瑞典—挪威之间签订类似的条约，把这一政策扩大到了欧洲其他重要地区。

然而，自由贸易运动被证明只是一段插曲，没过多久，把贸易关系当作强权政治的一个方面来处理的传统方式重新确立，就像它在重商主义的全盛时期一样强大。事实上，自由贸易运动的成功更多的是表面上的，而不是实际上的。在英国，自由贸易碰巧与国家的经济利益一致。英国所拥有的巨大优势，是 19 世纪初叶它在生产力上所取得的迅速进步的结果，这一优势使得英国不怕竞争，并需要国外的市场。科布登（Cobden）是英国自由贸易的伟大倡导者,当他试图为殖民地的投降而发起一场运动时,他发现自己竟然没有一个追随者。在法国,他估计,10个法国人有9个反对1860年的自由贸易条约。俄国从来没有被拖进这场自由主义运动,一直在走自己的路。无论如何,在不同的国家,19世纪中叶的经济自由主义以不同的方式,让位于重新兴起的用强权的方式管理外部的经济关系。比起老的重商主义,新重商主义取决于资本主义的利益,或者更准确地说,是几个国家的资本主义的利益。

在所有欧洲大陆国家和美国,保护性关税被重新建立起来了。在法国,保护主义的反动在第二帝国垮台之前就开始了,在与《科布登条约》战斗10年之后,在1881年的关税中赢得了胜利。在德意志帝国(从自由主义的德意志关税同盟继承而来),俾斯麦(Bismarck)最终在1881年转向了保护主义。在美国,内战迫使政府确立了高关税,作为对很高的国内税收的补偿,打那以后,尽管1892年和1913年略有倒退,但保护主义还是坚持了下来。

一些主要强国都采用了新的扩张主义政策,目标是要把国家的经济控制扩大到它们自己的边界线之外。在某种程度上,它们寻求的是一种松散形式的纯金融控制,正如南美各国的情形那样(应该与资本出口联系起来讨论)。另一个典型形式是有限政治控制的建立(保护国、劝告等),正如埃及、波斯和中国的情形那样。此外,有更直接的殖民事业的显著扩张,在这样的扩张中,殖民强国的"主权"被扩大到了外国的地区。下面这张表格显示了这场运动在19世纪最后1/4时间里的重要性:

欧洲列强和美国控制的百分比 单位:%

地区	1876年	1900年	增长
非洲	10.8	90.4	79.6
波利尼西亚	56.8	98.4	42.1
亚洲	51.5	56.5	5.0
美洲	27.5	27.2	−0.3
澳洲	100	100	0

欧洲列强和美国控制的世界面积的百分比从1862年的28.4%增长到了1912年的62.3%。作为一个比较标准,奥古斯都统治下的罗马帝国所包含的那个经济统一体超过1 200 000平方英里。1912年,欧洲资本主义列强以不同的方式在政治上控制了32 360 000平方英里。

与这种政治控制权的扩张并排而行的,是军费开支的增长,其中只有部分开支遵循资本主义发展的路线(不妨把德国试图控制非洲领土的努力与德国在南美洲的资本主义利益进行一番比较)。三个主要欧洲强国用于陆军和海军的支出增长如下表所示:

单位:百万美元

国家	年份/支出
英国	1875/133.2;1907～1908/291.8;1913～1914/385.0
法国	1873/137.4;1908/243.7;1913～1914/277.2
德国	1881～1882/106.5;1908/290.5;1913～1914/352.7

按人均支出计算,英国从 4.00 美元增长到了 8.50 美元,法国从 3.80 美元增长到了 7.10 美元,德国从 2.36 美元增长到了 5.87 美元。

那么,第一次世界大战之后的那段时期被普遍称作"帝国主义时代"也就并非毫无理由了。资本主义与帝国主义的关系很难界定。布尔什维克主义者和马克思主义者(不是马克思本人)通常有一个明确的信条:帝国主义占据金融资本主义的统治地位。这是站不住脚的。战前的俄国和日本都不是明确组织化的金融资本主义。在英国,它的重要性不如在德国或美国,英国的扩张服务于出口工业的利益,而不是金融家的利益;瑞士有组织化程度最高的金融资本主义,但明显没有任何帝国主义的主张。帝国主义的动机有很多方面——政治的、军事的、宗教的、感情用事的,最后(但绝非程度最小)是资本主义的。

经济史研究者的注意力应该对准的,正是帝国主义对资本主义最终发展

帝国主义的海外扩张是资本主义发展的外部条件之一

的重要性。正如我们已经看到的那样，资本主义的发展与强大的专制国家的发展密切相关，后者既是原因也是结果。在某种意义上，帝国主义是现代经济组织赋予国家的权力的一个附属性的征兆。在19世纪的环境下，扩张主义冲动并没有给仅仅作为一个经济实体来考量的帝国主义强国带来任何特别的好处。例如，在整个大英帝国，与其他列强的外贸关系比与英格兰之间的关系发展得更迅速。在1899～1913年间，大英帝国的几个地区从英格兰的进口增长了73%，而从其他国家的进口增长了140%；向英格兰的出口增长了122%，向其他国家的出口增长了170%。法属殖民地的数字显示了对法国更有利的形势。

就英国的数字而言，还要指出的是：英国早年在工业方法上的优势（这种优势可以被视为异常的），当它的竞争对手们学会了同样的或等效的工具和组织时，它所带来的百分比的增长和绝对增长对于竞争对手来说也是正常的。如果能知道，在没有政治控制的情况下，英国在同一地区的贸易会增长多少，那么这些数字就会更加接近于有效。然而，事实上，帝国主义扩张所创造的市场机会，就重要性而言，比不上独立地区的市场机会，甚至也比不上那些依附于其他帝国主义的地区的市场机会。

正是在一种特殊的出口——资本输出——中，我们发现了殖民控制对全盛资本主义有着最高的重要性；政治控制无疑使资本从控制国向被控制国输出更加方便。资本输出在第六章中得到更充分的讨论。

最后，世界强国当中所共有的日益增长的军事化（伴随着它们的帝国主义），涉及对军事物资的巨大需求，因此强有力地增援了"重工业"的发展，以及它们完全资本主义的组织，比如托拉斯和卡特尔。

19世纪的国家都服从于资本主义的需要，但从长远来看，事实并没有证明它们是胜任的。经济生活显示了一个显著的趋势，与一般的文化界限相一致，而不是把自己局限于这一文化所分成的几个民族国家的界限之内。这就需要范围更广泛的政府工具和政治组织。因此，在1914年之前的那几个10年里，国家间的甚至是超国家的机构开始以相当可观的数量建立起来。我们所关心的，不是那些反对战争的宗教和人道主义的国际运动，而是那些为了回应现代商业需求而专门创立的组织。例如，通商条约在数量和范围上有了巨大的增长，作为国际协定的主体取代了纯政治的联合和协议。直到1786年，欧洲两个经济上最先进的国家——法国和英国，它们之间一直没有通商条约，这很正常。到1914年，只有在例外的情况下，这样的强国互相之间才不需要一份通商条约，与更小势力（比如部落首领）之间多不胜数的条约就更不用说了。

说到资本主义经济生活中这种国家间的或超国家的特征,更加重要的是那些把所有国家(或者至少是所有相关国家)包括在内的总条约,这些条约由于经常为了它们的执行而设立准政府机构——国际办事处,因而有了接近于宪法的特征。控制了多瑙河与莱茵河的国际河流委员会就是这样,还有拉丁货币同盟、国际邮政联盟和国际度量衡局。在不同时期运转的这种组织的数量显示了迅速的增长:

时间	数量(个)
1857 年前	7
1870 年前	17
1880 年前	20
1890 年前	31
1900 年前	61
1910 年前	108

喜欢思考的研究者会认识到,这一发展(其本身是国家束缚资本主义的产物)是现代国家基本原则——其"主权"和独立——的一个重要条件。

第十三章　现代技术及其在工商业中的应用

19 世纪的发明

与 16 世纪和 17 世纪的技术比起来,现代工业技术变得科学了。理论和实践不再是两个分离的世界:收音机便是最深奥的科学原理以何种方式生产出一种常用产品的实例。基本的工业发展因此与重大的科学发现紧密联系在一起。现代力学依赖于伽利略和牛顿打下的基础,欧拉(Euler)、麦克劳林(Maclaurin)和拉格朗日(Lagrange)对分析力学的发展,以及潘索(Poinsot)和迈耶(Mayer)开创的动力学研究。创造现代化学工业的人包括:现代化学的奠基人拉瓦锡(Lavoisier)和普利斯特里(Priestley),为有机化学奠定基础的维勒(Wöhler)和冯·李比希(Von Liebig),以及开拓立体化学的广阔领域的凯库勒(Kekule)和范特霍夫(Van't Hoff)。电气工业是对法拉第(Faraday)和安培(Ampère)、高斯(Gauss)和韦伯(Weber)、麦克斯韦(Maxwell)和赫兹(Hertz)等人的研究成果的应用。

工业过程变得很像它所依赖的科学过程。早期手工业过程的经验主义标准被科学标准所取代。当鼓风炉被引入的时候,人们认为那是一次失败,因为它们生产出来的是生铁。按照现代标准,理由很简单:新工序把 2% 以上的碳留在了生铁里;老工序留下的碳不超过 2%。人们凭着经验偶然发现一项可行的发明,而对可行的条件(控制碳的总量)一无所知。技术知识的传播变得非人性化了。尽管由于心理的原因，师傅对于初出茅庐的工程师或化工师来说依然是有用的，但与此同时，关于工业过程的一切都用数学和化学的术语记录了下来，这样一来，即使所有"师傅"明天都死掉，过程依然可以重建。趋势就是用科学上发展出来的机器取代一切人的努力：自动装置很大程度上在抬举和运输原材料的工作中取代了人力；物理控制，比如恒温器和自动测量、称重和计时的装置，取代了人的观察。

我们这个时代技术发明的非凡爆发又该如何解释呢？实际上，只要退一步就可以解释了，根本原因是什么的问题依然无解。有些条件明显有利。科学知识的进步和组织肯定是其中的一个条件。新的机械观念受到青睐，不仅是结果，而且也是原因：18世纪初，帕斯卡(Pascal)就曾指出，那些不发明的人总是带着某种敌意来看待发明家。每一项新发明总是创造了对其他发明的需求。在"飞梭"被发明(1738年)之后，英国皇家学会便悬赏征集能同时纺几根线的机器的发明。经济活动的新标准，尤其是竞争的常态化(它是发展中的资本主义的一个阶段)，确保了新的生产设备受到欢迎。

很多发明家在他们做出发明的行业并没有接受过专业训练。发明了动力织布机的埃德蒙·卡特赖特(Edmund Cartwright)是个牧师；轧花机的发明者伊利·惠特尼(Eli Whitney)是个学校教师；欧内斯特·索尔韦(Ernest Solvay)"既不是工程师，也不是化工师"；使得现代钢铁发展成为可能的贝塞麦(Bessemer)是一个生产铜镀金粉的制造商；多轴纺织机的发明者詹姆斯·哈格里夫斯(James Hargreaves)是一个织布工；走锭纺纱机的发明者塞缪尔·克朗普顿(Samuel Crompton)也是个织布工。

惠特尼发明的轧花机

然而，大多数发明还是源自受过训练的专业人士的系统化努力，他们要么是科学研究者，像人造靛蓝的发明者贝耶尔(Baeyer)以及刘易斯毒气的发明者刘易斯(Lewis)，要么是活跃的工程师和实业家，比如维尔纳·西门子。发明活动最终被组织在大型研究机构中，它是所有大行业的组成部分，甚至是单一大公司的组成部分。爱迪生先生大概是一个显著实例，他把发明本身搞成一个产业。

技术发展的一般趋势是：从经济上把人从有机自然的局限中解放出来。尤其是，各种铁及其他矿物取代了木材，用于建筑、加热和机器的所有主要形式；石油产品取代了动物油和植物油，用于照明和润滑油；焦油产品取代了植物染料和动物染料；合成产品取代了有机钾肥和氨水。

一般来说，整个现代经济生活的巨大扩张，要归功于这种更快可用的矿物原料对缓慢生长的动植物原料的取代；使得资本主义社会平稳度过18世纪晚期危机的核心事实是煤对木材的取代。

当然，新技术深刻改变了生产过程。只有生长和发酵这样的有机过程依然基本未变。化学过程通过消除机械因素而变得更纯粹，例如，食糖工业中扩散过程取代了压榨过程(1865年)。它们还通过消除用于加热的木材和木炭，通过机械控制(调节温度等)对人的取代，通过直接利用空气(氮生产)，从而变得更加不依赖于有机材料。

机器所带来的变化属于同一类。一台机器是一系列的活动元件，以这样一种方式连在一起，使得任何一种简单力被应用于系列中某个特定部件，都可以移动系列中的另一个部件或一些部件，走过一条均匀重复的路线或图案，并通过这一元件或这些元件与其他材料的接触来修改它(或它们)，或者依照预先设定的图案把它们组合起来。整台机器可分为三个部分：马达(动力机)、传动装置，以及工作(生产)元件。一台机器只有当这三个要素都完全自动的时候它才是全自动的，这个条件只能是接近，因为，哪怕是最自动化的机器，其背后也是"某个辛苦挖煤的矿工"。水力驱动的机器(磨粉机、发电机)更加接近于全自动的标准。

新的马达(或动力机)使得一系列新动力的使用成为可能。在蒸汽机得以发展之前，人、牲畜、风和流水都可以用作工业动力。现代技术利用了下面这三种形式的动力：蒸汽、电和内燃。

蒸汽机是在19世纪发展起来的。马尔堡大学的教授丹尼斯·帕潘(Denis Papin)是现代最早用蒸汽驱动一个活塞的人(1681年)，但他的烧水装置只不过是厨房里用的锅。通过喷射冷水使蒸汽在汽缸里快速冷凝的方法，被托马斯·萨弗里(Thomas Savery)和托马斯·纽科门(Thomas Newcomen)用来制造真空,大气压对它的作用所产生的力量足以运转一台矿用泵。1763年,仪器制作者詹姆斯·瓦特(James Watt)开始研究纽科门蒸汽机的改进,这项工作被证明是革命性的:抛弃了真空装置,他封闭了汽缸的两头,使得活塞交替地在两个方向上推进。瓦特后来的改进——曲轴、调速轮、协调阀和蒸汽调节器——使得蒸汽机成了接下来的一个世纪里它所一直保持的那个样子,除了细节上的精细之外,直到蒸汽轮机被发展出来。

最早的蒸汽引擎

这种新设计的动力机对工业的应用是一个漫长的故事,这里只能简述一下它的高潮。它没有你预期的那么快。仅仅在1815年之后,蒸汽动力才在机器工业中占据了主导地位。瓦特在研究一台矿用泵的时候作出了他的改进,1790年之后,它在英国的矿区迅速地取代了纽科门蒸汽机。它很快随着用于焦煤冶炼的汽缸鼓风机的引入而跟进了(1760年),1790年之后被斯密顿(Smeaton)所使用。1785年,蒸汽首次在纺织厂被用作动力。1856年,它是贝塞麦新式炼钢法中必不可少的一部分。通过约翰·菲奇(John Fitch)尤其是罗伯特·富尔顿(Robert Fulton)的辛勤劳动,它被成功地应用于内陆航道的运输(1807年),后来又被应用于海上运输(1838年的"天狼星"号和"大西部"号)。1825年,随着乔治·史蒂芬森(George Stephenson)的"火箭"号机车的出现,陆路蒸汽机运输首次以一种在经济上很划算的方式得以实现,这台机车在斯托克顿和达灵顿之间运行,其速度在当时闻所未闻:每小时29英里。

对电力的利用要晚很多,内燃机出现得更晚,尽管人们对爆炸力(比如火药)已经比较熟悉。第一台有实际用途的发电机在1866年由维尔纳·西门子发明出来了。1881年,远距离输电在博登湖畔的小镇劳芬与法兰克福之间实现了。电气铁路运输开始于维尔纳·西门子在柏林的实验(1879年)。电的一个很重要的应用是在消息传播领域——电报(1833年的高斯和韦伯,1844年的摩尔斯)以及电话(1866年和1876年,贝尔、里斯和爱迪生)。电的使用对冶金学和化学有很大的影响:查尔斯·M.霍尔(Charles M. Hall)在1886年对电解过程的发现使铝变得实用;哈伯制氨法使得空气中的氮通过电解固化成为可能。电解过程的一个偶然结果,就是从早期方法的残渣(废料)中提高了世界的黄金供应。

内燃机引擎[1860~1870年,奥托(Otto)和朗根(Langen)]在陆地和空中运输领域实现了它最大的意义,始于戴姆勒(Daimler)和本茨(Benz)的汽车、齐柏林飞艇和飞机[1903年,莱特(Wright)兄弟]。使用重油的柴油发动机是一个德国科学家在1900年前后发明的,尤其因为不定期货船而变得极其重要。燃气引擎在技术上很重要,因为它提供的动力相对于载重来说比其他任何形式的动力机器更大。

生产性机器——更准确地说,是生产由原材料(动物、植物或矿物)所组成的商品的机器——的发展是一个大课题,这里的篇幅只能用来简明扼要地介绍典型的发展路线。首先,机器的原则逐一接管了生产过程的各个部分。最好的实例是人们经常用来说明这个问题的纺纱机器的发展。纺车把纺锤的旋转机械化了;保罗(1740年)和阿克赖特(1769年)的滚压机把抽羊毛的过程机械化了;哈格里夫斯的纺纱机把脚踏单轮机械化了(1767年);接下来,滚筒和纺锤被组合在克朗普顿的走锭纺纱机中(1779年)。另一个一般特征是机器原则逐步扩张,直至涵盖了整个生产过程(就像在制鞋工业中那样),涵盖了整个生产分支,如棉纺工业,在这一领域,改良织布机[1745年凯(Kay)的飞梭]导致了经过改进的纺纱设备,结果是机械轧花的产生(1793年惠特尼的轧花机)。正是机器原则的这种坚持不懈的扩张,而不仅仅是在特殊情况下对机器的使用,构成了现代经济过程的典型特征。

机器本身也在完整性的方向上经历了一连串典型的改变。它们被改进得更有效率:一台更小或更简单的机器以同样的时间或更小的动力完成同样的工作。机器被专门化了:一家典型的制鞋厂有34种不同类型的机器;就连火柴这样简单的产品,也要经过16种机器。一些高度分工的工序,比如制钉,被简化为一台复杂机器的工作,但总的趋势是朝着专门化的方向发展。最后,旋转运动广泛地被前后运动所取代,在动力经济中和工序的连续性上导致了重要的结果。往复式引擎被涡轮机所取代。动力车床、滚筒印刷机、金属辊轧

第十三章　现代技术及其在工商业中的应用

机器的大规模使用

（而不是锤击），是无数实例中的几个。

现代技术的经济意义

　　技术的经济意义是什么？工业技术本身不是经济学，本书的目标，是从经济的角度，而不是从政治、工业和技术的角度来讲述现代经济制度的故事。从经济学的观点来看，技术的本质是生产力。不妨把那句格言反过来：力量就是知识。我们前面已经指出，技术知识（还有科学知识），以其客观形式（书籍、数学公式等）的陈述和记录，确保了作为社会财产的高度持久性，其结果是在无数的个体当中传播。关于机器过程的技术知识得到了极大的扩展，这只不过是上述传播的一部分，正如最近三个世纪里发明的迅速增长所昭示的那样。美国联邦专利局在1911～1920年间所批准的专利数量是383 885件。

　　在技术上得到发展的现代社会，它的力量可以通过它对财富的控制力来说明。我们已经看到，如果没有人口的增长，现代经济社会就不可能发展起来，而人口增长在1800年那样有限的卫生条件下是不可能的。消毒、降低儿童死亡率、传染病的控制（甚至根除）、客观诊断（血球计数）、客观治疗（注射血清），以及预防性的公共卫生体系，意味着所有欧洲国家人口的巨大增长。这一发展与技术发展之间的关系多么密切是显而易见的：显微镜和化学技术在很多现代诊断法中是必不可少的；只有高生产率技术才能为现代工序生产抗毒素、消毒材料等；只有交通运输和新闻传播技术才使得流行病控制成为可能。

现代技术极大地提高了个人的生产力。他的感官得到了新技术设备的补充，包括能记录四百万分之一毫克的天平、能记录百万分之一摄氏度的温度计、电话和无线电、望远镜和显微镜、扬声器、探照灯、电检波器、X 射线。嗅觉和味觉尚没有得到帮助。他的力气得到了巨大力量集中的补充，单一蒸汽动力机组的力量高达60 000马力。他的生产得以加速，在 18 世纪用 3 个礼拜生产的钢，贝塞麦转炉用 20 分钟就生产出来了。在 1800 年，用 12 个小时坐马车可走 35 英里，1900 年坐火车是 500 英里，1928 年坐飞机是1 000英里。

经济意义最大的是精确度的提高。发明家斯密顿曾经认为，瓦特的蒸汽机不实用，因为"精确地制造它的零部件很困难"。德国电力巨头埃米尔·拉特瑙(Emil Rathenau)在谈到他的早年时说："达到十分之一毫米的精确度被认为是异想天开的念头，精确到百分之一毫米简直是神经错乱。"

生产变得不依赖于地点和季节。蒸汽动力、油燃料和机器运输使得建立一家工厂时可以不考虑风或水，可以让一艘船往返日本而用不着添加燃料，可以在匹兹堡加工来自明尼苏达州北部的矿石，在阿克伦加工来自东印度群岛的橡胶。

所有这一切，意味着社会的商品及可用动力供应的增长。工序的改进意味着对原材料和动力的节约。借助现代技术设备，自然力(水力、风力等)的开发比只有它们可用的年代更加成功。借助排水、灌溉、人造化肥和新工具，土地的生产更加丰饶。盐、矿石、石油、白垩、煤取代了很多靠自然生长缓慢生产的原材料。桑巴特教授说，人一直处在靠辛苦挣得的收入为生的位置上，突然发现自己是一笔大财富的继承人，似乎这会让他一辈子取之不尽、用之不竭。煤对木材的取代，加上它的一些无心插柳的结果，使人类摆脱了靠天吃饭的局限，使他们有权享用地球内部那表面看来似乎取之不尽的资源。

技术生产力的扩张成了现代资本主义的必需品——正如扩张确实是每一种"高级"文化的"必然"特征一样：当它不再扩张的时候，它就衰老并死去。技术使得有限领地的扩张成为可能。例如，有人估计，在第一次世界大战之前，马达提供了 2 亿马力的力，用在工业、运输等领域。如果我们依靠活马提供这些力的话，这将意味着需要 6 亿匹马，几乎是全世界现有马匹的 7 倍；这意味着要投入 7 倍于现在的土地用于种植饲料作物，而用于人的食物供应及其他用途的土地就相应减少了。这个例子是人为的，但它足够清楚地显示了，现代技术如何使得扩张成为可能，而如果没有现代技术，这样的扩张是不可能的。

这一扩张冲动,彰显于越来越大的生产单位的组织中,彰显于生产工具在总产量中所占的越来越大的份额中,这两点我们都将在别的地方进行讨论。在这里,我们只能指出,在一家典型的德国纺织厂里,平均每个工人的机器资本总量的相对增长如下表所示:

年 份	平均资本(马克)
1868	1 308
1879~1889	2 672
1889~1899	3 948
1899~1909	5 541

经济生活的重心从农产品和林产品向机器生产的无机产品转移,这一点反映在人口要素从乡村向城市的转移上,尤其是从农业向机器工业的转移。

第十四章　与企业有关的资本结构

货币与信用

　　巨量的财富被投入各种形式的资本主义企业中，这当然是不言而喻的，几乎用不着统计数据的支持。留下的历史问题是双重的：这些财富来自何处？如何使得它可以被企业所用？

　　资本的定义就像货币的定义一样，是一个理论问题，在经济学家当中这个问题有很多不同的答案。由于我们的兴趣集中于现代欧洲经济制度的演化，所以我们可以把自己局限在一个源自我们的问题的定义：资本是可交换价值的总和，它们充当了资本主义企业的基础。它们可以是货币或信用，它们也可以是商品。

　　那么，潜在货币资本在特定个人手中的积聚就是我们的第一个问题。首先，它当然是省钱的结果，而不是为了消费品而花钱的结果。从资本主义的观点来看，有的节约很重要，有的不重要。为了假期花钱而在平时省钱，这对于资本的形成没有什么直接意义——除非省钱者改变主意，把省下的钱投资于某个企业。如果他把钱存进银行，它就在为企业而设计的现代信用安排之下变得可用了。然而，我们必须摆脱这样一种观念：节省我们的薪水，以及作为结果的储蓄，对于我们自己时代之前的企业发展是重要的。只有长期以来从高收入中省下的"储蓄"才是有意义的。没花完的财富大量积聚在那些在经济上充满活力的人手里。正如达夫内尔关于法国的情形所显示的那样,这一集中是积累的结果;收取地租、投机所产生的利润,以及资本主义企业的超额利润,使这样的积累成为可能。这些来源当中,第二种和第三种比第一种重要得多,第三种是其中最重要的。

美国的一些大财富是地租积累的绝佳例证:阿斯特家族的财富建立在曼哈顿不动产的购买上,这些不动产后来升值了。投机,本身并不创造资本,但它使得资本集中于成功投机者的手里成为可能。超额利润——换句话说,就是超过平常的行业平均收益的利润——对于巨额资本的积累是必不可少的。这样的超额利润,源自技术改进的引入。例如,1851年,英国棉纺工业在技术设备上的优势是如此巨大,以至于英国的厂主们在世界市场上所得到的份额3倍于2个与他们最接近的由竞争对手所组成的国家集团,并获得了相应的超额利润。有时候,超额利润源自对市场的垄断控制,在1900年之前,美国的托拉斯就是这样的情形。标准石油公司从1882年至1906年平均每年的分红是24%,从1897年至1906年是39.9%。在成功的情况下,采矿业也提供了相当可观的超额利润:美国铜矿的利润最高达到了每年38%。1900年,在南非和澳大利亚,有33座金矿每年的分红超过25%。

这种潜在资本当中,有很多被花在了消费品上,要么被转变为土地财产或政府债券;然而,在19世纪,被转变为实际资本的比例越来越大。例如,在1913～1921年间,一些美国公司的利润没有分配给股东,而是转变为资本,总额从624 000 000美元至6 327 000 000美元不等[1]。亨利·福特(他是现代资本主义思想的一个十分常见的典型)宣称:"超出一个很低的百分比之上,一家企业的利润就属于企业,而不属于股东。"以这种方式积累资本,因为股份公司的大发展而变得更容易。股份公司还通过广泛的股票分销,从而使得把小额储蓄集聚为大数额变得更容易。

整个19世纪,在一些大的资本主义地区,资本始终在稳步增长。英国的财富每年增长大约1.5%,直到那个世纪中叶,打那之后,平均增长率是每年3.3%。德国的财富从1886年至1910年每年增长约5.5%。美国的殖民地特征和大规模移民,使得我们很难比较,但有一点很明显:就在第一次世界大战之前,美国财富的增长率接近于英国和德国的增长率——殖民地的扩张性终结了。

---

[1] 威尔福德·伊斯贝尔·金(Willford Isbell King):《国民收入及其购买力》(*The National Income and Its Purchasing Power*),第278、280、285页。

伦敦交易所（城市的发展见证了财富的增长）

　　财富扩张的一个迹象证实了统计数据，它源自古斯塔夫·卡塞尔(Gustav Cassel)总结出的一个原则的应用，这就是：当黄金生产没有影响物价时，那就表明，其他商品的供应以同样的比例增长了。如今，事实情况是，1910年被用于货币的黄金是1850年的5倍，而一般价格指数一直很稳定：76和76.25。因此，商品供应大约翻了5倍。然而，这个数字只是极小值，因为黄金的效力由于信用制度的发展而有了极大的提高，信用制度也是一个重要的工具，通过这一工具，资本对于企业变得可用。

　　就平常用途而言，信用是无需现金的购买力。一个人拥有信用，给付信用，或接受信用。然而，为了经济理论的目的，需要一个更有技术含量的定义。很明显，在所有信用交易中，债权人方面的价值交付与受信人方面价值的柜台交付分离开了。部分程度上，导致这种延迟被接受的考量是客观的。然而，在现代信用中，信任或信赖，即这样一种主观预期：双方一致同意的互相给予的商品或服务将会在一段规定时间之后兑现，这肯定是信用的根本实质，而不仅仅是它的附带事项。说到主观方面与客观方面的关系，其中有某种东西可以通过审视公司或政府的债券发行章程来观察。它包含大量关于公司的资产和实际的或预期的盈利能力的内容，或者是关于政府的可征税财产的内容，但最后总有一段话，谈到管理层的品格和能力，或者谈到政府从未拖欠过任何应付款——也就是诉诸潜在债券买家的主观判断。

　　信用可以是消费信贷（我们这里不关心这个），或生产信贷，用于商业目的。

第十四章　与企业有关的资本结构

全盛资本主义的信用体系发展出了三种典型的制度:银行、可流通票据和货币替代。作为信贷机构,在一笔集体贷款基金的基础上提供信贷。一家银行的存款,典型地由收入、货币资本、地租和利润等部分构成,大部分源自我们所说的消极业务。银行家用它们来给那些积极寻求信贷的企业融资——以承兑或抵押的形式发放短期或长期贷款,为的是减轻企业运转或购置设备的困难。银行明显起到了使借方与贷方之间的接触更便利的作用,它从很多贷方收集存款,消除了企业借款人的巨大需求与个体贷方的有限供应之间的不均衡。

从宽泛的意义上讲,可流通票据包括各种不同形式的对转手债务的认可。政府的金券(纸币)、背书汇票、股票和债券,都是对资本的发展至关重要的可流通票据。金券充当了货币的替代品,并增强了它的效力。汇票通过避免使用货币,从而减轻了结算的负担。股票和债券是资本组合供应的手段,并使得授信方(股东和债券持有人)能够终结他作为债权人的关系,而用不着等到规定的支付日期。

货币替代的意思是,用簿记的方法替代实际的货币(或商品)交换。它主要是在支票结算体系和票据交换所中组织的。我们应该还记得,它的历史可以追溯到现代早期的商品交易会,在交易会闭市的时候,商人们买卖"清算"他们互相间的债务。银行主要是求贷者与供应源之间的中间人,往往集另外两种制度于一身。一家完整的现代银行(其本身是股份公司)接受现金存款,然后把它借贷出去,结算自己储户之间的支票,并通过票据交换所结算与其他银行之间的支票,通过承销股票(也就是诱使投资人分享公司的所有权)为企业融资。最后一项特征在英国和美国几乎没有被合法化为银行的一项职能。后来,这项业务以一种间接的方式进行。银行股票的拥有者也是该银行承担其法人融资的另一家公司的股票持有者(纽约花旗银行和花旗公司)。

从历史的观点来看,信用经济的发展首先以商业界态度的巨大转变为标志。在18世纪,即使在大的商业中心,值得尊敬的商人都是用自己的资本做生意。苏格兰人似乎是第一个转向现代类型的信用手段的民族。英格兰谚语云:"苏格兰人憎恨黄金。"威廉·帕特森和约翰·劳是英国和法国现代银行的实际鼻祖(他们都是苏格兰人)。1860年,英国经济学家白芝浩区分了"新商人"与"老式商人,即用自己的资本做生意的人"。在现代英国商业中,由于有把握按折扣(要么按适中的利率)获得贷款,因此用借来的资本做生意有稳定的回报。现如今,企业家不仅允许自己使用别人的资本,而且他必须这样做。企业的民主化意味着大量没有可观财富的人也成了企业家。另一方面,企业发展得如此庞大，以至于就连最大的股东也只拥有很少一部分股票。那么，只要利率低于一笔给定资本的利润率，企业家就有很大的动力通过借款来扩大他的企业。资本的组织也变得不那么困难了，部分由于法律控制的充分发展所提供的安全感，但尤其是由于黄金产量的增长。既然信用是货币供应的函数，而货币供应是黄金供应的函数，那么很明显，1848年之后不断增长的黄金供应对信用经济的扩张有着很重要的意义。我们将从另外的方面讨论"危机"，但在所有危机中，"货币安全"，更准确地说是信用安全，都是显而易见的特征。最后，信用制度的内部发展导致了银行之间提供信贷的竞争——参见最近任何一年1月1日的《纽约时报》(*New York Times*)金融版的广告。

英格兰银行

这一内部发展大致以下面的方式完成。发行银行是最早建立的银行。英格兰银行(创建于1694年)几乎傲然独立了一个世纪，这一时期的大多数时间里，它的纸币发行只有2 000 000英镑。然而，在18世纪的晚期，英国的银行数量增长到了350家。"约翰·劳"事件在法国留下的对银行的偏见逐渐淡化，足以允许贴现银行的建立，最后在1800年创立了法兰西银行。这种纸币发行银行的重要性在世界上任何地方都提高了，除了美国之外，在那里，合理的组织在1836年之后一直缺乏。英格兰银行的纸币流通量到1810年增长到了约25 000 000英镑，直到1890年一直维持这个水平，之后再次增长到了约30 000 000英镑；法兰西银行从1800年的23 000 000法郎一路增长到了1850年的504 000 000法郎、1900年的4 147 000 000法郎、1913年的5 714 000 000

法郎。19世纪初叶,德国各州政治和经济上的倒退反映在它们的银行史中,但1876年创立的德意志帝国银行在1913年的流通量是1 958 000 000马克。

储蓄的特征——正如我们已经看到的那样,它对资本构成更为重要——迅速发展,尤其是在第一次世界大战之前的那30年内。在1900年之前,储蓄银行就已经超过了发行银行。在英国,存款在1890~1912年间翻了1倍;在德国,1912年的数字是1890年的7倍;在法国,1872~1909年间,三大储蓄银行的存款从427 000 000法郎增长到了4 363 000 000法郎;在美国,1880~1914年间,从1 315 000 000美元增长到了13 901 000 000美元。储蓄账户显示了一条类似的曲线,除了英国之外。德国的人均储蓄存款从1875年的44马克增长到了1910年的259马克;在奥地利,从1870年的29克朗增长到了1910年的211克朗;在同一时期的法国,从18法郎增长到了98法郎。保险公司(作为信用机构,它们本质上是担保银行)的资本金在德国增长到了1 300 000 000美元,在美国增长到了3 900 000 000美元。

第一次世界大战之前的那几十年里,世界各地发行的可转让证券显示在下面的表格中:

年 份	金额(亿法郎)
1871~1880	740
1881~1890	645
1891~1900	1 004
1901~1910	1 141

1910年,在证券交易所交易的有价证券的总市值是120 000 000 000美元。有价证券的重要性,可以从战前以这种形式拥有的国民财富的比例中看出:

国 家	比例(%)
德国	20
美国	30
英国	42
法国	51

无记名证券占绝大多数。小额股份对作为资本供应源的个人的数量增长作出了贡献。

货币替代已经反映在汇兑的发展中。在曼彻斯特流传的那个附有 120 个背书的 10 英镑汇票的故事，反映了汇票作为货币替代品的发展。汇票作为商业中的一种支付形式几乎消失了，取而代之的是"汇划银行"，即支票体系，美国以票据交换所的形式提供了这一体系，它在美国达到了最高程度的发展，在普通商业关系中几乎完全取代了现金。票据交换所的数字给出了一个方便的指标：

票据交换所		
伦敦	1868 年 3 400 000 000 英镑；	1912 年 16 000 000 000 英镑
德意志帝国银行	1883 年 43 800 000 000 马克；	1913 年 379 000 000 000 马克
纽约	1880 年 37 200 000 000 美元；	1913 年 98 100 000 000 美元
美国	1890 年 58 800 000 000 美元；	1913 年 173 200 000 000 美元

这些巨大的数字绝不是现代世界货币资本发展的全貌。事实上，它们仅仅传达了这样一个历史概念：货币资本对企业扩张的可用性发生了根本性的改变。

作为资本的商品

很显然，现代欧洲世界不仅以货币的形式供应了更充足的资本，而且可用的原材料、半成品和制成品也比任何早期文明所拥有的数量更大。这一改变有两个方面：不断提高的产量，以及通过运输改进实现的远距离商品不断增长的可用性。

产量的提高部分程度上就是劳动生产力的提高。有太多的东西经常被归功于这个因素。当然，有一点很明显：在一家现代棉纺工厂里，如今每个工人生产的棉纱接近 1865 年的 3 倍；但这在很大程度上要归功于其他形式的劳动被直接或间接地应用于那些记到他名下的生产，例如，为制造他所操作的机器而投入的劳动，或为机器提供电力而投入的劳动，所以要想得到准确的结果，就必须计算这些劳动。显然，如果他用机器只生产了少量的棉纱，那么生产成本就比用纺锤或纺车生产要高得多，他的经济效率就是负数。直到机器(还有工厂等)的生产成本在财务上得到满足，现代条件下的劳动才变得有生产力。

最近 20 年里美国数百家汽车公司的消失主要应归因于它们没能让其所使用的劳动变得有生产力。这些考量显示了劳动生产力的问题实际上是多么复杂。桑巴特教授估计，一般而言，自 1800 年以来，生产力提高了 75%～100%。这无疑是很大的提高，但肯定没有弗里德里希·恩格斯所声称的增长了 1 000 倍那么大。对于资本主义的发展来说，工人用机器能够生产出来的商品数量的简单增长是次要的——比方说，它的重要性比不上商品在可运输性上所取得的进步，也比不上土地的经济生产力的提高。

土地的经济生产力在几个方面得以提高。首先，生产成本很高的粮食作物被廉价作物所取代：黑麦被马铃薯和玉米所取代便是如此。容易生长的植物产品取代了生长缓慢的动物产品：棉花取代了羊毛和丝绸，纤维素取代了自然丝，诸如此类。

其次，土地的物质生产力也极大地提高了，尤其是在欧洲国家。德国的土地在 1800 年平均每百公顷生产约 932.9 担谷物，而 1875 年是约 2 440.8 担。打那以后，每公顷生产的价值也增长了，增长幅度从甜菜糖的 24% 到黑麦的 68.6% 不等。法国的小麦生产从 1820 年的每公顷 1 020 升增长到了 1895 年的 1 560 升。整个西欧的平均谷物产量从 1871～1880 年间的每公顷 1 152 升增长到了 1900～1905 年间的 1 347 升。随着人造化肥和种植饲料作物的引入，畜牧业以类似的速度迅速发展。

假如西欧的粮食供应完全靠自己，那么，经济扩张很快就会面临一个极限。事实上，在 19 世纪初叶，不断提高的产量已经落后于不断增长的需求，物价急剧上升。1725～1825 年间，英国的小麦价格将近翻了 3 倍。像李嘉图这样的经济学家认为，这一趋势意味着"进步"的终结：越来越高的粮食价格、越来越高的劳动力成本、越来越低的利润，以及成功企业的终结。如果没有农业面积的明确增长的话，这会成为事实。在法国和普鲁士这样的国家，荒地消失了。东欧，尤其是俄罗斯，扩大了其谷物种植的面积，以满足日益增长的需求。罗马尼亚的种植面积在 1860～1901 年间翻了 1 倍。密西西比河流域、阿根廷和加拿大西北地区极大

土地的生产力大为提高

地增加了资本主义欧洲的粮食供应。在美国内战至 1905 年之间,世界谷物生产从大约 200 万吨增长到了大约 300 万吨。俄罗斯作为农业生产国的地位是最重要的,它生产了全世界 22% 的小麦、68% 的黑麦、40% 的大麦和 23% 的燕麦。

这些新开垦的土地具有生产成本低的优势。土地很便宜。直到最近,在美国可以大面积地购买肥沃富饶的土地,价格从一英亩 10 美元至 50 美元不等。即使在俄亥俄州,一英亩价格在 100～125 美元也被认为是对改良了的农场来说很有利的"最高"价格。另一方面,在 19 世纪 70 年代,萨克森州的不毛之地也卖到了每公顷 2 400～2 800 马克,约为美国价格的 2 倍。在像莱茵兰这样的小农地区,价格从 4 000 马克至 8 000 马克不等(部分归因于像葡萄这样的多年生作物)。这意味着欧洲是集约农业,殖民地是粗放农业。即使在第一次世界大战之前的那些年里,美国、俄罗斯和阿根廷的平均每公顷产量也只有瑞典(欧洲富饶土地最少的国家)的 1/3～1/2。在欧洲,土地昂贵,劳动力便宜;而在美洲,土地便宜,劳动力昂贵。

尽管对粮食的需求越来越紧迫,但没有一个粮食种植地区的农场主十分兴旺;他们至今尚没有完全适应高度发展的资本主义。整体上物价趋向于下降,尤其是在美国内战至 1900 年之间的那些年里。原材料和食品的低价格对于欧洲资本主义来说意味着廉价的实物资本。

在很大程度上,为满足资本主义社会日益增长的需求而提高土地的产量,意味着对自然资源的破坏。美国的农业耕作,只要几乎免费的土地可用,就主要是消耗土壤自然肥力的过程。每英亩玉米的平均产量自 1866 年至 1893 年稳定下降。同样的"完全不科学的、浪费的农业方法"的故事,也发生在加拿大西北地区、阿根廷的小麦产区、新西兰、澳大利亚和俄罗斯。第一次世界大战前,德国每给定面积消耗的人工化肥,是俄国的 28 倍、加拿大的 56 倍、阿根廷的 360 倍。

这种耗竭经济的另一个方面是森林的毁灭。18 世纪的危机已经教会了欧洲国家保护森林。美国巨大的森林,只要它们依然是一种不方便,而不是财富之源,就会鼓励那些不计后果的使用和浪费行为,直到日益发展的工业化为反作用力创造了基础。美国人人均每年使用的木材依然是欧洲人的 8 倍。对矿物的榨取也是一种耗竭经济,就其中大多数实例而言,无处不在的世界性枯竭近在眼前。在一个像德国这样的现代国家,这种形式的耗竭经济(矿物的开采和利用)吸收了 1/3 以上的产业工人。所有大的行业都依赖于从地里挖出的无机材料。所有运输工具都倾向于"金属化"。在民用建筑上,除了一些森林国家之外,石料、黏土、水泥和钢铁取代了用于建筑的木材。

来自全世界的商品在欧洲经济世界的任何角落都变得可用:潜在的商品资本变成了实际的商品资本。这一结果尤其是通过技术和运输组织的发展来实现的。

技术的特殊贡献是保存易损货物的方法。最引人注目的是机械冷藏,依赖于氨水的交替压缩和释放。有冷藏设备的车间、船只和汽车,使得把阿根廷的肉制品运到巴黎和伦敦变得完全可行。蒸汽船和涡轮机,改良了的公路和铁路,再加上运输设备在数量和能力上的提高,全都增加了运输的简便性。当本杰明·富兰克林乘船前往欧洲时,他花了4~6周的时间;"萨凡纳"号(部分蒸汽驱动,部分靠船帆)用了26天;今天的班轮只需4~10天。瓦斯科·达·伽马(Vasco da Gama)花了314天到达印度;现代蒸汽船只需18天。交通运输的物理条件得到了极大的改善。

运输成本急剧下降。现代铁路运输成本是牛马运输的1/40~1/30。从1866年至1905年,运输1蒲式耳谷物从芝加哥至纽约的成本从23.40美分下降到了5.21美分;从纽约到利物浦的成本从5.92美分下降到了1.38美分。新鲜黄油从澳大利亚运到英格兰的成本是每磅1美分。在第一次世界大战之前,一个英国劳工可以用一天的工资支付一桶面粉从明尼阿波利斯运到英国的运费。这种运输成本的下降反映在总体持平并不断降低的粮食成本上:美国农民出售小麦的价格最终取决于利物浦市场的价格。

全世界的船舶总吨位从1890年的21 000 000吨增长到了1913年的50 000 000吨。很大一部分增长是在20世纪的头几年出现的。巨大的增长也出现在世界铁路的总里程数上——1890年是386 178英里,1913年是690 130英里。全世界平均每年的铁路投资在1841~1850年间是207 000 000美元;在1881~1890年间是618 000 000美元;在1900~1903年间是796 000 000美元。这些巨大的投资反映了"铁路建造了自己"这个说法所言不虚,其所借助的是它们给其他经济企业所带来的刺激。

运输的加速对于全盛资本主义的发展是必不可少的,并给现代商业方式带来了鲜明的特征。基本上,一切商业都成了世界商业。地方主义(乡村经济、行会组织等)逐渐消失了。人口随心所欲地分布和重新分布(见证了美国矿区和木材地区的"鬼城")。人口的集中,除了与市场或供应源的距离之外,还涉及十多种因素。现代运输为资本主义提供了来自天涯海角的必需的实物资本,仅此一项,就使资本主义免去了与限制条件的一般接触。它使得高度分化的生产形式中的劳动分工成为可能:埃及可以种植棉花;它可以从别的地方

无远弗届的铁路运输

得到粮食。廉价的移民运输有效地增加了大的殖民地区,以支持资本主义。像俄罗斯、东印度群岛和巴尔干半岛国家这样一些古老的种植地区,也被铁路和蒸汽船所"开拓",使得它们原本不可用的大宗产品可以到达西欧的市场。

第十五章 人口与劳动力供应

劳动力的供应源

没有劳动力供应,就没有资本主义。这个问题在资本主义早期有多么困难,我们前面已经显示过——企业家所能得到的那种劳动力在持久性、纪律和资本主义动机上是多么缺乏,为了获得某种劳动力而采取的措施是多么严厉,有时候甚至是不人道的。

1927年,一座偏僻小城的报纸上出现了一条短消息,大意说的是,这座规模很小的大学城需要100个木匠。消息是假的,但几个礼拜以来,陆续有木匠从四面八方赶来,寻求那子虚乌有的100个"职位"。而大卫·戴尔(David Dale)创建新拉纳克小镇时在寻找劳工上所遇到的麻烦则截然不同,这些麻烦几乎涵盖了与全盛资本主义有关的整个劳工史。全盛资本主义已经摆脱了地方主义,摆脱了乡村或行会的商业活动,摆脱了家庭依赖;它壮大了自己,因此总是有大量的人做任何(从资本主义的观点上讲)需要做的事。他们随时准备去"企业家的钱告诉他们应该去的地方",他们学会了操纵他的机器,学会了在他的考勤钟上打卡,他们适应了他的盈利动机,他们为了最高工资与他战斗,并互相战斗。

合法的奴隶制,尤其是黑人奴隶制,为资本主义提供了大量的劳动力,尽管正如我们将看到的那样,正是资本主义摧毁了奴隶制。说到奴隶制对资本主义的用途,最重要的方面是美国的棉花生产。当伊利·惠特尼在1793年发明轧花机的时候,棉花工业及其劳动制度在经济意义上无足轻重。在几年之内(1800年),南方各州不断生产成千上万包棉花,不断合法进口黑奴或者(在1807年禁止进口之后)走私和饲养黑奴,且由于棉花种植耗尽了地力而不断攫取新的土地,直到1860年,美国大约有450万黑人(并不全是奴隶),生产大约400万包棉花。南方人夸耀的"棉花为王",在我们这些紧盯着美国钢铁公司未发货订单月报、视之为我们的经济脉搏的人听来,不免有些古怪。它反映了纺织工业作为世界领头工业的过去的荣耀,美国的奴隶制给了它必不可少的——即便是暂时的——支持。

奴隶在棉花种植园里劳动

其他的奴隶制对全盛资本主义的意义不大:1840年,在几个欧洲国家的奴隶殖民地,在巴西,在荷属南非,奴隶的总数大概接近于美国的奴隶人口。

1833年,奴隶制在英属殖民地被废除,1848年在法属殖民地被废除,1865年在美国被废除。在其他地区,奴隶制持续的时间更长:古巴到1880年,巴西到1888年,埃及到1895年,在非洲内陆它至今是个问题。

关于奴隶制的经济意义,韦克菲尔德(Wakefield)有过精彩的表述[参见《对殖民艺术的看法》(*A View of the Art of Colonization*),1849年]:

> 殖民地各种不同形式的奴隶制是种植大宗出口产品的主要手段,那些繁荣兴旺的殖民地因为奴隶制而引人注目。直至最近,美国的几乎全部出口产品,包括食糖、稻米、烟草和棉花,都是由奴隶们联合起来并通过连续不断的劳动来种植的;在这样

的环境下，不可能通过任何其他手段来种植。根本用不着提及，我们也会想到西印度群岛和巴西的类似情形。

奴隶制在法律上的废除绝没有终结欧洲殖民地的强制性劳动。通过"契约劳工"的制度，本地土著人被严格执行的契约束缚于长期劳动，至少针对土著人是这样，并把他们置于雇主的控制之下，据德尔马(Del Mar)说，这一制度在大英帝国的属地——所有属地——被广泛使用。在南非，卡菲尔人就是这样受雇于钻石矿，在他们的合同期内被圈在集中营里。直到1906年，还有人试图从中国和印度引入劳工到南非，但这一努力由于政治困难而放弃了。荷兰人在他们的东印度群岛殖民地使用另外一套制度：强迫生产，即每个村庄有义务生产一定数量的产品，并按照规定的价格把它们交付给政府。刚果自由邦的统治者以更加残忍的方式应用了同样的制度。

然而，一般而言，资本主义不利于强迫劳动。仅凭技术的重要性就足以解释资本主义的劳动力供应为何必须建立在自由劳动的基础之上。这种对强迫劳动的憎恶，被表述为人道主义的言说，成了现代资本主义宗教的实际组成部分。在各个国家，以及在像国际联盟这样的国际组织中，这种人道主义的对不自由劳动的反对持续不断地发出自己的声音，并成功地从实践中消除了法律对强迫劳动的认可。说到资本主义对强迫劳动的反对，英国1800年前后废奴运动的领袖威廉·威尔伯福斯(William Wilberforce)提供了一个有趣的说明，他强烈地反对任何旨在控制英国劳动条件的立法——实际上，英国劳工的劳动条件远比他所反对的农业奴隶制的劳动条件更加糟糕。

但归根到底，我们关注的主要是资本主义的最终劳动力：无产阶级。它是由人口当中先前存在的哪些成分所组成的？这些成分如何变成了无产阶级？

老的经济形态——庄园（作为一个工作社群）和家庭（作为一个生产单位）——的崩溃使得很大一部分人口流离失所，使他们变得对企业家来说可转移、可利用。

在这种情势下，土地改革——这在几个欧洲国家意味着取代农业社会清晰的个人所有权——终结了农业社会个体成员五花八门的权利：森林和荒地，以及他在那里放养牛羊猪的公地，并把他降低为一个很不完整的农业单位的所有者——诚然，这个所有者身份倒是完整的——甚或剥夺了他的一切土地所有权。

一般结果是，那些"一蹶不振的庄稼汉"构成了一支相当可观的劳动力储备大军，随时听命于企业家的召唤。在英国，工业企业的工资提供了一个诱人的出口。普赖斯(Price)博士在他著名的《英国人口论》(*An Essay on the Prin-*

ciple of Population)中宣称,工业中心的人口增长"源自乡村教区和村庄的人口"。1834年,博尔顿的一个棉纺厂主在工厂调查委员会面前作证说,他曾把几种不同行业的手艺人召集起来,丢下他们各自的行当,去厂里纺纱,"但有更多的庄稼汉丢下他们的本业去纺纱"。圈地运动以及大规模耕作和商业化营销的发展,扰乱了古老的惯例:给予粮食、饮料及一些次要商品,并直接向劳动者销售小麦及其他商品,使得他越来越依赖自己的现金工资。工资很低(一天8~10便士),而且,像阿瑟·杨所提出的那些社会因素阻止了工资的上涨。阿瑟·杨相信,工人挣到的收入通常超出了他们养活自己所必需的开支,只要适当节俭,生活水平符合他们的社会地位,而且应该保持他们的工资水平尽可能低。他的模型预算是在这样一个基础上做出的:"像小麦面包、牛肉、羊肉、茶、糖和黄油这些东西,不应该混同于生活必需品。"农业劳工的茅舍通常是一个潮湿而肮脏的窝穴,有一个房间,一口铁锅便是主要的家用器具。即便是这样低的生活水平,他通常也不得不根据伊丽莎白时代《济贫法》的过时制度,寻求救济税的帮助。"贫民救济税如今(1787年)部分程度上成了工资的替代品。"很明显,英国的农场工人失去了他们早先拥有的独立和收入技能。

农场劳工的雇主则经常而且长期不断地抱怨,工资不断上涨,诱使他们的劳工离开农场。韦奇伍德(Wedgwood)曾自吹,陶瓷及其他制造业把一个粗野、穷困、与世隔绝的地区转变成了一个人口稠密、繁荣兴旺的地区,"工人们挣到的工资几乎是他们从前的2倍——他们的房子大多是新的,而且很舒适"。

在大革命期间,法国土地所有权的总体改变在土地拥有阶层的个人身上造成的变化并没有人们所想象的那么大,就所有权集中于个人手中而言,几乎没有什么可观的变化。1834年,据估计,21 456个家庭平均拥有880公顷土地,或者说,总共占有总计算面积44 750 000公顷当中的约19 000 000公顷。然而,法国的农业人口比其他任何西欧国家都更紧密地依附于土地:在1906年,法国58%的人口依然是农业人口。然而,下面这个事实表明,农业人口依然提供了大量工业劳动力:自1846年之后,58%这个数字代表了相对的和绝对的稳定下降。

在德国,19世纪中叶前后,一些同时代的观察者反映了某些条件的终结,这些条件与英国早先存在(现已摧毁)的条件类似。在威斯特伐利亚,"很多工薪劳动者几乎完全靠公地为生",在公共林地里"得到他们的燃料和肥料,放养它们的猪和牛"。他们向作者抱怨,如今,所有这些好处他们全都失去了,因为共有权终结了。同样的情况出现在莱茵河流域和东普鲁士。1811年,普鲁士的法律尽管很公正地规定了农民有权拥有足够的土地,可以继续作为一个独立的农场主,但让小佃户的日子很难过,实际上听任他们受地主的摆布。

在俄罗斯,米尔(村社组织,即使是迁入的移民也有权参加)的废除直到第一次世界大战之前才发生,当时,法律允许每个农民申请得到村庄的一块地,作为他的私有财产,只要简单多数同意就行。有人估计,有500万～600万来自村庄的移民就这样被无产阶级化了:成了没有财产的工人。

农业生活的一些古老形态在欧洲各地继续存在,直至资本主义的全盛时期。虽然形式还在,但它的继续是由于散工外包制所提供的工业就业和资本主义农场的季节性工资劳动而成为可能:生存经济(农场是其外在表达)再也不足以养活它的成员。

背井离乡的农民

每个地方的乡村农民在很大程度上都依靠某种工业活动,为自己挣得部分生活资料:这种情况正在走向终结。乡村纺织工业在英国的消失,被很多观察者视为"向在很多地区废除小地主或自耕农迈出的第一步"[盖斯凯尔(Gaskell)],是"抽掉手艺人的支柱"[哈里·斯图亚特(Harry Stuart)]。到1830年,这个过程完成了,纺织工业的散工外包制至少从英国消失了。

在德国,同样的过程大约从19世纪中叶开始。1837～1861年间,亚麻织布机的数量在西里西亚从11 620台减少到了7 936台;在萨克森,从13 503台减少到了9 022台;在威斯特伐利亚,从26 900台减少到了18 369台。德国的人口普查仅对这一时期的末尾(1882～1895年)给出了具体的统计数据,到1895年,只有67 244人依然在从事与农业有关的工业生产。半农业小生产者的淘汰也反映在钢铁工业的局部集中上:1857年有69%的钢铁企业在西里西亚、威斯特伐利亚和莱茵兰,这个数字在1895年是95%。普鲁士的酿酒厂从1831年的约23 000家减少到了1865年的7 700家,这又是集中的结果。

农业中简单日工的情况也是如此,他们更难以集中控制。与散工之间的短期契约关系取代了乡绅和贵族的家长式领导。英格兰农业生活的强化导致了每年的散工移民,他们来自爱尔兰、威尔士和苏格兰,并在其中每个国家从一个地方流向另一个地方。

人口流动

古老的公耕制农业土崩瓦解,工业使得资本主义的工资关系对越来越多的人口可用,与此同时,人口本身也在以非常快的速度增长。欧洲的人口从1800年的180 000 000人增长到了1914年的452 000 000人,这些数字仅仅讲述了故事的一部分。大规模的欧洲人口在美国、加拿大、南美、南非、澳大利亚和西伯利亚发展。这些地区的总人口在1800年大约是5 675 000人,1910年增长到了131 754 512人,因此,世界各地的欧洲人口翻了3倍以上。在三个主要的资本主义国家,即英国(包括威尔士)、德国和美国,数字甚至更引人注目:假设1800年的人口为100人,那么,1910年的人口就是495人,在110年的时间里,增长至最初数字的将近5倍。

一般增长似乎差不多完全源自死亡率的下降:至少,就我们的统计数据所能追溯到的最远年份(1840年)而言,其反映的早期死亡率更高。对整个欧洲而言,这个数字从早期的31.0%下降到了1900年的25.9%;对于西欧而言,1840年的死亡率是26.6%,而1912～1913年是14.9%。出生率也下降了,但没有死亡率下降得那么迅速。理论医学和实践医学、医院及卫生管理的进步,意味着几大死亡原因的实际消灭:天花、霍乱、伤寒症、肺结核(就多数病例而言)。财富的增长意味着更好的营养,因而增强了对疾病的抵抗力。资本主义,在与马克思所说的远为不同的意义上创造了它自己的无产阶级。

通过人口的总增长,新增的部分人口以及数量更庞大的潜在无产阶级,对资本主义的工资关系来说变得可用了。我们现在所关注的问题是,这个可用的无产阶级是通过怎样的过程被组织起来的。

首先,他们在大批大批地流动:背井离乡,进入工厂,或抛别故国家园,去往组织化程度更高的欧洲国家,或者漂洋过海,去寻找并服务于资本主义的新领地。

移民似乎是全盛资本主义最早阶段的典型特征。当英国正在经历向全盛资本主义过渡的时候(直至1850年),英国人(或大不列颠人)提供了向美国移民的主体:从1850年至1880年,移民的主体部分来自德国;之后,来自资本主义的外围国家,即东欧和南欧。另一方面,由于英国和德国已经彻底资本化了,它们的相对和绝对移民数急剧下降,这些地区流入的移民变得比流出的移民更重要。对于作为整体的欧洲来说,19世纪的移民现象被反映在下面这张表格中:

年 份	从欧洲流出的移民(每年每千人口)
1801~1820	0.08
1841~1850	0.96
1871~1880	1.10
1881~1890	2.06
1901~1904	2.72
1905	4.02

据估算,1914年之前,从欧洲移民海外的总数为3 000万~3 500万人。

欧洲国家内部的迁徙,规模几乎一样大,也几乎有同等重要的经济意义。农业地区的人口向工业地区流动。1907年,德国东部(不包括柏林和勃兰登堡)据估计有2 000 000多居民移居德国西部。乡村居民向城市流动:英国早在1851年就有50.8%的城市居民,如今它有78.1%的城市居民。法国依然有一半的农业人口,但在1851年,其3/4的人口是农业人口。德国的城市人口在1871年占总人口的36.1%,而在1910年是60%;美国1890年是36.1%,1920年是51.4%。

交通运输的高度发展产生了一种完全是现代形式的地方调整,以适应经济生活的需求:周期性的迁徙。我们都熟悉本国的移

去城里打工

民，他们坚韧地承受着最繁重的劳作，希望有朝一日回到老家，在那里享受有限的财务独立。接下来，出现了季节性的劳工，他们不仅在自己国内到处流动，而且从波兰到德国和法国，从意大利到法国和瑞士，甚至去阿根廷。在第一次世界大战前，平均每年大约有3 000 000人就这样周期性地从意大利流出。

对于资本主义来说，这些数量庞大的移民和人口迁徙很有意义。从欧洲向殖民地移民，就第一意图而言，明显是对资本主义的限制，是资本主义中心的一些必不可少的劳动力的流失。只要他们能够努力从他们为自己挣得的土地中谋取生计，他们就会完全退出资本主义的联系。在美国的免费土地时期结束之前，5/6的移民都转变成了自由拓荒者（或取代了已成为拓荒者的其他人的位置——这对我们的目的来说并没有什么不同）。然而，这一损失，由于这些拓荒者们以粮食供应和原材料的形式对实物资本的构成作出了贡献（这在上一章已经讨论过），从而被抵消了。但是，免费土地的终结导致了一次巨变。迟至19世纪最后10年，农场数量的增长是如此之大，以至于从统计上有可能得出这样的数字：每1 000个移民当中，有926个人成了拓荒者，或者取代了已成为拓荒者的美国人的位置。20年后（1911～1920年），农场的数量变得如此之小，而移民的数量变得如此之大，以至于每1 000个移民当中只有45个人成为拓荒者。在1899～1909年间，只有1.8%的"老移民"（即来自东北欧和德国的移民）和0.9%的"新移民"（来自南欧和东欧的罗曼语系、斯拉夫族和犹太族移民）成为农民。移民从农场转向了工业。移民正在成为美国资本主义劳动力供应的一支后援大军，也就是说，他们正在成为资本主义领地范围的内部迁徙者。

在欧洲的内部，人口迁徙一直是流向最先进的资本主义中心，一般而言，是流向英国、德国和法国。在这些地方，移民充当了资本主义劳动力的后援，并使得在最近50年的时间里资本主义在这些地区的迅速发展成为可能。在英国，外国劳工的移民是一个古老的故事：早在14世纪，爱德华三世就把佛兰德斯的纺织工人带到了英格兰。毫无疑问，很大比例的外国人在采矿工业，在成衣工业（伦敦东区的犹太人和斯拉夫人），在商行里，在旅馆和饭店企业，反映了英国劳动力供应的庞大援军。即使在商船队，受雇的外国人的比例也在1890～1904年间从14.6%增长到了22.5%，而受雇的大英帝国臣民，无论是相对数量还是绝对数量，都下降了。在瑞士，1905年不同行业的每1 000个雇员中有146～556个人是外国人；1911年生活在法国的100多万个外国人当中，60%的人受雇于工业企业。在德国，1910年外籍居民的总数是1 250 000人；除此之外，还有750 000个季节性劳工来自波兰、俄国和鲁塞尼亚。

都市运动

19世纪人口流动最典型的产物是城镇：城市、大城市、大都会。有必要再三指出，城镇人口的比例不断增长。在更宽泛的意义上，整个现代经济生活都被都市化了。

现代城镇并没有失去其中世纪前辈的特征。它依然由那些靠其他经济单位所创造的剩余为生的人所组成。然而，现代大城市以更复杂的方式、借助更精巧的技术来获得这些剩余。依然存在消费者的城市。一个像巴黎这样的大都会，它的大在很大程度上要归功于政府机构及大量雇员的存在，归功于观光客和临时居民的滚滚洪流。然而，国王和他们的宫廷作为城市的缔造者，已经被企业家和他们的资本提供者所取代。这些人给城市带来了居住者、娱乐的贩卖者和食品的销售者，带来了医生、律师、教师和新闻记者，以及整个一长串雇员和仆人。他们甚至可以带着工厂及其雇员跟着他们一起走，但这不是大型资本主义企业的特征。克虏伯家族在埃森，杜邦家族在华盛顿周边，但现代企业家或资本家、城市缔造者的典型方式是从那些与他们所居住的地方相去遥远的企业得到收入。他们可以居住在伦敦而操纵墨西哥的矿山，或生活在柏林而操纵南美的电力特许权。像中世纪的贵族、主教或国王一样，现代城市缔造者也是靠其他经济单位所生产的剩余为生；但是，不像早期的城市缔造者，他是使用金钱的力量而不是刀剑的力量来获得这些剩余的。

19世纪的大都市：巴黎

最常见、最重要的资本主义发展,尤其是我们眼下所关心的(人口对资本主义的地理适应),是生产者的城市。其中有一些,比方说汉堡和利物浦,依然主要是商业城市。然而,正是工业城镇和大都会,作为现代都市发展最显著的特征而出现在高度发展的资本主义时期。

当资本主义工业刚刚出现的时候,它对城市构建并没有多大的意义。正如我们已经看到的那样,它寻求的是乡村地区,或者由于原材料的问题或动力的难题,而寻求森林、矿山与河流。向蒸汽动力过渡、人口的增长及生产单位规模的扩大,都是创造性因素,使得手工业的小城镇发展为大城市,比如开姆尼斯、多特蒙德、伯明翰、里昂;或者把乡村地区打造成新兴城市,比如茨维考、巴约讷(新泽西)、鲁贝、罗兹。有些实例说明了这些城市的生产能力有多么巨大。

地　区	生产能力(人)	
德国	1816 年	1910 年
开姆尼斯	14 000(1800 年)	287 807
多特蒙德	4 465	214 226
英国	1760 年	1910 年
曼彻斯特	30 000～45 000	710 000
伯明翰	28 000～30 000	840 000
美国	1840 年	1920 年
扬斯敦	(该城尚不存在)	132 358
密尔沃基	1 712	457 147
底特律	9 102	993 678
法国	1800 年	1910 年
里昂	109 500	524 000
里尔	54 756	218 000
鲁贝	8 000	123 000
波兰	1800 年	1910 年
罗兹	200	404 000

当然,这些城市的发展部分要归功于工业之外的其他因素。美国的城市尤其是这样(克里夫兰、丹佛、明尼阿波利斯及其他很多城市),它们尽管主要是工业城市,但在很大程度上也充当了其所在地区的商业或金融中心,或者是

次要中心。另一方面，这样的城市究竟在多大程度上是工业城市，可以通过德国的一些城市来说明：波鸿是一座矿业城市，其70%的人口从事工业；埃森也是同样的比例；纺织业中心普劳恩有77%的人口从事工业。类似的比例存在于一些尚不完善的城市(比如密歇根州的那些汽车中心)，在这些城市，企业家和董事们都生活在别的地方，只有当有必要从事实际生产的时候才会留在现场管理。

作为一个经济概念，大都市主要但并不取决于规模，而是取决于功能。"一个村庄就是一个村庄所做的事，一座都市就是一座都市所做的事。"大都市做一座(任何种类的)城市所能做的每一件事。它是一个大地区的工业和商业中心，它的金融生活是以这样一种方式组织起来的，以至于能够主宰(或者至少是影响)国家和国际的天平。它是一座消费者的城市，定居在这里的人接受来自其他地方的剩余。它未必是一个政治首府。巴黎、柏林、伦敦都是大都市；华盛顿和海牙则不是。很多大城市不是大都市：旧金山是大都市，而匹兹堡则不是，尽管后者更大。英国和法国各只有一个大都市；德国和美国各有几个大都市。德国除柏林之外，还有慕尼黑、莱比锡、科隆和德累斯顿；美国除纽约之外，还有芝加哥、费城和旧金山。

当然，大都市的存在，取决于其增长了的商品生产及其对于一个更广阔地区的可用性，还有市区内高速交通的发展。公共马车、轨道马车、地铁、高架铁路、出租车和公共汽车标志着它不同的阶段。在柏林，"普通居民"每年"乘坐"交通工具的平均次数从1866年的20.2次增长到了1913年的516.7次；在伦敦，这个数字从1876年的22.7次增长到了1911年的221.2次。

大城市的发展依赖于它们对非城市群体的吸引力。人们来到城市，显然是为了趁着他们还年轻的时候改变他们的职业。在奥地利，各大城市里每1 000人当中15～60岁的人平均数是638～700人不等，而全国的这个数字是588人。在德国(1907年)，大城市里20～40岁的人所占的比例是36.7%，而大城市之外这个比例是28.7%。他们因为经济诱惑而来，尤其是对高工资的

纽约的高架铁路

希望，同时也为了非经济的理由——俾斯麦称之为城市的"刺激感"。

自由的传统依然与城市紧密相连——但如今，用不着"满一年"，就可以实现城市的免于人格权申请的自由。城市为资本主义精神的展现、它的智力活动、它的合理性、它精打细算的习惯，提供了一个独特的舞台。它是扩大生产的场地，正如我们已经看到的那样，最大的资本主义工业——建筑业——的发展要归功于城市的发展。作为劳动力市场，城市为资本主义工业提供了新成员，随时随地等候征召。

人口的技术适应

人口在技术上对资本主义需要的适应丝毫不亚于地理上的适应。资本主义必须有一个新的人类种族，随时准备"参与到自动马达那般毫无变化的规律性中"。早期的企业记录充斥着这样的证据：这种人并非大量存在，更常见的情况是，"工人的倔犟脾气习惯于一阵阵的不规律的勤勉刻苦"。这些表述摘自安德鲁·尤尔(Andrew Ure)的《制造业的哲学》(The Philosophy of Manufactures, 1861)一书，他觉得，"把已经过了青春期的人……转变成有用的工厂人手"几乎是不可能的。"自然人"没有遵守纪律的冲动，那需要受过专门培训的人。正如维尔纳·西门子所说的那样，分等级的工资和奖金一方面"引入了一种全新的生活"，而且阿克赖特引入的严格的工厂纪律——它是如此严格，以至于一字不差地遵守它成了一种颇受青睐的蓄意破坏的形式——发展成了一种颇为有效的大规模操纵人的技术。马克斯·韦伯坚持普遍清教主义的重要性，强调勤奋和"体面"，作为发展遵守纪律的工人的一种帮助。美国的禁酒法普遍被视为宗教组织与劳动力雇主结盟的结果。

有能力执行技术性的生产过程的工人，他们的发展被劳动分工简化了，劳动分工把大多数工业过程所必需的训练标准降低到了一个很低的水平。这种分工伴随着相当精细的劳动分类：工人不再只是师傅、满师徒工或徒弟，而是依据他们的技术水平(以及其他各种条件)被分为不同的等级。现代制鞋厂里没有鞋匠，而只有单独的裁剪工、缝纫工、抛光工等。企业家自然想让等级尽可能低的工人来做每道工序。高流动性正是这样训练出来的劳动者的典型特征。一个钢铁工人几乎不可能一夜之间成为一个纺纱工，但是，把制作光学仪器的技术转到制作计程器上，比把鞋匠的技能用在图书装订上容易得多。

劳动力的技术适应被带到了这样一种程度，以至于它本身也成了一种职业，几乎是一个学术分支。现代工厂的人事主管有一整套测试办法(身体的和心理的),以衡量应聘者对工作岗位的潜在适应能力。

技术的可交换性有利于劳动力的不稳定性。1913~1914年间,84家美国工厂在年初共有244 814个雇员,人员变动共有470 715次,平均每个工人1.92次。在欧洲国家,人员流动率稍低一些,1912年,德国玻璃工业的流动率约为0.50,冶金工业是1.72,金属品制造业是1.76,纺织工业是1.10,但机器工业高达2.06,化学工业是3.64(1907年)。在对健康特别有害的行业,在使用非技术工人比例最大的行业,工人流动率最高。另一方面,社会福利工作,比如克虏伯的工厂所从事的那些工作,对劳动力有着截然不同的稳定影响。例如,1906年,克虏伯的工厂的劳动力流动率是一个月4.64%,而杜塞尔多夫地区总的平均流动率是7.68%。

劳动力对资本主义的经济调整通过工资关系来表达。在更早的几十年里,蒸汽机和机器技术有明显压低工资的影响。妇女和儿童被广泛用来取代男性劳动力的位置。1875年,英国的纺织工业雇用了117 994个13岁以下的儿童。然而,从那时起,这个数字稳步下降,到1914年,所有文明国家都把童工数降低到了非常小的比例。在生活的经济方面,就像在其他大多数方面(除了家庭之外)一样,女人的活动空间越来越大。在德国,从事有报酬职业的女性所占的比例从1882年的18.5%增长到了1907年的26.4%;从事同样工作的女性,其工资从男性工资的3/5增长到了3/4。

资本主义组织压低工资的影响的另一个特征是使用落后的种族和移民,这些人已经习惯了自己的工资低于那些与企业家有相同种族和出身的人。在南非的矿区,有色人种劳工的工资大约是白人的1/8,因此我们毫不惊讶地发现,矿山经营者总是千方百计让尽可能多的工作由当地土著人来干。布赖斯(Bryce)声称:"经理的梦想,就是通过获得越来越庞大、越来越正规的劳动力供应,通过获得更廉价的玉米来养活工人,从而降低本地劳动力的成本……这样一来,白人就可能大大地降低身价。"在美国,有人全面研究过移民的影响,研究表明,没有家室的意大利移民能够把自己4/5的工资存下来。移民与黑人劳动力更大的可用性,大概是宾夕法尼亚煤矿工人的劳动条件低于西方矿工的一个重要原因。

资本主义社会有一种持久性,只要劳动力剩余不同程度地存在。除了自第一次世界大战以来在各国不断发展的失业的大问题之外,英国在战前10年的失业率在3%~7.8%不等,德国是1.6%~4.4%。失业要归咎于个人原因,归咎于技术和组织的改变,归咎于经济危机,正如我们将要看到的那样,经济危机是资本主义经济的常规特征。这样一场危机,1913年在纽约州导致了

克虏伯工厂的大炮生产车间

20.8%的失业率,1908年在英国的造船工业导致了22.7%的失业率。

然而,一般而言,资本主义组织的这种压低趋势并没有阻止实际工资在19世纪的实质性增长,尽管它们的增长低于利润的增长,尽管劳动力成本在几乎每一个行业都下降了,除了家政服务和个人服务行业。如果我们取1850年的总工资和总利润为100,实际工资总额的指数在1910年通常增长到了1 446,而利润增长到了2 248。也就是说,尽管存在资本主义劳动组织的压低作用,劳动力总体上还是有效地适应了全盛资本主义的经济发展。已经增长的劳动力需求,加上已经增长的工业利润(全都得到了恰当的整合),可以解释这种适应。

第十六章 市场的合理化

销路问题

充分发展的资本主义,以它的蒸汽机和钢铁技术,以及大大增加了的劳动力供应,能够生产出如此庞大数量的产品,那么,谁来购买这些产品呢?

分配理论一直五花八门,古典主义者坚持认为,生产过剩是不可能的,因为每一个生产者都会根据需求的多少来生产他的产品。悲观主义者(他们的理论在马克思的手里得到了最为有趣的发展)坚持认为,扩张的可能性受制于流动资本对固定资本的比例的持续降低。仅仅为了再生产固定资本中被消耗掉的部分,就需要越来越多的劳动力,留下越来越少的资本用来购买新产品。

不管这些理论是有效还是无效,有一点很明显:作为一种生产体系的资本主义,其发展受到了某些限制,就其性质而言,这些发展或多或少是偶然的。资本主义的产品被卖给非资本主义收入的获得者(即地主),卖给工薪劳动者,卖给边缘国家(用现代世界的术语说,也就是充分发展的资本主义中心,欧洲、美国和日本;卖给部分资本主义化的边缘地区,南美、非洲、印度等),以及当新的生产线需要整个一系列新的生产原材料时,便卖给自己。

毫无疑问,资本主义一直竭尽全力扩大它的外部市场。它要卖掉它过度生产的消费品:英国的棉纺工业把它的产品卖给全世界的农民和小资产阶级。它销售生产性的物品:殖民地的铁路,中国、日本和印度的靛蓝。与此同时,它也在更大程度上发展它的内部市场。它尽可能地发展外部和内部市场,以此解决它(在此之前)的销售问题。

内部市场在更古老的非资本主义收入获得者中发展。即使是在一个像英国这样发达的资本主义国家,1913～1914年间的地租收入依然占到国民总收入的18%。除这些人之外,还必须加上那些收入来自股票投机等活动、处在资本主义生产体系之外的人。公共机构的购买力来自税收和贷款,它们的需求由于政府活动的扩大而有了极大的增长。在1816～1913年间,法国政府机构的开支增长了386%,而人口只增长了31%;在1786～1908年间,整个欧洲国家集团的开支从人均15法郎增长到了79法郎,比人口增长快5倍。

然而,我们这里关注的,主要是欧洲之外的贸易扩张。尽管有人道主义的发展,但扩张的方法依然是残忍的,只要是这样的方法派上用场的地方,都是如此。当英国的棉织品生产需要新市场的时候,印度的棉纺工业就被关税和税收条例给摧毁了。"纺织工人的皑皑白骨,使印度平原变得白茫茫一片",但英国对印度的纺织品出口增长到了占总出口额(也在增长)的25%。欧洲各国和日本也是这样抢占中国的市场,直到它们发现,这个过程极大地增加了它们彼此的困难。在另外一些情况下,以鸦片、白兰地或火药的形式引入文明之福的权利,是通过武力和欺骗获得的。这种外国销路的必要性,一直阻止着几大强国的智囊们,使他们无法设计出制止国际鸦片贸易的有效手段。

外国市场发展的一个重要阶段是资本的输出。外国的一笔贷款,为了修建铁路或建设电力系统而筹借,并不必然意味着铁路或发电机会在借款国购买,但实际上,当你把钱贷给不发达国家的工业企业或政府时,所出现的情况正是这样。

1914年,三个最重要的债权国在外国的投资额如下表所示:

国　家	投资额(美元)
英国	17 500 000 000
法国	9 000 000 000
德国	6 000 000 000

据估算,这三个国家平均每年在外国和殖民地的投资额如下表所示:

国　家	平均每年投资额(美元)
英国	500 000 000～1 000 000 000
法国	400 000 000～500 000 000
德国	200 000 000～300 000 000

1914年,英国的年度对外投资超过了国内投资,比例是 4∶1。1917 年 1 月 1 日,在伦敦证券交易所挂牌交易的所有有价证券总面值为 9 324 400 000 英镑—— 一半以上是外国证券。巴黎股票交易所外国证券与国内证券的比例大致与此相当。然而,在德国,外国证券与国内证券之比自 1886 年之后稳步下降,直至第一次世界大战。

这种资本输出的很大一部分是以政府贷款的形式——将近占到英国对外投资的 1/2,法国对外投资的 4/5;其次是铁路投资,远远落后于政府债券,但遥遥领先于任何其他形式的投资。霍布森(Hobson)在《资本的出口》(*The Export of Capital*)一书中,以一种十分有趣的方式显示了铁路建设材料的出口如何紧跟着铁路建设资本的出口。例如,在印度的铁路企业中,33％的贷款(大部分是英国的)都回到了英国,用于购买材料,4％的贷款流向了其他国家。

在战前的 1/4 个世纪里,世界贸易国家(德国、英国、法国和美国)出口至其他国家的总额都大有增长,增幅从 2 倍和 1.5 倍(1901~1913 年间的南美)至 8 倍(1888~1913 年间的中国)不等。然而,这种与欠发达国家之间的贸易,其重要性比不上与发达邻国之间的贸易。即使就英国的情形而言,它在 1904 年与拉丁美洲、亚洲和非洲的贸易也只占到了出口贸易总额的 31.6％。

自力更生经济的总崩溃,给市场增加了新的买主阶层。就连粮食也成了在市场上获得的商品。饲养了成千上万头牛的西方的大牧场经营者们也依赖于市场上的灌装牛奶。农场主的妻子们要掏钱购买家里的面包供应。在城市社区,生活的这种商品化走得更远。在建筑业、在服装业,资本主义生产成了规则。这一现代化过程在债务国引人注目地运转起来了,在那里,缴税的义务作为一种为市场生产的强制推动力而发挥着作用,并因此为资本主义的销售力量提供了新的阶层。每一场移民者开拓新土地的运动,都会增加新的购买群体。

在其自身活跃的构造内部,资本主义屡次三番地加速它的新陈代谢。棉织品需求的增长导致了织布机需求的增长,然后依次是纱线的需求,高速纺织设备的需求,这些被哈格里夫斯、阿克赖特和康普顿(Compton)所满足;然后是对更多棉花的需求(伊利·惠特尼),对驱动机器(蒸汽机)的动力的需求,对制造机器的钢铁的需求,对生产钢铁的矿石、石灰岩和煤(焦煤)的需求等,不一而足。有时候,这种影响是偶然性的。对人工照明的需求产生了煤气灯;来自煤气照明的废料导致了苯胺染料工业。这种例证可以无限地重复下去,而无须澄清一个基本现象:每一次技术进步都构成了一条对于新的范围和数量

英国的棉纺厂（资本主义的生产创造了新的需求）

的商品的新的需求线。交通运输的发展，不仅开辟了新的领域并组织起了需求更大的人口，而且它本身也需要大量的钢铁和木材。电发展为主要的动力，创造了前所未闻的新种类的需求：钨在1800年有什么价值呢？

实际工资（无产阶级的购买力）的增长，表明了资本主义构造内部对消费品需求的增长。就指数而言，法国从1820年的55.5增长到了1900年的100；英国从1790年的37增长到了1913年的100。这种总体的翻倍对应于我们已经假设过的劳动生产率的翻倍：如果这一假设是正确的，那么，工人阶级所得到的总经济生产的份额，刚好与他们100年前所得到的份额大致相当。

市场技术与市场管理

商品的销路还因为销售技术的发展而增加了，销售技术所经历的变革，其激进和显著的程度仅次于工业技术的变革。稍稍反思一下我们在周围看到的情况，就会帮助研究者认识到，首先，需求本身（潜在市场）得到了引人注目的改进，使得销售更加方便：假如我们大家在某个特定日期全都产生了对草帽的需求，那么，对更多的人来说，生产和销售草帽就更加可行、更加方便、更加有利可图。这种有点不合逻辑的习惯，说明了高度发展的资本主义需求的一些十分普遍的特征。

很明显，有效需求来自一个这样的阶层，它完全不同于资本主义早期一家帽子工厂为之而建立的那个阶层："上层社会的人、政府官员、有钱人和富裕之家",除非可以说,与18世纪比起来,"有钱人和富裕之家"包括了更为广泛的社会群体。在19世纪初叶,出现了艺术与工业的某种分离,结合了有效需求在更广泛社会群体当中的扩张,导致了那种品格明显降低的风格,在英国和美国被称作"维多利亚式",铸铁狗(至今在很多古老的花园里依然可以看到)是这一风格最典型的纪念碑。然而,艺术与资本主义工业的这种分离并不是永久性的:19世纪末和20世纪初,广泛的国内需求证明了并依然在证明着其本身有能力引发格调高雅的生产。汽车设计的进步,自它开始以来(并且年复一年地)就充当了一个绝佳的例证。同样的现象和同样的一般发展曲线,可以在其他生产线上观察到:家具、织物、建筑、食品及其他很多产品,即便美洲草帽依然不符合任何已知的审美标准。

这种需求的民主化,可以通过收入的统计数据从算术上予以表达:在美国,年收入在2 000～5 000美元之间的人,其联合购买力是那些年收入在25 000～100 000美元之间的人的联合购买力的4倍以上。我们饶有兴趣地注意到,1914年之前,美国的货币购买力更低(例如,比德国低2/5～1/2),在生活必需品上尤其低,平均收入中留下来用于购买奢侈品的差额比欧洲更小。

生产者和销售者在现代需求中占据了新的一席之地:他们从需求的温顺奴仆,变成了需求的创造者。对某些产品的投机性需求不仅导致产量的增长,而且导致了品质的改变,如分等级的小麦。针对新发明的融资,决定了消费者的需求,如对电灯的需求。企业家对生产和销售的直接控制使他能够限定消费者的需求,这里还有很多其他影响参与进来,但关键点可以通过一个假想的实例来说明:如果消费者想要一个36.5瓦的电灯泡,对他来说,要获得它(从经济上讲)是不可能的;他能够获得一个25瓦或40瓦的电灯泡,而不是36.5瓦的电灯泡。如果他碰巧想买一本织锦书,以便用于他自己的镶边,但在最近之前的美国图书市场上,他买不到这样的书。在大多数情况下,可以通过广告让消费者相信:他想要的那种商品正是商家所卖的,以此来缓解心理上的不快。

这使得生产者能够改变生产方式,并且是频繁地改变。显而易见的例证是穿衣戴帽。前一年很容易买到窄边高冠的草帽,下一年,消费者就必须买宽边低冠的帽子了。在更合理的意义上,生产者在某项新发明允诺更经济的结果时会丢弃旧的机器。对资本主义市场来说,这两种情况的意义是一样的,都是一次新的扩张。

一般而言,时尚变化的这种加速延伸到了所有阶层的人口。19世纪初,法国农民的女儿理所当然地穿着本地的乡下装束,而现如今,她穿着现代流行服饰，只是为了化装舞会才穿着古老的传统装束。这被扩大到了所有种类的商品。起初，这只是穿着打扮的问题，后来，时尚在家具、房屋、汽车上也不断改变，逐年不同。它在地理范围上扩大了。俄国人、法国人和美国人穿着一样，随季节不同而一起改变，就好像步调一致似的。在1925年巴黎国际现代化工业装饰艺术展览会之前尚不为人知的极端现代主义的家具形式，1927年在大急流城生产出来了。有时候，需求很难控制。1930年之前，有人做过几次努力，试图在女人当中引发对长裙的需求，但都失败了。然而，迅速而连续地创造并强加新的样式，是一种明确的扩大资本主义市场的方法，使用时通常带有明确的结果预期。在某种意义上，个体企业家（生产者或商人）被他强加给消费者的同样的强迫所约束。

不断改变样式的一个必然结果是消费行为的不断加速：一套衣服只穿几个月。生产的加速增强了这一需求特征：大型都市报纸（包含的内容足够阅读一个礼拜）在城内短途旅行的过程中就被解决掉了。再者，歌德有大把的"时间"，可以在餐桌旁耗上3个小时，而纽约的职员只有10分钟的时间。

集体需求增长了。学校、图书馆、博物馆、医院、剧院、酒店、中心供水厂、中央加热和照明系统的建造和运转，公共通信工具的发展，越来越多的政府活动和公共机构，全都涉及这种需求向大单位集中。

对食物的需求在所需求食物的品质上有所改变。这方面更多的是平衡的改变，而不是新旧交替。一直就有不断增长的对工具和机器的需求，固定资本对工资的比例的增长。需求从重的、耐用的物品转向了轻的、不耐用的物品。衣服、食物、房子、交通工具全都被预计只比不断变化的品味更持久一些，在一段很短的时期之后，便为生产者准备好了新的消费者。替代品取代了古老的原材料：橡胶取代了皮革，菊苣取代了咖啡，人造黄油取代了黄油，棉花和再生毛取代了羊毛，冲压铁取代了熟铁。替代品是资本主义在与手工业制度战斗时的杀手锏。需求标准化的出现，部分是人们普遍被吸纳进类似的工作和生活条件的结果，部分是资本主义组织所发挥的控制力的结果。胡佛先生（Mr. Hoover）的规范局和标准局特意要在美国制造商当中着手减少产品的变化。锉刀和粗锉刀的类型从2 351种减少到了496种，医院用床从40种减少到了1种，这里提到的，仅仅是美国工业所实现的很多这样的改变中的两项。

为了满足不断改变的需求的范围和特征，市场在范围上，以及在作为确立交换价值的手段的效力上，都极大地增加了。

资本市场成了世界范围的。"拿破仑战争"完成了伦敦一直在争取打赢阿姆斯特丹的那场战斗的胜利，打那以后，直到第一次世界大战，伦敦对整个货币市场的宗主关系一直没有受到任何一场近似竞争的挑战。它作为世界贸易中心的至高无上的地位、英镑作为健全货币的至高无上的地位，以及现金流大量涌向和经过伦敦，使之成为金融世界无可置疑的中心；即使在第一次世界大战的金融大革命之后，依然使它作为金融中心拥有了超越纽约之上的优势地位。你可以说，即使在战后，美国在国际金融上的优势地位是通过伦敦市场来表达的。有一点并非不可能：当资本出口再次成为资本主义经济的正常组成部分时，1929～1932年间美国外国债券持有人的灾难——这是美国国外融资的不成熟、不发达组织的症状和结果——将会在美国再一次创造出不利于国外贷款的氛围，并导致伦敦重新获得在这一领域的优势地位。当然，这种可能性只有当英国回归金本位制（要么通过简单的恢复硬币支付，要么通过重估英镑的价值）之后才是可以想象的。刚好就在战前，伦敦市场共筹集了422 000 000英镑的外债，而美国是78 000 000英镑；战后（1920年），英国是40 000 000英镑，美国是464 000 000英镑。然而，伦敦有一个很大的优势：利率普遍较低，南美各国尤其表现出回归伦敦的趋势。巴黎和柏林直到战争开始在世界市场上一直很重要。

劳动力市场就性质而言本质上是地方性的，是特定的本地合同的对象。像德国和英国在1914年之前建立的职业介绍所，在微不足道的程度上使得劳动力市场在这些国家有了全国范围的延伸。

某些大宗产品发展出了世界范围的良好销路，比如小麦、棉花、铜、羊毛、咖啡等。随着连锁店在美国的发展以及"合作社"在英国的发展，零售商业才刚刚开始呈现出一个广泛组织的市场的模样。

作为一种比价和定价的手段，市场的效力由于信息传播机制——巡回推销员、消息传播（尤其是报纸）和广告——的有力扩张而得以增强。广告业的统计数据很不完整，但在美国，全国性的广告（区别于地方性的广告）支出在1922年是600 000 000美元。从我们现在的观点来看，这样的证据以及任何一份美国杂志的广告版面所提供的证据都表明：市场组织已经在很大程度上转变成了纸张和印刷油墨的形式。关于全国市场，这也几乎是一个不言而喻的自明之理。一

报纸与广告业的发展为资本主义市场提供了动力

家冰箱公司告诉《纽约时报》,它的凹版印刷版面上的广告招致几个南美国家的4次查询。

商业消息以多种形式发布。信用评价的发布于1830年出现在英国。1841年,纽约发展出了第一个涉及南方贸易的地区间组织。劳动力市场借助私营的和官方的出版物被高度组织化了,尤其是在欧洲。在德国,这样的机构在1911年实现了大约3 500万人的安置。在任何其他国家,这样的机构所提供的职位都不曾达到过100万个。当然,报纸的招聘和求职栏目在相当可观的程度上履行了这一类型的职能,它很重要,但在统计上不可度量。此外,还发展出了无以数计的专门化的报纸杂志,其中有一些是官方的,如一些领事公告;有些几乎是学术性的,如英国的《经济学人》(The Economist)和哈佛委员会的《经济统计评论》(Review of Economic Statistics)。日报的商业和金融版面大概是市场组织的这一方面最重要的形式。不仅商人和金融家,而且还包括最偏远地区的农夫和村民,都与市场保持着联系。在第一次世界大战之前,柏林的小麦价格每天被张贴在西伯利亚的村庄内。

所有这些市场的"透明化",使之成为可能的是商人心理的改变,是我们曾经指出过的作为早期资本主义风格的组成部分的那种保密习惯的消失,是市场交易价值的性质上的改变,以及是旅行和通信的机器工具的巨大进步。

我们这里指出的市场交易价值的性质上的改变,可以总结为一个词:去人格化。我们已经指出过资本市场的这一过程。它在劳动力市场上被下面这一发展所说明:工资级别产生于同工会签订的集体协议,并被雇主自愿采用。个人协商的工资,作为工业生活的一个特征,几乎消失了。在商品市场,从直接交货的面对面交易向通过样本和说明书交割的转变已经完成。例如,在芝加哥交易所,一批规定了数量和标准的小麦,并确保在规定的日期交付,被买卖多次,而没有一个买主见过他的小麦,甚至也没有见过样品。研究者完全可以试着总结一下使这成为可能的条件。

高度组织化的市场体系的一个附带性的结果,是价格的稳定。在第一次世界大战之前的20年里,法兰西银行的贴现率只有2%～4.5%不等;德意志帝国银行的贴现率年平均在3.12%～6.03%(1907年)之间。到1914年,几乎所有公司都采用了固定分红的政策,即使是当偶尔的好年成提供了可观的收益可以用于很大数额的分红时。在劳动力市场,越来越大的劳动力流动性和非个人化工资等级的发展,使得工资的变动与一般经济形势紧密联系在一起,并起到了延缓剧烈波动的作用。在商品市场,交易系统的发展起到了大致一样的作用,至少是在任何给定的时间给出准机械的结果。价格被固定和公布。每一个在那些资本主义程度不高的国家旅行的人，都要面对他所不熟悉的讨价还价的问题。有些旅行者把这种做法视为一种乐趣，这反映了固定价格在何种程度上成了我们经济实践的一个组成部分。1835年，一位法国观察者注意到固定价格是英国零售业的特征。在很大程度上，价格在买家和卖家交易之前就得到了控制，部分是通过生产者与零售商之间的定价协议（比如汽车），部分是通过针对像煤气、电和水这样一些商品制定的价目表，这些价目表要么是根据生产组织的章程，要么是根据政府的规章，而强制推行的。价格范围也会随着地点和时间的不同而有所降低。普鲁士莱茵省与威斯特伐利亚省之间的小麦平均差价的降低如下表所示：

年　份	平均差价（%）
1816～1820	59.0
1821～1830	23.4
1896～1900	12.5
1901～1905	4.7

在英国，不同时期小麦的最低价与最高价之比如下表所示：

年　份	最低价∶最高价
1401～1500	100∶2 000
1501～1600	100∶800
1601～1700	100∶350
1701～1800	100∶450
1801～1810	100∶214
1801～1825	100∶237

在汉堡，铁的最低价与最高价之比在1871～1880年间是100∶258.8，在1895～1904年间是100∶150.6。

组织良好的国际贸易的发展、所有供应源被纳入一个单一的市场组织，以及交通运输的技术和组织的发展，都是使得这一稳定成为可能的因素。这些因素是如何发挥作用的，可以通过描述阿根廷不断改变的情况来说明："以前，阿根廷的做法是，用船把一个谷物年的前7个月的几乎全部剩余产品运走；例如，1908年，总共输出剩余产品139 200 000蒲式耳，其中，7月底之前出口的是 121 600 000 蒲式耳。然而,如今,期货市场已经出现在布宜诺斯艾利斯和罗萨里奥,种植者不再完全依赖出口市场;如果他对未来看好的话,他会控制他的实际产出,并且——如果必要的话——用期货保值。"

通过贸易"限制",市场的合理化扩大到了个人自由活动的几个重要方面的限定条件。银行的目标通常是通过立法来实现对货币和信用市场的集中控制。总的目标是要实现这样一种组织:既能够提供对货币市场的准政府控制,而又无须让政府参与银行业务。这样的集中控制在苏格兰、英格兰、法国、德国、日本及其他国家很早就实现了;在美国,只是后来(而且是部分地)才通过 1913 年的联邦储备法案得以实现。

工会的力量日益强大

到 1914 年,熟练工人的劳动力市场开始普遍被工会控制。在 19 世纪初叶,工会普遍被法律所禁止,在 1824 年得到了有限的法律容忍,仅仅在 1865～1875 这 10 年间,工会才被实际上承认为确保工资及其他劳动条件改进的恰当组织。1868 年,一份部长声明把"容忍"扩大到了法国的工会,但直到 1884 年,它们才获得了完全的合法身份。英国 1871 年的法律宣布,工会仅仅因为它们处在贸易限制中才不再被认为是非法的,并对它们的资金给予法律保护。德国的无产阶级对政治表现得比对劳动条件更感兴趣,并分裂为 3 个一般团体:社会主义者的工会、赫尔施—邓克尔工会(激进自由主义),以及基督教工会联合会。然而,在德国及其他国家,1870～1912 年间,工会发展了数量庞大的会员——英国和德国超过 3 000 000 人,全世界是 13 892 434 人——与收入的增加尤其是经济力量的增强相适应。然而,它们在控制工资上的效力很难衡量。有一点很明显：在一个不断增长的市场上，它们为工会成员获得了相当可观的好处；另一方面，在一个组织得很糟糕的或者不断衰落的行业里，它们遭受了大量的分裂瓦解。我们不妨把美国的铁路兄弟会与英国和美国东部的矿工联盟进行一番比较。

各国工会成员数　　　　　　　　　　　单位：人

年份	英国	德国	法国	美国
1870	142 530	—	—	—
1880	251 453	—	—	—
1890	456 373	277 659	402 125	—
1897	—	412 359	—	444 500
1900	1 955 704	580 427	492 647	865 400
1905	—	1 344 803	781 344	1 945 000
1910	2 446 342	2 017 298	977 000	2 003 100
1912	3 281 005	3 753 807	1 027 059	2 526 112

商品市场越来越受制于控制权的集中，下一章我们将讨论这个问题。

景气、周期与危机

"Konjunktur"（景气）是德国经济学家杜撰的一个名称，用来表示不可控制的、可变的市场情况的总和。尽管已经发展的资本主义在很大程度上成功地避免了像作物歉收、饥荒和瘟疫这样一些天灾（在我们这个故事最初的几百年里，它们是危机的主要原因）所带来的经济后果，但与此同时，它也变得容易受到持续不断的变化和波动的影响，这些并不完全是自然事实或"不可抗力"，但似乎有着一样的必然性和不可预测性。扩张周期之后，紧跟着萧条周期，接下来又是扩张周期。这种连续交替被称作"商业周期"。它们有几个不同的类别。较小的变化（对于这些变化，人们通常并不使用"周期"这个名称）每隔两三个月发生；某些范围更广泛的波动（"周期"这个名称专门用于这种情况）持续时间从18个月至7年不等。最后，整个19世纪的经济生活明显有4次大的波动：1822～1842年的衰退，1843～1873年的扩张，1874～1893年的衰退，1894～1913年的扩张。

在扩张时期向衰退时期转折的关口，无论是在这种更大的周期性波动中，还是在较小的中间变动中，都会出现那种特别令人不快的被称作"危机"的现象；就性质、强烈程度和范围而言，依据紧随其后的扩张而有所不同。这些波动的某些征兆性的特征几乎可以从统计上进行度量。作为周期过程的一个实例，我们可以取德国在1895～1901年之间的较小波动为例——1895～1900年扩张，1900年出现危机，接下来在1901年衰退：

1. 物价的迅速上涨：煤从12.6马克上涨至17.1马克，生铁从65马克上涨至107马克。

2. 利润的迅速增长：德国工业公司的平均分红从7.34%增长到了10.96%。

3. 新企业数量的迅速增长：1894年新成立了92家企业，总资本为8 830万马克；1899年是364家，总资本为54 440万马克。

4. 生产的迅速扩张：矿产品从4 530万吨增长到了17 470万吨。

5. 股票市值的迅速增长：印花税从900万马克增长到了2 100万马克。

6. 股票销售的迅速增长：过户印花税在1894年是800万马克，1900年是1 300万马克。

衰退开始表现在所有这些增长的逆转上：

1. 不断下降的物价：锅炉用煤从1900年的22.4马克下降到了1901年的17.4马克，矿产品价格指数从108下降到了89。

2. 分红的限制：1901年5 500家上市公司当中，1 869家公司决定不派发红利，1 003家公司亏损。

3. 新企业数量的下降：1900年261家，1901年158家，1902年87家。

4. 越来越低的产量：生铁从1900年的850万吨下降到了1901年的790万吨。

5. 股价的下跌：1900年产生的印花税是2 100万马克，1901年是1 450万马克。

6. 股票销售的下降：1900年过户印花税带来的收入是1 300万马克，1901年是1 240万马克。

资本主义经济萧条所特有的区别性特征是，它是以下跌的价格和过多的供给（从市场的观点来看）为特点，而早年的萧条则以供给不足和价格过高为特点。

第一次资本主义的危机大概是1788年的那场危机，西欧一些资本主义程度更高的国家，如英国、法国和荷兰，都强烈地感受到了这场危机。英国东印度公司任命了一个特别委员会对此进行研究,其报告中的措辞,只要稍加扩充和改变一些术语,就完全可以被20世纪的经济学家用来描述1929年的危机:"制造商们在1788年抱怨的那些困苦,源自制造商自己把他们的企业推出了针对虚拟资本的所有限制。"在法国和英国,美国独立革命之后的那些年以商业的激进扩张为标志。英国所制造商品的价值从1783年的3 200 000英镑增长到了1787年的7 500 000英镑。法国的对外贸易额从1783年的683 000 000里弗增长到了1789年的1 072 000 000里弗。货币很充足,新的企业,像法国东印度公司、自来水公司、保险公司、地产公司,以相当可观的数量组建成立。股票市场的股价急剧上涨。1788年,危机来了。对外贸易下降了;物价下跌了;英国和法国有成千上万的工人失业了;货币,亦即信用,突然间开始"紧缩"了。接下来,像今天一样,人们倾向于把自己所遇到的麻烦归咎到政府头上。英国人声称,他们的麻烦是因为东印度公司在1788年进口的棉布比通常从印度进口的更多;法国人声称,他们的麻烦是因为政府允许外国人参与殖民地的贸易,在印度贸易中确立了新的垄断,并在1786年与英国订立了一项条约。这场危机相对而言比较短,1790年,贸易再一次在这两个国家迅速扩张。

失业是萧条时期最引人注目的现象

除了1793～1815年间由于战争所带来的扰乱之外,接下来的一次危机出现在1815～1816年间,当时,大陆国家的人们再也不能像英国人所预期的那样大手大脚地买东西了,这导致了很多商人和银行的破产。1825年,另一次危机(在英国尤其严重)紧跟着一段臭名昭著的贸易过度和疯狂投机的时期而出现了，关于这次危机，有故事讲到，有几船溜冰鞋和长柄暖床炉被出口到里约热内卢，还认购了一个子虚乌有的南美共和国的外债。1837年的危机从美国开始，表面上与各州银行(它们取代了第二合众国银行)过度的信用扩张有关。危机很快就蔓延到了卷入对美贸易的欧洲中心：伦敦、利物浦、安特卫普、勒阿弗尔和汉堡。比利时银行不得不在1838年宣布破产。英格兰银行不得不求助于法兰西银行。汉堡出现了麻烦，即使是受影响较小的法国，也有一家大公司(奥廷格公司)不得不关门大吉。19世纪40年代的铁路建设，加上欧洲普遍的马铃薯歉收，导致了1847年的另一次危机。来自加利福尼亚的黄金极大地增加了黄金储备，由此引发的"淘金热"导致了又一个过度投机大发展的时期，并产生了1857年的危机，英国和法国最严重，荷兰和比利时的情况好一些，美国极其严重。1873年，一场金融和工业崩溃几乎同时在纽约和维也纳开始，整个世界都感觉到了。刚刚开始现代工业发展的德国受到了严重影响。1893年的危机在美国由于其金融体系的不健全而特别严重。1907年，一场"银行家危机"也对美国产生了特别重大的影响。

接下来，在所有文明国家，出现了世界历史上前所未有的一段繁荣时期。大为增长的产量、不断上涨的商品价格和股票价格、新公司股票首次公开发行的巨大扩张，与表面上取之不尽的低利率信贷供应刚好同时。然而，这次繁荣像早先的扩张时期一样，在1913年的世界性危机中达到了顶峰。尽管工业遭受重创和长长的等候领取救济物品的队伍是大危机中的常见现象，但没有出现大规模的破产盛行。然而，它依然是如此广泛，以至于在整个资本主义地区几乎是普遍的。

一般来说，经济衰退的严重性在19世纪似乎有所减弱。大多数资本主义国家都学会了以这样一种方式使用它们的银行体系，以至于能够在扩张时期遏制商业的过度发展，并因此减弱接下来的危机的严重性。法国尤其是这样，在那里，法兰西银行把一个极其合理而灵活的组织与谨慎而睿智的管理结合了起来。贴现率提高了，这不仅仅是为了保护银行的收支平衡，而且也是为了阻止商业信用的过度扩张。当危机到来的时候，法兰西银行就通过纸币的自由发行减缓了信用的"紧缩"。这个一般的实践路线被所有有着强大的中央银行的国家所遵循。1857年的危机是英国最后一次没有受到约束的危机；1873年的危机是德国和奥地利最后一次没有受到约束的危机。在美国，扩张和衰退一直不受控制，直到联邦储备系统的建立，它提供了一个预计将会以同样的方式发挥作用的工具。

纯粹的经济基础设施的扩建，减弱了特定扩张的扰乱性影响：修建1 000

英里铁路,在1840年是一个远比在今天更加重要得多的因素。商业向大单位集中有利于更保守、更有远见的政策。管理得当的公司以未分红的剩余利润的方式积累了相当可观的资金。法律控制和交易规则把严格的限制强加给了新企业的扩张。英国早在1865年就学会了这一课,德国在1872~1873年的危机中学会了,而美国则直到1907~1908年的危机之后才学会。最后,企业家也学会了把危机和衰退当作某种前景而予以接受,并在制定他的企业方针时把它纳入考量。

第十七章 企业组织的合理化

正是在企业的组织中,合理化的过程在原则上最完善,在实践中最彻底。这个过程在工业企业最明显,因此,本章所使用的例证大多取自经济生活的工业(生产)部分。然而,同样要记住的是,同样的过程正在商业企业的组织中发生。经济学教科书上经常宣称,在19世纪,商业把它之前一直占据的主导地位拱手交给了工业。这句话说出了一个并不非常明显的真理,尽管偶然的一瞥就会揭示出:它必定是不完美的。销售和制造始终必须平衡:商人所卖的商品不可能多于厂商生产的,制造商不敢生产超出商人所能卖掉的产品。上面的说法中那个不太明显的真理仅此而已,方法的改变(因此也是企业的机会)在商业中没有在工业中来得那么多。具体来说,像连锁店和法人组织这样的策略用于商业实践,比托拉斯和企业联合用于工业出现得更晚。

这个意义上的合理化在欧洲的经济世界相对较新。成本会计应用于工业过程的各个组成部分(例如,每磅蒸汽压的成本、每单位原材料的运输成本、运转旧机器的成本对比购买新机器的成本)在上一代人当中几乎完全是新的。合理化的过程远没有完成。在最先进的美国,胡佛委员会在1921年发现[《工业中的浪费》(*Waste in Industry*)],在那些组织得最好的工业企业也存在相当可观的浪费,而普通企业的浪费则还要高1.5~4.5倍。

首先,合理化过程涉及利用和发展一种新形式的企业联合,即股份有限公司,它使得一种新型的资本集合成为可能;这种集合,就单位而言远远超出了个人信用的可能性,就关系而言原则上避免了一切亲身投入。其次,企业联合和控制权的集中有助于更高水平的组织发展,以及企业家的潜在活动范围的

美国不同行业的浪费

行业	组织得最好的企业	普通企业	两者之比
男装业	26.73	63.78	1∶2.5
建筑业	30.15	53.00	1∶1.75
印刷业	30.50	57.61	1∶1.89
制鞋业	12.50	40.83	1∶3.5
金属业	6.00	28.66	1∶4.67
纺织业	28.00	49.20	1∶1.75

扩大。不妨使用一个军事比喻，司令部的组织不仅包括指挥千军万马的将领，而且还包括指挥百万雄师的元帅。再次，企业的内部运转被置于客观而精确的度量控制之下，这样的控制针对一切涉及利润回报的活动。所有这一切都是组织化，并不必然涉及社会的或伦理的利益，但一定涉及资本主义企业最重要的原则：盈利。

股份公司

这一组织合理化的主要表现是股份公司这一企业联合形式的发展。亚当·斯密在《国富论》(1776 年)中认为，股份公司仅仅适合银行、保险、运河与公路修建，以及城市的自来水供应。如今，当任何有相当规模的企业依然是个体企业甚或是合伙企业时，这个问题颇值得评论一番。

股份公司，或者赋予它一个更接近于它在经济生活中的功能之根源的名字，叫做可流通股份公司，在亚当·斯密的那个时代，人们并非不熟悉；但它的发展非常有限，这一点在他的评论中已经指出了。然而，甚至在他的有生之年，他就已经认识到，他所设想的那些理论限制被证明是错误的。在美国独立革命和法国大革命之间的那些年里，法国和美国都爆发了组建公司的浪潮。法国大革命，尤其是国民议会时期，以一次决定性的针对新经商方式的反动为标志，所有股份公司在 1793 年通通被废除。在亚历山大·汉密尔顿的保护下，这种聚集资本的方法在美国继续盛行，尽管公司的组建有一段低落的记录。

1807 年的《拿破仑法典》中《商法典》为股份公司的组织提供了最早的一般法律。它规定了两种公司。"société anonyme"(股份公司)与现代的股份公司类似,不同的是股东的责任依据公司的章程,要么是有限的,要么是无限的。这种类型的公司受到严格的官方监督。"société en commandite par actions"(股份两合公司)是传统的隐名合伙关系,隐名合伙人的资本被分成若干股份。这种类型的公司不被视为法人机构,也不像股份公司那样受官方的监管。只有现任经理对公司的债务负完全责任。《商法典》的这些规定,成了比利时、荷兰、瑞士、意大利、西班牙、普鲁士及汉萨同盟城市的《公司法》的基础。

伦敦股票交易所

真正的股份公司在法国发展得有些缓慢,一直局限于传统的银行、保险和公用事业领域。在拿破仑时期只创建了12家股份公司,整个复辟时期(1815～1830年)是122家。而股份两合公司要多得多,它们是19世纪30年代末和19世纪40年代大多数可耻的公司发起活动中所使用的工具。在1840～1848年间,177家股份公司筹资开办,1 400家股份两合公司创立。直到1867年,当政府放松了对股份公司的严格控制时,这种类型的公司才变得盛行起来。

在19世纪30年代,比利时大多数最重要的采矿和冶金企业都是作为股份公司创立的。大约120家比利时公司在1838年和1848年的危机中幸存了下来,比繁荣的那几年里每一年创立的公司数还要少。在德国,除普鲁士之外,1850年之前没有一部州立的公司法。在英国,1720年的《泡沫法案》禁止在没有国王或议会的特许状的情况下以可转让股份的形式组建公司,这样的特许状很难获得,而且代价高昂。这一限制仅仅在 1825 年有所放松,但即使是打那之后,英国议会依然拒绝承认有限责任的原则,直至 1855 年。

作为法人机构组织起来的股份公司大概是从企业中排除人格因素的主要象征。其基本观念是抽取部分财产,并根据法律虚拟,赋予这部分财产以不同的商业功能。公司买进和卖出,订立债务契约,雇用和解雇工人。高管和雇员只不过是行使财产权职能的人员,股东只不过是债权人。比方说,如果公司破产,高管和股东既不承担法律责任,也不承担社会责任;他们可以立即组建另一家公司,购买破产拍卖的财产,不理会最初的公司所欠下的债务,拥有完全良好的身份和信用。

公司——或者说法人,像美国语言里有点不正确的称呼那样——在每一个企业分支和每一个地理区域普遍盛行。在这一发展走得最远的美国,1914 年制造的所有商品当中,有 4/5 的商品是由这样组织起来的企业生产的。在 1885～1913 年间,英国的股份公司的数量从 8 692 家增长到了 60 754 家,1913 年的平均资本是 200 000 美元。德国的股份公司在 1909 年只有 5 222 家,平均资本约为 700 000 美元。在法国,1889～1913 年间共组建了 25 451 家股份公司。然而,必须记住的是,个体形式的企业在数量上依然占优势。即使在美国,也只是在 1919 年,股份公司的数量才超过个体企业。

股份公司起初是基于一系列的"股份"发行,其发行严格依照"认购人"所认购的货币资本的总额。然而,在 19 世纪,这种简单做法成了例外,而不是典型。除了"普通股"(代表了剩余所有权和利润的无限分享)之外,典型的股份公司还发行:

(1) 优先股,对资产和收益拥有优先的但是有限的权利。

(2) 公司债券,或者说是对债务的无担保承认书,带有固定的利率。

(3) 有息债券,或者说是带有固定利率的债务承认书,以资产抵押为担保,抵押契据由信托公司持有。

普通股有时候又被分为有投票权的和无投票权的两类;优先股常常以几个系列发行,有不同的权利和收益率;有息债券常常也有几个系列。简单的公司组织(只有普通股)典型地在两种情况下出现:一家带有不确定性的新公司,不能为有息债券或优先股提供抵押担保,比如一次采矿冒险或一家汽车厂;一家十分兴旺以至于能够收回有息债券和优先股的组织。

公司的控制权名义上在普通股持有人的手里,与所持有股份的数量成正比。然而,他们当中大多数人都不投票,哪怕是通过代理人,实际控制权通常掌握在一小撮人的手里,他们是公司真正的创办者。偶尔,他们也使这一寡头地位正式化,方法就是把投票权局限于特殊类型的普通股(B类股票),这些股票只对他们发行,并只有在支付给一般普通股(A类股票)一定的分红之后才分享利润。无论是哪种形式,股份公司的实际控制权都被有效地掌握在主要企业家的手里,只要他们成功地创造利润就行[1]。这就是企业家为企业的发展所找到的机会最完美的形式。

股份公司提供给企业家的一个很大的优势,就是把一连串个体企业在他的集中控制下联合起来的可能性。在第一次世界大战之前的德国,德意志银行在另外186家公司中拥有董事职位;德国通用电气公司的25位成员拥有481家公司的董事职位;大经济学家瓦尔特·拉特瑙(Walther Rathenau)拥有35家公司的董事职位。在美国,1912年,18家银行企业通过其180位成员,拥有134家公司(总资本超过25 000 000 000美元)的董事职位。在荷兰,9大银行在300家公司的董事会中有自己的代表。这种联系还伴随着更正式的手段:子公司(多用于公用事业领域)和控股公司(在铁路公司尤其受青睐)。这些策略最早是在美国发展起来的,然后蔓延到其他国家。它们意味着一家机构对另一家机构的某种从属关系:股份交换是另一种联合形式,有助于把互相竞争的机构在一个平等的基础上捆绑在一起。

这种企业间的结合有助于给企业家带来更广阔的活动范围,并为他提供了一个机会(即便不一定是实际上的,至少是预期上的),可以把最高形式的合理组织应用于更大的联合企业,既在外部关系上(金融、市场),也在内部关系上(生产的组织)。人们普遍说,总共有三四百个人管理着整个欧美的经济生活:只有通过股份公司控制的网络,这一点才成为可能。

从宽泛的意义上讲,这个事实可能是向晚期资本主义制度过渡的征兆。它标志着资本主义已经从早期阶段走出了多远,在那个阶段,资本家的商业理想以那句彻底资本主义的谚语为标志:"竞争是贸易的生命。"有意义的是,这一结合过程的伟大代表之一瓦尔特·拉特瑙建议,把德国完全组织为一家单一的大公司。这至少是一个合乎逻辑的建议。如果这样一个组织完成的话,结果将会完全不同于资本主义。

对所有这些集中控制之下的企业结合来说,金融家的技艺就像制造商或

---

[1] 关于这个一般情况,一个有趣的注解是,1929年初围绕印第安纳州标准石油公司一位成功经理的被解雇而爆发的冲突。多数股票碰巧掌握在那些不赞成其某些道德方面的行为的少数股东的手里;要不是这样的话,很明显,他会被继续雇用,因为多数股东会投票(或让代理人投票)支持他。

世界各地的股票交易所

商人的技艺一样必不可少。现代企业家必须集这三者于一身。例如，像通用汽车公司这样一个组织的管理团队，不仅要包括维持生产线运转和尽快销售产品所必需的技术，而且还要能够以井然有序的方式调动各个子公司的金融装备。

经济企业的大单位对小单位的取代

1914年之前的四五十年里，最明显的发展之一是大型企业，这些企业在它们所涉足的不断发展的领域里占据着越来越大的份额，因此留给其他企业（更小的经济单位）的空间越来越狭窄，不断将越来越多的现有企业排挤出去，阻止了其他可能出现的企业的发展。

这一集中有两个方面。首先，从纯经济的角度来看，事实证明，在很多领域，以更大的单位经营业务更加有利可图；作为结果，小单位被大单位所取代。例如，在1910年的美国，有数百家小规模的汽车制造商，如今，大概只有50家单独的公司；汽车制造被集中在数量更少的公司，虽说生产出来的汽车要多得多。其次，从更具政治性的角度来看，现有企业联合的实现（有时候在全国范围内，甚至在国际范围内），是为了消除非成员企业的竞争的目的。美国的托拉斯、德国的卡特尔和辛迪加、法国的康特瓦（comptoir）、英国的联合企业和（制造商）联盟、美国的兼并，以及带有国际性质的各种联合——比如荷兰皇家壳牌石油集团（荷兰与英国联合）、土耳其石油公司，以及德国、法国、比利时和卢森堡的生产商所组成的大陆钢铁卡特尔，都是这一现象的显著例证。

其中第一种集中，很早就被不同的人口普查报告和年鉴所给出的统计指标所认识（即便未必很早就被度量）。

在经济企业最大的领域——农业，在西欧的范围内，集中依然几乎完全被排除在外，在1914年之前，只有在美国和俄国才依稀可以看出些许迹象。在企业的所有其他领域，如工业、交通运输业、商业和银行业，集中已经有着十分重要的意义，看上去注定要变得越来越重要。

在工业企业中，集中的过程，部分被劳动力在不同规模企业当中的分布所反映。在德国，采矿和制造企业一般平均工人数在1882～1907年间从2.7人增长到了5.2人，即将近翻了1倍。更有意义的是，大型企业所雇用的工薪工人相对于小企业雇工在数量上成比例增长。1882年，雇员在50个以上的工业企业所雇用的工薪劳动者所占的比例是26.3%；1907年，这个数字增长到了45.5%。大多数工业企业的工薪劳动者依然在小企业工作；但在采矿业，小企业几乎消失了，在机器制造业、化学工业和纺织工业，它们下降了将近30%。在美国，采矿业和制造业的集中比德国的更大。工业企业的平均工薪工人数在1899年是10.4人，刚好是1907年德国这个数字的2倍。然而，工业集中的这一特殊阶段似乎在1919年达到了顶峰并开始下降。在英国和法国，集中过程要缓慢很多。在法国，雇用1～5个工人的小企业的工人数在1896年占到了全部工人的27.7%，1906年是24.6%。

在交通运输业，就其最现代的形式而言，集中与联合似乎取决于其所履行功能的性质，以及盈利的冲动。邮政系统从一开始就是政府控制的垄断行业。在大多数国家，电报电话系统也是如此，但在美国，它们都是由私人拥有，依然只有两家电报公司，而在电话领域，美国电话电报公司傲然独立，除了偶尔有一些地方性的公司之外。这三家公司全都是先前就存在的小企业的联合。凡是铁路被私人所拥有的地方，发展也是沿着同样的方向。在英国，第一次世界大战前共有7家铁路公司，如今只有4家。在法国，共有6家铁路公司。在美国，1877年，13家最大的铁路公司经营着当时现有里程数的25.5%；1909年，1320家铁路公司当中，53家经营着总里程数的66%。"控制权"更明确地集中在8家集团，涵盖总里程数的70%。类似的过程在有轨电车运输中也可以观察到。公路与河道运输直到晚近一直带有小公司性质。海洋运输是对联合企业最有利的领域。

商业(买和卖)以从事人口的巨大比例(而且一直在增长)为显著特征:澳大利亚是18.6％,英格兰和威尔士是14.4％,美国是12.2％,法国是10.0％,德国是6.2％。它也以不断增长的集中为特征:大都市的大型百货商店、邮购商行、连锁店等。然而,小公司依然把它们的相对地位维持到了1914年。法国的统计数据(在这一点上区别得最详尽)显示了最小企业(1～5个雇员)当中从业者比例的轻微下降:1896年占所有从事商业的工薪劳动者的55.6％,1906年是54.4％。独立商人(最宽泛意义上的)与从事商业的工薪劳动者之间的一般比例只有不到1∶2。雇用帮手的企业的平均人员数是:1896年是2.6人,1906年是3.0人,1906年是2.8人。即使是在批发行业,尽管有大企业发展的自然空间(领域的规模、信用的必要性等),但各种不同的因素依然对小企业的维持和发展作出了贡献。某些功能的排除(尤其是仓储,它完全成了一项单独的功能),极大地减轻了提供资本的负担,其结果是,在很多情况下,一台打字机就是设备方面所需要的一切,而实际交易的物资都是在委托的基础上处理。在德国,1907年将近95％的批发业务是雇工不超过5人的小公司交易。零售贸易可能表现出了比批发贸易更大程度的集中。无论如何,至少出现了百货商店、邮购商行和连锁店等形式的大集中,不仅出现在美国,而且也出现在英国、法国和德国。然而,它们在1914年远没有占优势。统计材料付诸阙如,但细心的估计表明,在1924年,这三种形式的集中零售贸易占到了美国零售贸易总额的1/7(它们在美国发展得最充分)。商业企业对信用的灵活适用性、小型专门商店更大的灵活性、间接成本比业务规模增长更快的趋势,这些给了小本经营绝佳的生存机会。

在银行业,出现了同样的趋势,大集中的发展,与小企业的显著发展并行不悖。英国、法国和德国的大银行在1890～1914年间把它们的资源(资本金加存款)翻了3倍或3倍以上。银行兼并是整个西欧和美国的时尚。在英国,银行的数量从1890年的104家锐减至1915年的37家。在德国,大型银行企业所雇用的人员的比例从1882年的11.9％增长到了1907年的33％;但在同一时期,小企业的数量翻了1倍多。

企业联合

经济企业通过联合集中起来,这种情况以很多不同的特征出现,以至于无法从统计上表示。威拉德·L.索普(Willard L. Thorp)在他的《工业经营的整合》(Integration of Industrial Operation)一书中极好地陈述了这一困难："弄清楚工业联合当中的很多组合与联盟是不可能的……在工业企业当中,控制路线以最复杂的模式交汇和分离。把企业捆绑在一起的纽带,在局外调查者看来常常完全觉察不到,而且太难以捉摸,以至于无法给出明确的陈述……在那些不那么明显的联合中,那些源自关联董事会和交叉持股的联合是人们经常讨论的对象。君子协定和宴会的联合方法同样招来了令人不快的名声。然而,这样的关系是不可能精确测定的……在这里,金融联合、关联董事会、银行控制,所有这些模糊不清的关系都被忽略。本书是对运转中的联合的研究。"进一步参阅索普的著作,读者将会认识到不同种类的联合之间边界的极大复杂性,以及非常含糊的特征。

福特汽车公司的生产线

一个带有误导性的区分偷偷地进入了经济学的语言——"纵向"联合与"横向"联合的区分。纵向联合是彼此之间通常存在买家与卖家关系的企业联合。福特汽车公司是此类联合的一个很好的例证。在他的业务扩张中,福特先生获得或创立了整个一连串的企业从属于他的主要业务:矿石开采、冶炼、铁路、经销等,因此尽可能多地把整个制造和销售链纳入自己的管理之下。应该指出的是,首先,像这样一个纵向托拉斯,尽管比较彻底,但它并没有把像轮胎这样明显的生产要素包括进来;其次,一家企业拥有另外两家与自己的业务密切相关的企业并不是什么新鲜事。铁路公司拥有煤矿和酒店,制造公司经营自己的零售组织(胜家缝纫机有限公司、国民收银机公司、法国圣艾蒂安武器与自行车制造公司）。零售商拥有自己的工厂，生产其所卖的东西。巴黎的大型杂货公司费利克斯·波坦创建于1845年，拥有自己的面包房、酿酒厂、葡萄酒窖、蜜饯厂及其他很多这样的机构。西尔斯—罗巴克公司控制着各种不同的工业企业，直接拥有15家工厂。世界各地的电力企业拥有它们最大的"消费者"：有轨电车公司（或者反过来说也可以）。联合水果公司拥有自己的蒸汽船航线；巴黎的牛奶托拉斯拥有自己的密封式罐车；德国通用电气公司拥有自己的金融机构。巴黎、柏林和费城的大型百货商店把银行作为它们业务的一部分来经营。德国的克虏伯公司拥有矿山、冶炼厂、钢铁厂、铁路、蒸汽船航线、住房建造计划、学校和教堂。

纵向托拉斯为什么最近才吸引如此大的关注，其中一个原因是，德国金融家施蒂内斯(Stinnes)借着战后马克大幅贬值所创造的机会，进行了一次非常不合逻辑的企业联合。它包括采矿企业、电力公司、报纸、纺织厂和各种不同的其他企业。这是一次意外的联合，随着马克的恢复而崩溃了。如果说这一联合中有任何逻辑可言的话，那就意味着所有德国企业的联合。

然而，所谓的横向托拉斯，就其更合乎逻辑的形式而言，有着相当重要的经济—历史意义，因为它是针对19世纪下半叶所发生的而且绝没有消失的那次专门化大潮的一次反动。这种专门化的表现人人都熟悉，有零售业的"专业店"：领带店、橘子水店、丝绸店等。银行发展商业情报的功能是最近若干年来的事，它们作为贷款机构早就专门化了。在工业企业，美国超过56％的鞋厂在1905年专门化了（"专门生产一种产品"）。作为独立的企业，这样的机构处在一个弱势位置，很容易因为危机事件和时尚改变而遭受各种灭顶之灾。它们给纵向托拉斯的创立者们提供了功能和机会，但同样也提供给了横向托拉斯的创立者。一家包装盒制造厂是一家有用的机构，它制造的包装盒比批发公司的发货仓库里所制造的更便宜、更好。然而，作为一家企业，如果它拥有一家批发商行，能购买它的大量产品（这种情况不太可能），或者，如果它被一家批发商行所拥有或控制（这种情况更有可能），那么，它的地位就要牢固很多。如果通过谅解、协议或"托拉斯"形式的联合，来防止另外某家包装盒公司通过破坏性竞争把它挤出这个行业的可能性，它的地位也会更加牢固。

然而，纵向联合没有横向联合那么重要，不管是涉及特定的集中问题，还是涉及一般的经济生活。横向联合的特征在所有国家都是一样的，即使它变成了国际性的。很多互相竞争的企业（通常是工业企业）发现，由于它们为争夺同样的市场销路或原材料而互相竞争，从而导致它们亏本，或挣的钱更少。它们于是达成协议，要么是生产规定数量的产品并按照规定的价格销售，要么通过一个共同的代理机构来销售，然后依据先前为每个成员确定的比例来分配净收入。每个企业通常都保持其作为一个经济实体和法律实体的独立存在。美国的反托拉斯法使得一个在这个国家特别盛行的变形成为必要，这就是并购，在这种形式中，一个竞争性的单位通过"股份交换"在名义上买下另一个单位——用(已经扩大的)购买公司的若干股份交换(正在消失的)被购买企业的若干股份；要么，组建一家新公司，借助类似的股份交换，买下竞争的双方。

目标名义上是双重的：实现生产节约以及消除竞争成本。前者就更低级的集中形式而言是重要的。例如，美国钢箍公司以这样一种方式分出了85～90种产品型号，每家单独的企业生产单一的产品，每吨产品节约了1.00～1.50美元。然而，一般而言，消除竞争是更显著的目标——不仅仅是联合起来的不同生产单位之间的竞争，而且还有与不在联合体之内的其他生产单位之间的竞争。这一方面在美国托拉斯的早期得到了残酷无情的表现，当时，很多原本只控制了本地市场的小制造商被已经占领其他地区的"联合企业"的局部降价挤出了市场，或者被它后来的垄断地位所打垮。然而，这一发展所具有的意义，远远超出了个体小竞争者个人的经济厄运。竞争本身被清除出了资本主义。读者应该还记得，手工业制度的伦理学中没有竞争的容身之地，竞争实践的发展是早期资本主义的典型特征之一。在19世纪，当世界似乎为自己资本主义企业提供了足够空间的时候，"竞争是贸易的生命"；现如今，空间已经被填满，正如手艺人曾经填满其可用的经济区域一样，资本主义转向了控制竞争的类似标准。大陆钢铁卡特尔的产量分配，原则上与14世纪行会的产量分配并没有太大的不同。

在德国，"联营"，或者说是生产者之间的定价协议，早在铁路建设时期就已经出现在钢铁工业。它们是非正式的、临时性的、有特殊限制的。在普法战争之后，出现了卡特尔，一般来说，卡特尔就是一种协定，涉及价格、产量、市场分配等。正如美国的托拉斯一样，组成卡特尔的企业在法律上依然是分离的，而且作为经营单位也是分离的。辛迪加是对这种分离性的更改，在辛迪加中，所有成员必须通过一个销售组织来销售它们的产品。发展最快的时期是第一次世界大战之前的那10年。1905年，一个政府委员会报告，共有385家辛迪加成员企业。煤炭和钢铁行业的那些辛迪加组织，"在重要性上超过其余所有企业加在一起的分量"。财团是更高级别的企业联合，就性质而言，部分是纵向的：一些为西门子电气公司生产原材料的大型矿业公司和钢铁公司与它们联合在一家财团里。帝国政府在莱茵—威斯特伐利亚煤炭辛迪加的组建中扮演了一个决定性的角色,而普鲁士政府在碳酸钾辛迪加的组建中扮演了一个决定性的角色。它们的共和国继任者继续并扩大了它们的政策。

在英国,这种企业联合所出现的行业与德国大致相同,尤其是在煤炭和钢铁行业,但也出现在食盐行业,90%的食盐生产控制在食盐生产商协会的手里;70%的肥皂由利佛兄弟公司生产,它们也控制着协会;90%的线由J&P科茨公司生产。

在法国,一般来说,企业联合是非正式的、自愿性的。有不同行业的委员会、辛迪加和商会,它们似乎全都是首先作为相关行业的情报信息部门、其次作为政策制定中心而运转的。大规模生产在法国的相对不成熟似乎证明了,我们把它们看作尚未向其实质形式发展的机构是正确的。

在美国,资本主义迅速而不受阻碍的发展,自然而然地涉及很早而且密集的企业联合实践。很多托拉斯和联合企业的活动所表现出来的严酷与可疑,在1887年至第一次世界大战之间,尤其是在这一时期的最后10年,引发了一次政治上的反动,表现在一次坚定的努力中,就是要通过最严厉的立法,维护自由而不受限制的竞争原则。像《州际贸易法》(1887年)、《赫伯恩铁路法》(1906年)、《克莱顿反托拉斯法》(1913年)、起诉标准石油公司、分拆北方证券公司和分拆美国烟草公司这样一些措施,莫不显现出最纯粹的19世纪个人主义的精神。当时有大量的迹象表明(而且人们也普遍承认):企业联合在现代世界是必不可少的,而且也是可取的。罗斯福总统提出了他著名的"好的托拉斯与坏的托拉斯"之分;联邦最高法院阐明了它的"理性法则"——只有那些行使"不合理的"贸易限制的托拉斯才是法律可以触及的;美国商人继续追求根本性的目标:企业联合,在避免应用连续立法的形式下。当肉类罐头公司被禁止经营零售店的时候,零售连锁店便发展起来了,以至于购买并经营罐装企业。

美国在第一次世界大战期间集中控制和管理工业企业的经验引发

美国联合托拉斯大楼

了一次坚决的反作用，对此，眼下(1932年)尚不能给出最终的评价，但似乎显示出了这样一种趋势：要在社会结构中为最广泛、最完全意义上的企业联合争得一席之地。当受监管的垄断受到更新的运输形式的挑战时，铁路公司的特殊灾难导致了一项积极政策的发展，这就是要把美国东部地区的铁路公司合并为四五个大型铁路系统。关于应该构建哪几个系统，州际贸易委员会与大铁路公司之间在1932年达成了协议。1921年的《联邦贸易委员会法》通过授予该委员会以广泛的自由裁量权，从而清除了其他公司联合的某些障碍。除了已完成的政府行动之外，有必要考虑到，政府广泛批准了建立一般意义上的企业集中控制计划，比如限制农业生产的某些分支的计划，以及杰拉德·斯沃普(Gerard Swope)先生按预定目标在全国范围内组织所有工业企业的计划。从已经发生的和提议的事情来看，有一点很明显：远离"不受限制的竞争"这一古老理想的转向正在进行中，但整个发展尚在雏形阶段，顶多只能就本书所能预见的范围对前景作一番猜测。当历史学家研究他自己所处的时代时，他的材料总是推动他越过现在与过去之间的那条界线，并诱使他担负起不靠谱的预言职能。

企业的去人格化

企业变得科学了。不幸的是，"科学管理"这个说法所指的那种东西，我们可以称之为一长串努力中最后(或者至少是最近)的一环，这一长串的努力就是要把自然科学的方法和结论引入企业管理中。我们正在处理的这个现代欧洲世界所产生的第一本论述"科学管理"(广义上)的书，自然是一本农业手册，几乎可以追溯到最早的摇篮期，这就是彼得鲁·克莱申提乌斯(Petrus Crescentius)的《实用农业手册》(*Opus Ruralium Commodorum*)，1471年或1474年在奥格斯堡印行。接下来是整个16世纪一连串带有类似意图的作品，尤其是在意大利和西班牙，在18世纪末和19世纪初达到了产出的最高峰，作为代表人物，举出英国的阿瑟·杨、法国的帕门蒂尔(Parmentier)和德国的特尔(Thaer)这几个名字想必就足够了。采矿和金属企业的科学管理，是阿格里科拉(《论矿冶》，1556年)和比林古乔(《焰火制造术》，1540年)的目标。18世纪是那些旨在界定和促进商业企业科学管理的书籍的鼎盛时期。萨瓦里的《完美的商人》(1675年)、笛福的《完美的英国商人》(1710年)、小萨瓦里和波斯特尔思韦特(Postlethwayt)的词典，以及格里高利·金(1696年)、阿诺(1780~1800年)和珀歇(Peuchet，约1800年)的统计学著作，这些仅仅是从一份很长的清单中随意选择的几个实例。在 19 世纪,一系列关于银行管理的出版物出现了,比如白芝浩的《伦巴第街》和杰文斯(Jevons)的《货币与银行》(*Money and Banking*)。

工业企业科学管理的研究开始得比较晚。A. 埃明霍乌斯(A. Emminghaus)的《车间总则》(*Allgemeine Gewerkslehre*,1868)、安德鲁·尤尔的《制造业的哲学》(1835 年),以及查尔斯·巴贝奇(Charles Babbage)的《论机器与制造业的经济》(*On the Economy of Machinery and Manufactures*,1832)——后两本书只集中于棉纺工业——是我们能找到的此类著作最早的纪念碑。

自然科学问题在工业中的发展,给科学管理的发展带来了一个新的转折。在采矿和金属工业,在制造业和农业生产中,整个一系列问题远离了企业管理,落入了技术人员、化学师、电气工程师和机械工程师之手。对于他们以及他们的职能,我们在这里并不关心,因为正是他们的技术特征,使他们远离了企业管理本身。例如,一家橡胶公司化学实验室的负责人,很容易与总经理区别开来。

企业管理的问题因此被归为两个因素:组织问题和人事管理问题。"科学管理"这个现代术语所适用的,正是技术对这两个问题的应用,就像自然科学的应用一样明确。

从另外的角度来看,科学方法和过程对经济生活的渗透,有利于它们向最后残余的这些领域扩张。在某种意义上,每一个资本主义企业,从它与自然科学沾边很久之前的年代起,就以复式簿记的形式使用了准确的度量方法。这在很长的时间里是企业所具有的唯一的科学特性。18 世纪英国的"模范农场",以经验主义的方式,起到了把化学和生物学的因素引入英国的耕作和养殖业中的作用。受过专业训练的化学师,19 世纪初出现在德国的化学工业,使德国在这一领域一直处于领先地位,直至第一次世界大战才失去了这一地位;而英国、法国和美国的制造商对各自业务的科学方面所表现出来的冷漠和敌意,使他们远远落在了后面。另一方面,英国和法国在培养和利用专业工程师上领先于德国。直到 19 世纪晚期,受过专业训练的工程师才在德国的机器工业中占主导地位。

就其通行的意义而言,"科学管理"这个术语是美国工程师弗雷德里克·W. 泰勒(Frederick W. Taylor)杜撰出来并使之流行起来的,泰勒的一些著作,从《车间管理》(*Shop Management*,1903)开始,是大批此类文献的肇始,不仅在美国,而且尤其在欧洲。所谓的"工业管理工程师"、"效率专家",关注的不是材料的处理,而是最合理形式的企业组织,是企业人事的处理,在每一家大型企业都可以找到，甚至通过这样或那样的出版物，把他们的服务扩大到了小企业。他们的职能包括降低劳动力的流动率，工作岗位的衔接，雇员的培训，工头的培训，雇员的选聘、晋升和调动，经常开支的分配，主动性的培养，鼓舞长期员工的士气，等等。

在后来的企业发展中，士气问题经历了激进的转变，像资本主义其他几乎每一个特征一样，成了机械的、非个人化的。

在小农场和小型商业企业中，依然可以看到古老的现象：个人斗志。不仅农场主和他们的雇工很可能生活在一起（他们彼此之间喜欢也好，不喜欢也罢），而且工作过程本身也需要来自每个工人的个人思考、判断和决定。即使在大企业，杰出的个性也能够幸存，并发挥能人的作用。

然而，总的来说，一次彻底转变使经济职业与个性分离开了。"一家大企业确实太大了，不可能是人性化的……在大企业，雇主像雇员一样，也迷失在大众中"（福特）。古老的制度对手艺人说："你是可敬的工匠。生产那种你理当生产的物品，我们将购买它。"现代制度对工薪工人说："生产若干单位某种尺寸的物品。它们有什么用途不是你操心的事，某种改动是更好还是更糟地适合于个体购买者也用不着你管。生产它们，到最后我们会支付给你报酬若干，随即结束这种关系。"福特先生在《我的生活与工作》(*My Life and Work*)中把它总结为一句话："一起干活，人们彼此相爱是不必要的"；或者，"没有多少个人接触——工厂不是客厅……温情主义在工业中没有容身之地……(工业的发展)导致了一种非人格化的系统，在这一系统中，工人成了某种不同于人的东西——成了系统的一个纯粹的部件。"

生产线上的工人不需要个性

"系统"取代了个人关系（早年，这种关系一般存在于精细的劳动分工中），是对亚当·斯密在论述劳动分工的那个著名章节中所提出原则的极端应用和延伸，从头到尾贯穿于整个企业。在每一家大型企业，以及在数量惊人的小型企业，出现了三个准独立的系统：标准系统（管理）、数字系统（会计）和工具系统。其中每一个系统,又按照精细复杂的差别分为不同的子系统,也是准独立的。例如,一个实际组织(德国的一家机器和桥梁建造公司)有两个主要的管理部门:商务管理和技术管理。其中每个部门有 5 个分部门,总共有 30 个不同的职务。这意味着激进的劳动分工,不仅有横向分工——即在同一等级的工人中间分工——还有纵向分工,一位德国评论者称之为"智力劳动的次级化"。

衡量标准的普遍应用,弥补了控制权的细分。这一过程的极端发展,大概是生产研究的泰勒制。分析"把一根长 1 米、厚 50 毫米的钢辊从地面提举到一台机器的高出地面 90 厘米的工作台上",显示了 11 个截然不同的动作:(1)弯腰;(2)用右手从上面抓住钢辊;(3)提起它;(4)用左手从下面抓住它;等等。这个过程的标准时间被定为 19 秒。这样的程序居然派上了用场,有时候在运转中产生了非同寻常的节约;它们按照工程人员提前制定的十分具体的指导细则,被应用于工业过程。因此,整个生产线由人的要素和材料要素组合而成,依照严格的标准运转,时间、成本和过程的结果,都能够以最小误差预先计算出来。

它们以一种非常精细复杂的方式来度量,常常是自动度量,度量结果构成了成本会计的基础,价格、销售政策和总体计划依次建立在这一基础之上。工厂里的机器按照它们的性质而进行分组,常常当一台机器的某项新改动出现的时候,整个机组就会被废弃,为的是给更经济的机组让路。

工具(机器)系统大幅度地减少了企业中的个人因素,不仅在生产中,而且也在贸易和运输中。从人类种族最早的时候起,人与工具的关系一直是最重要的关系之一。在我们自己这个时代,人类对工具和机器的发展十分巨大。在充分发展的资本主义社会,人在生产过程中的位置已经在很大程度上被他所创造的机器所取代。机器执行了从前需要他用手来完成的工序。例如,在制鞋工业,96 个截然不同的动作被 55 台不同的机器接管,对于生产一定数量的鞋来说,控制和管理它们所需要的人手远远少得多。甚至发展出了专门的设备:传送带,这使他无须把工件拿到机器的工作台上。在这种(极端)类型的组织中,他甚至用不着亲自照看机器。如果机器"出错",它就会被转到"应急修理队列",这个过程肯定没有人的参与。然而,修理工作似乎是一个自动化只有有限可能性的领域,必然涉及人的思考、判断和决定。

这种去人格化的影响和意义还难以界定,因为这个过程远没有完成。会计工作(很多的去人格化正是通过它得以发生)如此彻底地扩展和系统化了,以至于可以认为它已经完善。自动化已经在很多领域完成了,比如钢铁工业、化学工业和水泥工业；但在很多行业，企业的总体运转依然远远落后于福特的企业所代表的标准，而且就其最典型的特征而言，福特的那些企业本身也是1914年之后的那段时期发展起来的。泰勒制所代表的生产准则的充分应用几乎是1914年之后才开始的。极端形式的合理化不仅就其本身而言是困难的、代价昂贵的，而且也在生产过程的活的目标物（劳动阶级）中引发了相当大的抵制。在很多行业，它完全行不通，或部分行不通，比如在手艺人依然坚持的陶瓷工业，以及在"有技能、善思考、爱琢磨的矿工"依然必不可少的采矿业。一般来说，去人格化受到了统一生产条件（尤其是产品的统一）可能性的限制。

目前可以看得见的一般结果，可以简短地陈述一下。工人总数，就其与所生产商品总量的比例以及与资本（以生产工具的形式）总量的比例而言，出现了整体的下降。与雇员的总数相比，从事管理工作的人员所占的比例越来越大。例如，在德国，工业企业年薪雇员的比例从1883年的20‰增长到了1907年的57‰；商业企业的年薪雇员从65‰增长到了113‰；自动化程度最高的行业（化学工业）的年薪雇员从92‰增长到了168‰。在美国，最近几十年的发展甚至更快，所有雇员当中每千人的年薪雇员数从1899年的63人增长到了1909年的103人，以及1919年的161人。另一方面，自动化降低了技术工人的比例。在底特律的福特工厂，95%劳动力是非技术工人。不同的工序当中，43%的工序只需要1~8天的培训，只有15%的工序需要一个月以上的培训。德国一家机器工厂报告，在合理化之后，其薪水册上75%的工人是非技术劳动力。

这些过程导致了（或者至少是有助于导致）生产成本的总体降低、企业家对企业的更加有效的控制，以及企业家方面更加不受基本劳动力的限制。德国钢铁生产商阿尔弗雷德·克虏伯的意见，以一种古典主义的形式，从企业家的立场总结了整个过程："我应该努力促成的是，没有什么东西依赖于特定个人的生命或存在；没有任何重要的事情在未经管理人员预知或批准的情况下发生或被导致发生；企业的过去，以及可以确定的未来，都可以从管理人员的文档中得知，而无须向任何人询问。"

当然，这些过程的终极目标，是企业的增强，是一家给定规模的企业中能量应用的增长。它以三种形式出现：空间的节约、原材料的节约，以及时间的节约。

空间的节约已经作为西欧农业的一项特征被指出过。在运输业，它的例证有：双轨和四轨铁路、几条线路共用的特殊路基的使用，以及对旅程时刻表和列车编组的处理等，这些例证已经足够明显，无须统计数据的证明。

在工业企业,空间的节约意味着机器和工人更密集地拥挤在一个给定的空间里。在某些行业,像面粉生产、酿酒、水泥制造等,这个过程似乎达到了它的极限。一位德国观察者注意到:"福特工厂的一个典型特征是机器的密集排列。"部分程度上,这种空间节约只是我们前面已经讨论过的机器和设备相对于人工的比例增长的另外一个方面。

原材料的节约也可以一笔带过,而无须专门讨论,尽管它的一个方面——副产品的发展——构成了现代经济生活的一个非常重要的因素,并提供了很多饶有趣味的技术应用的具体实例。

时间的节约提出了更复杂的问题。把所有时间——亦即一年的每一天,一天的24个小时——作为劳动时间来使用,主要是通过战胜了大多数反对意见的更高级组织来实现。在工厂工业的早期,这一趋势非常严厉地强加在人的身上,孩子们常常被迫一天劳动15或16个小时。然而,立法、劳工组织和常识终结了这种有点粗暴而且社会成本高昂的节约形式。全盛资本主义更典型的特征可以称之为集约的时间节约。努力缩短从盈利过程开始到收获利润之间的时间,无疑是所有资本主义企业的典型特征,不管是在农业、工业还是在商业中。福特把他工厂里的生产周期从22天减少到了14天。结果,1925年,在大约8天的生产过程中,他的仓库里大约只有价值2 000万美元的资本被占用。德国的钢铁工业在1895~1905年间把它的速度翻了1倍。德国的食糖工业经历了一次类似的发展:在1900~1901年间,385家工厂在74天的时间里生产了335 500吨食糖;在1913~1914年间,341家工厂在70天的时间里生产了496 800吨食糖。

这样的结果是通过不同的方法来实现的。其中最重要的方法之一是缩短劳动周期。马克思承认,在英国,与更长的工作日比起来,一天工作11个小时同样有生产力,而且更经济。对雇主来说,更短的工作日可能更有利可图,在他那个时代,这个规律不止一次被人们重新发现,最后的实例是福特先生以及美国钢铁公司的加里(Gary)。这一发展的局限是什么,这一点从未得到充分的检验。

然而,缩短工作日只不过创造了工作强化所必需的主观条件,即工人在给定时间里发挥更大效力的能力。这一潜能首先是通过对工人的控制来实现的:借助主管和工头的个人影响力,借助记录其出勤和生产力的装置。这最后一项措施成了纯机械的:时钟、称重和计数的机器。

工资的方法也被用来激励工人达到最高的生产率。这个方向上的第一步是从计时工资转向计件工资,其直接效果是工人生产率的大幅度提高。理论上，通过降低每件的工资，从而把劳动生产率提高到劳动者的身体极限应该是可能的；然而，经验表明，当你这样做的时候，激励效果立即消失。一些无意识的或有意识的对抗，导致工人在知道生产率的提高只不过被当作降低工资的机会时便会降低生产率。后来，计件制的改进避免了这种反常。对那些达到或超出规定生产标准的工人，发放奖金或红利。其他的成本依旧不变(机器、管理、租金等)；因此，更有生产力的工人的单位产品的总成本就会更少，尽管他的工资占到了总成本的更大比例。然而，计件工作对于整个工业中的计时工资制的侵蚀相对较小。在英国，贸易部在1906年所作的一项调查显示，它只在一个总的分支占主导地位，即纺织工业占51%(棉纺工业占66%)，而在其他行业只占17%~37%不等。

要不是机械和机械系统的发展提供了更加有效的方式来调动劳动者的努力极限，它原本会有进一步的发展。再一次，福特的工厂提供了极端的典型实例：传送带沿生产线运动决定着所有工人必须跟上的生产速度。通过支付高于市场水平的计时工资，福特先生获得了源源不断的劳动力供应，这些工人都乐意并能够跟上很高的生产速度。

福特工厂的生产车间

从资本主义发明家和企业家的立场来看，这种生产的强化为他的资本投入创造了机会，换句话说，就是接管生产工序当中比劳动者更大份额(也是更大份额的回报)的机会。它使得以更高的工资生产更廉价的商品成为可能。泰勒给出了一个例子：在给定情况下，根据习惯上的计件制，支付每天10美元的工资、每台机器14美元的其他成本,可以生产5个单位的产品;每个单位产品的成本是4.80美元。通过引入差别制来刺激生产率。更能干的工人每天生产10个单位产品,支付14.50美元的工资。机器成本依然不变,但每个单位产品的成本是2.85美元。

然而,大的优势在于缩短资本周转的周期,至少从个体资本家的立场来看,这才是企业的核心问题。这是资本主义发展的一个古怪的反常现象,庞巴维克(Böhm-Bawerk)在他的《资本实证论》(*Positive Theory of Capital*)中这样阐述它:"整体来看,资本主义往往会延长生产周期。"用简明扼要的方式来说明,就是在手工业体系中,如果你想要一把锁,你就会去找锁匠定做一把;他买来(或者你买来)铁,在大约14天的时间里完成了这把锁,并交到你的手里。在资本主义体系中,你会去一家五金店买一把锁,而无须等待,但它是在你购买它之前的3个月到1年内生产出来的。主要的事实很明显:资本主义往往会延长原材料生产与成品享有(消费)之间的时间间隔。另一方面,资本家的愿望和需求导致他尽可能缩短这个周期。假设福特先生有100 000美元资本,一年销售价值100 000美元的汽车,平均利润是5%,那么,他一年能挣5 000美元;如果以同样的资本,他每个月销售价值100 000美元的汽车,那么,他一年会挣到60 000美元的利润。借助生产和运输的技术,通过加速商业过程和现金周转,接近的是后面的标准,而不是前面的标准。资本家越是试图通过购买新机器或通过建立新机构来缩短周转期,要周转的"固定"资本总量就越大,因此过程就变得越长。

第十八章　整体经济生活的合理化

重农主义者

　　作为上一章主题的合理化问题相对简单，因为它是涉及一个简单原则的合理化问题，即无限利润原则。然而，本章所关注的整体经济生活的合理化，意义稍有不同，它所涉及的那些原则，远远谈不上普遍接受或一致同意，相反倒是费力探讨和激烈争论的主题。这里探讨的合理化，其历史几乎与全盛资本主义同步，让人忍不住把它看作资本主义本身的一项功能。无论如何，至少自亚当·斯密在1776年出版《国富论》以来，资本主义社会就一直有人在作出越来越大的努力，试图把纷繁复杂的经济生活简化为系统化的形式。

　　作为知识史上的一个现象，亚当·斯密的《国富论》必须与他的前辈们的作品联系起来看——像杜尔哥那样的人在同一方向上所下的工夫，比不上那些以完全不同的方式构想和阐述经济生活的人，比如重商主义者和重农主义者；就思想主体而言，《国富论》是革命性的。重商主义我们已经讨论过，在这里，这样说想必就足够了：作为一个体系，它苦心经营的是这样一种观念——经济生活是为整个社会(被设想为国家)而运转，并且应该由国家为了它的利益来管理。服务于这一利益的实际方法，是鼓励和促进资本主义的工业和商业。

　　重农主义者和亚当·斯密代表了对这一原则的反叛，尤其是反叛其方法的两个方面。尽管有我们描述过的工业和商业的巨大发展,但在资本主义得以发展的所有国家,农业依然保持着经济意义上的实际支配地位。作为这一支配地位的自然结果,不乏思想家鼓吹政治意义上相应的支配地位。有必要批评重商主义的流行信条。在18世纪高度智性化的氛围中,这样的批评采取了体系的形式,对这一体系,它的鼓吹者称之为"重农主义的",而亚当·斯密则恰当地称之为"农业体系"(Agricultural System)。通常,重农主义者都自称"经济学家"。

重农主义的信条简要概括如下:首先,关于方法,他们基于18世纪盛行的"自然法"的概念,亦即一种自然秩序,据说,它比"积极秩序"(positive order)更好,因此应该控制它。很显然,一切财富源自土地,而且,在满足那些提取财富的人的需求之后,所得的剩余或净产值是社会的其余部分的全部支撑。商人和制造商没有使国家的财富增长,因为他们所增加的,尽管价值不菲,但没有构成净产值。由此,重农主义者要求,政府应该致力于发展天然产业,尤其是农业,并放弃一切管制、指导或促进制造业和商业的努力。它们带给国家的(现金或贸易顺差)不是财富;而剩余小麦、剩余鱼类、剩余的几乎每一样东西,都是财富,但现金不是。这大概是他们对作为经济思想家的重商主义者们发起的最激进的进攻。对于资本的作用以及在一项经济计划中对资本的适当回报,他们也有着截然不同的认识,但这些认识并不清晰,直到重农主义的思考方式被更有力的思考方式所取代时才完全看清。

重农主义的大本营是法国,最重要的重农主义者都是法国人。在他们当中,魁奈(1694～1774年)是最伟大的、最有原创性的。关于他那个时代,他的思想有多么激进,可以通过一句被归到他名下的格言来说明:"农民穷则国家穷,国家穷则国王穷。"你会注意到,像重商主义者一样,重农主义者也发现,经济组织的正当理由,就在于它为国王(作为国家的化身)所做的事情。古奈

重农学派的先驱:弗朗斯瓦·魁奈

(Gournay,1712~1759年)是法国的一位朝廷大臣,他的观念是在行政建议中而不是在系统著述中提出来的。他费了很大劲想让政府采纳限制政府活动的政策,以便把所有管制从商业和工业中清除掉。杜尔哥(1727~1781年)在一段紧张忙乱的18个月里是财政大臣,作为一个经济思想家他很重要,这更多的并不是因为他与重农主义群体的联系,而是因为他在一个他们几乎不了解的方向上与他们之间的分歧。在他的《关于财富的构成及分配的反思》(*Réflexions sur la formation et la distribution des richesses*,1766~1769)一书中,杜尔哥比他的任何前辈都更清晰地认识到了那种正在发展的经济制度的核心要素,即生产工具的所有权与它们的使用权的分离、劳资双方的分离。

亚当·斯密与古典学派

1776年,亚当·斯密出版了《国富论》,这是关于经济事务的一条新的思想路线的起始点,这条路线至今依然切实可行。其学说的革命性特征或者说不同特征是什么呢?像重农主义者一样,他也是重商主义的反对者。在他看来,财富不是金钱,管制和约束明显是一次失败,自然法和自然秩序是最终的准则,最好的经济政策是清除对"自然的"经济生活的妨碍和阻挠。像乔赛亚·蔡尔德(Josiah Child)一样,斯密也把仆人、公共官员和专业人士看作"非生产性的"。

斯密的著作中,新的、革命性的、不同成分的,是他从企业家的立场对生活的经济方面所作的设想。像他之前的重商主义者和重农主义者一样,他也在探索国家财富的性质和原因,但在他看来,这种财富来自企业家的不受限制的活动。他那个时代的经济生活已经呈现出了一种明确的、相当统一的模式,实业家和商人作为英国财富可观增量的原动力正清晰地浮现出来。在重农主义者看来,显然,重商主义已经破产;而在斯密看来,显而

亚当·斯密

易见的是,财富并不仅仅源自土地。他的观念需要慎重研究价值是什么的问题,作为对魁奈及其追随者的一个有点马虎的假设的批评,这个假设就是:价值只来自土地,或者说只归属于出自土地的原材料。像他们一样,斯密也区分了使用价值和交换价值;但他仅仅关注交换价值,即一件商品所拥有的购买其他商品的能力。"第一价格"是劳动,是一个人为获取某件物品而付出的"辛劳和麻烦"。它甚至是衡量价值的尺度;任何商品的交换价值"等于使他(拥有者)能够购买或得到这件商品的劳动量。因此,劳动是衡量一切商品可交换价值的真正尺度"。

斯密清楚认识到的东西,以及他作出革命性贡献的地方是:财富以某种方式来自劳动,而且,如果劳动被组织得很恰当的话,可能产生更多的财富。因此,他给了"劳动分工"(他那个著名章节的主题)一个重要的、靠前的位置。这里,企业家的作用被清楚地描述为国家经济活动中最重要的角色。据斯密说,经济代理人(企业家)的自利动机就足以引发所有想得到的经济进步。"君主完全被免除了……监管私人工业的职责。"斯密学说的特征,被他的同时代人最完整地据为己有的,莫过于这一自由放任学说。

就其本质而言,斯密的学说是对他所看到的和感受到的那个时代正在发展的东西所作的合理化。它有一些在如今看来很明显的不足。他对价值的定义是试探性的、未经发展的。就连他自己那个时代的现实,他的认识也远远不够,以至于想当然地认为,土地所有者(那些靠地租为生的人)的利益可以有把握地被视为国家利益的指标,视为立法的向导;而企业家(那些靠利润为生的人)的利益与整个社会的利益完全不一致。另一方面,他认为,工薪劳动者太无知,既不理解自己的利益,也不懂社会的利益。在工业领域,他的理论涉及的是散工外包制,而不是工厂制。

这里没有足够的篇幅全面论证《国富论》的不足之处。然而,倘若把这本书作为一份对经济社会如何运转的解释,或者作为一份如何改进它的建议,倒是可以抽出足够的篇幅论证它的缺点。像重商主义一样,斯密的体系在他那个时代是充分的,因为它把企业家作用的主导地位带入了社会意识中,实际上,下一代人的创造性工作注定要起这样的作用。斯密为创造解释整个经济生活的体系树立了榜样,在这一点上,他超出了他那个世纪的其他任何人;而且,通过这样做,他赋予了经济思想以理性主义的推论习惯,这一习惯再也没有被摆脱掉,哪怕是他的批评者和反对者。

托马斯·罗伯特·马尔萨斯(Thomas Robert Malthus, 1766～1834 年)通过阐述人口的"自然"规律,从而增强了斯密思想的系统性。他从两个基于不完美的观察材料并且完全错误的假设出发:(1)最低人口增长率是以几何比率增长的——也就是说,每个人将会至少有2个孩子(每对夫妇有4个);(2)生活资料只能以算术比例增长。更具体地说,他认为,人口如果不受控制的话,就会每隔25年翻1倍,而"考虑到地球目前的平均状况,生活资料的增长不可能快于算术比率"。这些原则是在一个这样的世界里阐述的:在这里,儿孙满堂是惯例,而不是例外。但它也是这样一个世界:在这里,芜菁和三叶草使得牛羊的增长速度像依靠它们生活的人类增长得一样快;在这里,农业技术的进步使得粮食产量以2倍甚至3倍的速度增长;在这里,马铃薯和甜菜正在增加巨大的食物资源;在这里,密西西比河谷被迅速归为欧洲潜在的粮食地区。这些都是他很容易用到的资料。少许历史想象力就足以导致他得出结论:儿孙满堂未必是惯例,即使是在繁荣兴旺的时期和地区;一点点生物学知识,再加上一点点算术知识,就足以让他想到,在任何给定的时间,不同年龄组只有一部分人会以几何比率的速度繁殖。

马尔萨斯

当然,马尔萨斯理论对他那个时代真正起作用的,是他或其他人从他阐述的原理中得出的结论:社会改良的努力都是白费力气。就连约翰·斯图亚特·穆勒(John Stuart Mill)这样头脑敏锐、心胸宽广的人,也从支持政府干预后退到了改善劳动条件,这是其自己思想的一个合乎逻辑的结果,因为他信奉马尔萨斯主义。

然而,马尔萨斯把人口问题提升到了经济思想中一个头等重要的位置上。自他那个时代之后,一切经济思想都必须考量这个问题。

马尔萨斯是对斯密的重要补充;大卫·李嘉图(1772~1823年)在一个新的方向上开始经济学思考。他是一个我们今天所说的"百万富翁激进分子",他不是从政府所体现的共同意愿的角度来描述经济生活,而是把它描述为阶级之间的冲突。拿破仑战争,尤其是1815年之后危如累卵的经济形势,导致农业地主与实业家围绕《谷物法》(把谷物价格维持在一定水平上的法律)问题展开了一场激烈斗争。制造商们当然希望废除《谷物法》,好让他们的雇员用不着拿很高的工资也能买得起粮食,这样的高工资将使得制造成本超出竞争的极限;地主们则希望维持很高的粮食价格,好让他们的地租保持在高水平之上。问题是,不管地主或制造商是不是满意,它都应该有利于国家的行动。

在这样的环境下,李嘉图出版了他的《政治经济学原理》(The Principles of Political Economy, 1817),此书注定要支配正统的经济思想,直到1871年"心理"学派的出现。有很多观念源自斯密和马尔萨斯的作品,甚至是从他们那里简化而来,但李嘉图对经济思想的发展也作出了几个最高级别(历史意义上)的贡献。尽管他的马尔萨斯主义导致他得出了工资"铁"律,利润就由成本与产量之间的弹性差额来决定。这正是马克思后来所发展的观念:劳资双方围绕他们对剩余价值[Mehrwert(德语)]各自所占份额而展开冲突。据李嘉图说,地租是农民为竞得一块地而报出的竞争性估价,按照他们的估计,这块地所产出的产品的价值,应该高出耕种中的、一块类似面积的、最贫瘠的土地以同样的资本和劳动支出所产出的价值。利润倾向于下降,因为当土壤肥力的下降比抵消这一下降的农业改进速度更快的时候,需要靠少量土地为劳动者提供生活必需品的劳动量增长了。工资因为劳工的数量越来越多而下降。只有地租上涨了,因为不断下降的耕作边际意味着农产品中所包含的地租更多,每个单位的农产品中所包含的对制成品的购买力更大。"土地所有者的利益总是与消费者和制造商的利益针锋相对。""除了保持工资下降之外,没有办法保持利润上升。""对于一个国家的繁荣和幸福,贡献最大的莫过于高利润"——但是,繁荣总是刺激资本的积累,降低利润,并因此毁掉自己。

李嘉图的大多数结论也被证明是站不住脚的,但他并没有把人的因素(哪怕只是冲突的因素)引入他的后继者们所提的几乎完全是物质的概念当中。30年的时间里,李嘉图的《政治经济学原理》一直是独一无二的,是如今占优势地位的实业家的圣经。就连约翰·斯图亚特·穆勒——他的《政治经济学原理》(Principles of Political Economy)出版于1848年——也只不过给李嘉图的"沉闷科学"增加了一些希望和社会同情。

大卫·李嘉图

到这一时期,经济学开始分为几个不同的分支。除了斯密和马尔萨斯的"正统"继承者之外,到李嘉图那个时代,民族主义、社会主义和制度主义也清晰地浮现出来了。然而,为了方便起见,我们将追踪正统学派的发展,稍后再回到其他的学派。1871年,斯坦利·杰文斯(Stanley Jevons)在他的《政治经济学理论》(Theory of Political Economy)中提出了这样一个原则:经济学中的终极参量,是快乐和痛苦,而不是价值、财富或利润。从这一观念以及类似的观念出发,发展出了边际效用的观念(过犹不及、见好就收的观念),即一个人可以付出很大的价钱,以获得一顿饭,但他不可能同时获得第二顿饭。这个与经济概念有关的边际概念,似乎是从马尔萨斯那里缓慢传下来的,他曾用它来解释贫瘠土地的复耕。李嘉图使用了类似的观念作为他的地租理论的基础。心理学派把边际分析应用于价值的概念,并把交换价值定义为相当于一批商品储存之上最后的(或倒数第二的)可能增加的效用。法国的瓦尔拉斯(Walras)、奥地利的门格尔(Menger)和美国的约翰·贝茨·克拉克(John Bates Clark),使得心理学方法在相当程度上占支配地位,直到第一次世界大战。它如今正经受着激烈的批评,既有来自历史学派的外部批评,也有内部批评,因为它与现代心理学的进步缺乏相互关联。

然而,心理学派依然标志着对早期经济学家的一次重要背离。它发现,经济制度是为人而创造的,而人并不是为经济制度而存在的。通过强调价值的主观特征,这一学派把人(作为个体而不是作为群体)置于其结构的中心。早期经济学家的"铁律"——它一直遭到来自其他观点的攻击——被来自正统派内部的这一批评彻底削弱了。

经济思想的不同学派

与此同时,正统经济学并没有摆脱激进的批评,这些批评就意图而言是破坏性的,即便就效果而言不是。两位苏格兰怪人,劳德代尔(Lauderdale, 1759~1839年)勋爵和苏格兰裔加拿大—美国人约翰·雷(John Rae),大约在同一时期撰写著作,揭露了斯密及其追随者的一系列弱点,他们指出,社会财富不能与个人财富混为一谈。西斯蒙第(Sismondi,1773~1842年)是个瑞士人,尽管几乎可以说,他是作为亚当·斯密的忠实追随者开始的,但他后来背离了斯密的观念。在斯密那里,"国家财富"源自生产,而西斯蒙第的核心观点(在他的思想充分发展之后)是:国民收入,即土地和资本加上年劳动力所产生的利润,是财富的真正检验。他开始看到了,在大规模的人口群体(他们增强了资本主义组织所导致的生产)看来是邪恶的东西,而在相关的正统经济学家看来却是宝贵的东西。尽管他激进地批评马尔萨斯,但在西斯蒙第的一个观点中,马尔萨斯的影响显而易见,这个观点就是:政治经济学的终结,就是发现人口与财富("国民收入")之间的均衡,这种均衡将确保最高的福祉。西斯蒙第之所以有意义,还因为他显著的历史主义,这在他那个时代的经济学家当中格外罕见。

从斯密开始,正统经济学家(他们与18世纪的理性主义有很深的渊源)都是世界主义者,就他们的目标而言都是普世主义者。他们的原则被设想为普遍性的,放之四海而皆准。他们的主题实际上是个人财富,以及国家如何促进个人财富。另一方面,强烈的民族主义(就其性质而言本质上是非经济的,是要对抗和限制资本主义,同样是19世纪的典型特征),按照它的条件主宰了经济社会的合理化。这正是"民族主义者"的目标,缪勒(Müller)、李斯特和凯里只不过是他们当中早期的杰出实例。亚当·缪勒(1779~1829年)是一位反动的浪漫主义者,他批评斯密,有点像劳德代尔和雷曾经做过的那样,更有意义的是,他把重商主义者的假设奉为信条。国力是根本性的关切,因为一切个人价值都是在国家之内也是通过国家获得的。缪勒是一位真正的浪漫主义者,他想象,中世纪的经济生活是一切时代经济生活的正常状态。

亨利·凯里(1793~1879年)是一位乐善好施的美国人,他曾试图推翻李嘉图和马尔萨斯,但没有取得什么有意义的成功,不过,作为民族主义学派的一个典范,他还是很重要。他还发挥了大得令人吃惊的影响,不仅影响了那些多少接受了他的一些观念的德国、法国和英国思想家,甚至也影响了他最激烈的反对者。他使人们不得不重温李嘉图的地租理论。赫伯特·斯宾塞(Herbert Spencer)采纳了他的这一观念:知识功能与生殖功能之间存在一种对立,结果,随着一般教育水平的提高,人口的增长率往往会下降,因此,人口实际上是自我控制的。

然而,正是作为一个民族主义者,尤其是作为一个贸易保护主义者,凯里才是最重要的。文明在美国(他就在美国写作)的发展,涉及多样化经济生活的发展,作为更高社会形态的基础。遵循英国的自由贸易政策,意味着美国会成为一座纯粹的大农场,为一座叫英格兰的城市提供农产品。即便对于英国来说,自由贸易和依赖外贸也很糟糕。在他那个时代,英国已经被迫寻找新的市场,以取代那些已经被它耗尽的市场。任何政策的改变,或者贸易被战争或自然灾害所打断,都会给英国人民带来深重的苦难。他的一个论证激起了重商主义和重农主义的古怪回声:"消费者必须与生产者站在一起,为的是使人类能够服从他赖以从地球母亲这家伟大银行那里获得贷款的条件——条件很简单,即当他用那笔提供给他的资本做完他的事情之后,他应该把它还给取得资本的那个地方。"

弗里德里希·李斯特(Friedrich List,1789~1864年)是一位德国教授,1820年流亡美国,在那里,他是一个成功的编辑和煤矿与铁路的投机商。他在美国的经历对他产生了深远的影响。"只是在那里,"他写道,"我才对一个民族经济上的逐步发展获得了一个清晰的观念。"他在美国的前几年正是亨利·克莱(Henry Clay)发表其"美国体系"的那些年,也是约翰·昆西·亚当斯(John Quincy Adams)阐述国家发展的宏伟计划的那些年,这样的计划,即使回想起来都是那么动人,而实现的却如此之少。对一个德国自由主义者来说(他的祖国依然被中世纪的地方主义所束缚),所有这一切都有着强大的吸引力。他作为美国驻莱比锡领事回到了德国。作为一个经济学写作者,他把他在美国的经历合理化了,并把他从美国经济学家尤其是丹尼尔·雷蒙德(Daniel Reymond)那里捡拾来的某些观念,与缪勒所代表的对国家作为一种文化形态的强调结合了起来,这种强调,是那个时代几乎所有德国思想家所共有的。像凯里一样,李斯特也认为,任何一种高度发展的文明,不可能在没有制造业的情况下实现,一个农业民族必然是粗鄙的、野蛮的。

在他成为一个浪漫主义者和民族主义者的同时,李斯特在研究一般问题的方法上显然是历史主义的。正像他所批评的理性主义者一样武断,他假设了民族经济生活所经历的5个连续的阶段,从狩猎和捕鱼阶段开始,在一个以复杂的经济生活(包括农业、商业和制造业)为特征的阶段达到高峰。政府的职能依据发展阶段的不同而变化。当复杂的经济生活的最后阶段实现的时候,正是政府引入鼓励制造商的措施(尤其是保护性关税)的时候。你会注意到,李斯特的各个阶段与实际的

弗里德里希·李斯特

历史事实关系不大,它们主要起到了支撑其贸易保护主义论点的作用。然而,好的历史也好,坏的历史也罢,诉诸历史支持是他的思想中一个越来越重要的因素。正是绝对理性主义对古典学派的批评,最终使得它表面上无可辩驳的体系屈服于更有机的观念。

他的作品中,最具原创性、最有价值的特征,大概是他给缪勒的信条(非物质的东西也有价值)带来的那种更理性的、并不那么神秘的倾向。李斯特认为,价值不仅仅是通过劳动甚或主要不是通过劳动而产生的;最高的价值依赖于恰当的社会组织、好的法律和好的政策、良好的教育和良好的经济组织。因此,对这些目标作出贡献的一切——如教师的工作或政府官员的工作——都

是真正能产生价值的。

民族主义者——尤其是凯里和李斯特——的政治影响,大大超过其学说的纯科学意义,完全不成比例。他们与当时强大的民族主义情绪同调合拍,与此同时,他们的学说动态地、积极地服务于占优势地位的企业家们的利益,正如马尔萨斯和李嘉图的学说消极地服务于这些利益一样。要衡量他们的影响,只需看看整个欧洲世界贸易保护主义的巨大发展即可。

在李斯特的影响下,德国的经济学家维持了一个截然不同的研究分支,他们称之为"国民经济学"(Nationalökonomie),这个词可以翻译为自然经济学、社会经济学或简单经济学。

制度主义者与历史学派

在亚当·斯密撰写《国富论》的时候,历史思考已经很不时兴了。在卡尔·马克思撰写《资本论》之前,19世纪的历史学复兴已经开始。与时代完全合拍的是,那段间歇期见证了理解经济组织的历史方法的发展,也见证了从历史的观点对古典经济学家的有限假说和推论方法的激进批评。

理查德·琼斯(Richard Jones)在他的《论财富的分配与赋税的来源》(*An Essay on the Distribution of Wealth and on the Sources of Taxation*,1831)一书中猛烈抨击了李嘉图学说的抽象假说,他证明,在过去以及在其他国家的实际地租制度中,这些假说完全是错的。这导致了一个二律背反,从那时到现在,历史学家和经济学家一直围绕它争执不休。李嘉图学派可以正确地回应:他们所谈论的,并不是任何有限的时间段内实际地租发生了什么,而是所定义关系的性质中与生俱来的长期趋势——正如所定义的那样。

英国银行家白芝浩(1826~1877年)指出了政治经济学的历史局限:"像英国现有的那种政治经济学,可以定义为商业科学,这样的商业是大规模的生产和贸易社群中的商业"——也就是说,它是在工业革命之后。在他的《物理与政治》(*Physics and Politics*,1872)一书中,白芝浩从一个革命性的观点介绍了经济社会。托马斯·爱德华·克利夫·莱斯利(Thomas Edward Cliffe Leslie,1825?~1882年)是研究土地制度的另一位历史学家,他指出,李嘉图学派假设社会是静止的,而实际上,它通常是不断进步的。像德国历史学派一样,他坚持认为,人不是一个抽象概念,而是"实际存在的人,像历史和环境所造就出来的那样"。英国的历史学派,以汤因比(Toynbee)、索罗尔德·罗杰斯(Thorold Rogers)、阿什利(Ashley)、坎宁安(Cunningham)等人为代表,在数以百计厚重的历史专著中,他们把经济思想的事实基础延伸到了英国史和中世纪史的广泛范围。

历史学派在德国的发展有着特殊的意义。罗雪尔(Roscher,1817～1894年)、希尔德布兰德(Hildebrand,1812～1878年)和卡尔·克尼斯(Karl Knies,1821～1898年)是主要的早期代表。像英国的同行一样,他们也受到了历史法学的强烈影响,历史法学是在亨利·梅因(Henry Maine)爵士和萨维尼(Savigny)的领导下发展起来的。他们拒绝承认经济"规律"的终极性。罗雪尔倾向于用具体的历史材料取代理性主义者的假说,但克尼斯坚持认为,历史不能提供一致性作为"规律"的基础,而只能提供类比。德国历史学派后来更多地转向了理论。古斯塔夫·冯·施穆勒(Gustav von Schmoller,1838～1917年)和卡尔·毕歇尔试图把历史归纳法和理性演绎法结合起来。毕歇尔在他的《国民经济的形成》(*Die Entstehung der Volkswirtschaft*,1893)一书中着手阐述经济演化的规律。

以奥斯马·斯潘(Othmar Spann)和桑巴特为代表的另一趋势,把理论降格为次要角色,把理解(而非解释)作为历史研究的目标——简言之,历史在其最高代表的心目中是什么。

对工业秩序及其古典主义倡导者的激进批评,来自美好生活(而不是商品)的倡导者。正如托尼、韦伯和桑巴特从不同的方面所显示的那样,新教从未感觉到与资本主义的方向有什么严重对立。然而,天主教会有着把贫穷视为宗教生活的最高形态的传统,长期以来与农业社会打成一片,再加上奥古斯丁教义对宇宙作为"上帝之城"的解释,因此,它不可能认同也不曾认同所谓的"进步"。教皇庇护九世1864年颁布的《谬论举要》(*Syllabus of Errors*)把下面这个学说列为主要的谬论之一:"罗马教皇可以且应该接受进步、自由主义和文明,并与之达成妥协,像人们最近所设想的那样。"在19世纪的自由主义者看来,这似乎就像亵渎上帝一样。对他们来说,进步、商业、发财、技术成了一种定义得很清楚的宗教,就是上帝的彰显。在他们看来,天主教会似乎在疏远现代社会的道路上迈出了最后的一步。1930年,教皇庇护十一世的通谕——它是庇护九世的"何等关心"(quanta cura)通谕的直接延续——受到了完全不同的对待,到处被奉为重要的言论。

托马斯·卡莱尔(Thomas Carlyle)和约翰·罗斯金(John Ruskin)的那些本质上属于新教的言论产生了相同的效果。在他的《过去与现在》(*Past and Present*)一书中,卡莱尔描绘了一幅封建主义的理想图景,画面上,没有他在工业化的英国所看到的悲惨苦难的容身之地。就连马克思用来描述资本主义的那些词语也不比他更刺耳。约翰·罗斯金攻击整个古典经济学是"贫困"的科学，而不是"财富"的科学，并用他对价值的定义来挑战经济学家："没有财富，只有生活。生活，包括它所有爱的力量、欢乐的力量，以及赞美的力量。养育了数量最多的高贵而快乐的人的国家，才是最富有的国家；把自己一生的职责履行得最完美的人，才是最富有的人，凭借人格的力量以及他所拥有的财产对其他人的生活发挥了最广泛影响的人，也是最富有的人。"罗斯金的出发点是他对生活的解释。他的经济学说，是抗议作为资本主义的一个显著特征的那种丑陋，这种丑陋延伸到了家庭和衣着，也延伸到了工厂和公共建筑。

托马斯·卡莱尔

社会主义者

民族主义者的基本观念是：经济活动和经济组织应该服从于社会的整体利益，这也是社会主义批判的出发点。社会主义，尽管这个词的特定含义已经变得次要，但最初是一个与个人主义针锋相对的术语，这种个人主义，正是斯密及其后继者的典型特征。宽泛地概括起来，该学派说，"给企业家让路"。社会主义者认为，社会的构成是以穷人和弱者占主导地位，基于这样或那样的理由，经济生活应该为了他们的利益而不是为了富人和强者的利益而进行重组。特别是，他们批评了私有财产和自由竞争的观念。

19世纪的早期社会主义者被称作空想社会主义者。空想社会主义者试图通过居高临下地帮助穷人，以改善穷人的命运（并最终使人类获得新生）。圣西门（Saint-Simon，1760～1825年）鼓吹，应该为了工业的目的把政府重组为一个联盟。他的追随者走得更远，要求废除私有财产，通过对劳动工具的重组实现社会主义化。联盟论者继续向前，他们无视政治组织的问题。其中两个最杰出的人物，英国人罗伯特·欧文（Robert Owen，1771～1858年）和法国人查尔斯·傅立叶（Charles Fourier，1772～1837年），建立了共同生活的公社，其实践取得了一定的成功。事实上，有些傅立叶公社在法国至今依然存在，尤其是吉斯地区的一个公社。在美国，有很多人仿效这两个人。布鲁克农场是傅立叶主义的。印第安纳州的新和谐公社是罗伯特·欧文自己创建的。

然而，空想社会主义对其实践支持者的道德和智力品格有着相当严格的要求。有一点变得很明显：在现有的社会里，仅仅是几个"激进分子"在一个傅立叶共产村或欧文公社里过着幸福、和谐而简朴的生活，这样的榜样尚不足以诱发普遍的仿效，尤其是因为，人们所预期的和谐未必占上风。在一个变得越来越工业化、越来越富有竞争性的社会里，空想社会主义者显示出了偏爱农业自给自足的强烈倾向。路易·勃朗(Louis Blanc, 1811～1882年)是法国的一个新闻记者和研究大革命的历史学家，他建议把公有的观念应用于国家资助的工业企业，试图以此克服这一困难。在《工作组织》(L'Organisation du travail, 1841)一书中，他建议，政府应该设立一些由工人控制和管理的工厂，与私人工厂尤其是组织化的工厂竞争。在这样的竞争中，社会主义工厂将会不断增加，直到私人企业被淘汰。

法国1848年的革命给勃朗提供了一个天赐良机，因为它主要是通过巴黎无产阶级的革命激情来实现的，勃朗成了新政府的一员。他强力促成了对工作权的承认，并设法任命了一个劳工委员会，以研究问题、提出建议。与此同时，在一个敌对的政治家埃米尔·托马斯(Emile Thomas)的指导下，一个被称作"国家工厂"的但与勃朗的想法只是略微相似的劳动体系建立起来了，为的是让巴黎庞大的失业人口保持安静，不受勃朗和他的委员会的控制。当国民政府组织起来了并认为自己强大到足以采取行动的时候，它便把整个安排——勃朗本人、他的委员会，以及"国家工厂"——通通一扫而光。勃朗的工人阶级支持者们所发起的一场严重暴动，在经过4天可怕的巷战之后，被野蛮地镇压下去了。

随着巴黎工人被镇压，空想社会主义实际上也就寿终正寝了。而卡尔·马克思(1818～1883年)的作用就是：把社会主义从一项为那些有着慈悲心肠的人量身定制的意图虔诚的计划，转变为一场注定要撼动王座和政府的运动，转变为一套注定要越来越强烈地影响自他那个时代以后的一切社会主义思想的知识体系。他像罗雪尔一样注重历史，像任何一个空想社会主义者一样有计划性，像任何一个民族主义者一样坚持社会利益对个人利益的支配地位。他甚至是一个优秀的古典主义经济学家——他的分析像约翰·斯图亚特·穆勒一样接近于李嘉图的分析。他像其他天才人物一样，凡是他想要的东西，一旦发现，他就拿来，并使之成为自己的东西。

马克思知道的东西如此之多，他的想法是如此之多，而且总是很清晰的想法。毫无疑问，马克思学说的一个核心元素是他对历史的解释。在这方面，他的出发点是黑格尔的哲学，黑格尔把历史设想为"观念"的展开，一个无情变化的过程。马克思修订了黑格尔的概念，把作为现实体现的"观念"还原为现实在人的头脑中的反映，但保留了历史是一个无情变化过程的概念，还保留了黑格尔的辩证法，这是一种借助对立达致真理的方法。

那么，据马克思说，这个无情的变化过程，就是人类经过一连串不同阶段的进化，有点类似于西斯蒙第和李斯特的那些阶段。每个阶段及其所有不同方面的特征，被生产方式所决定。在每个阶段，社会被宽泛地分为两个群体：剥削者和被剥削者，他们之间有着持续不断的阶级斗争，这是从一个阶段向另一个阶段进步的根本方式。每个剥削阶级都会相继自我毁灭——请注意黑格尔的矛盾观；最后，当它变得让被剥削阶级无法忍受的时候，便走向衰亡。

卡尔·马克思

目前达到的阶段是资本主义阶段。资本家是剥削者；无产阶级是被剥削者。资本家们正通过集中自我毁灭。工薪劳动者的境况变得越来越悲惨。最后，当这个过程完成的时候，当所有生产资料都被集中到少数人手里的时候，当无产阶级的境况变得不堪忍受的时候，资本主义的剥夺者就会被资产阶级与无产阶级之间的一场战争所剥夺，新生的无产阶级国家就会接管整个财富生产的机器。

就他对现有经济制度的分析而言，马克思以比李嘉图更少的限制条件宣布，一切商品的价值由生产这些商品所需要的劳动来衡量和决定。接下来，他以非常迂回的方式证明了，劳动者生产的多于他所得到的。工资"铁"律使得他的商品（劳动力）在价值的天平上总是低于生产食物、衣服、住房以及维持劳动力所必需的其他物品所需要的劳动量。如果这个劳动量是一天5个小时，工人在另外5个小时里生产的就是剩余价值，资本家在现有道德的认可之下，把这些剩余价值据为己有。就连工人也不知道自己遭到了掠夺，因为他所得到的，根据李嘉图的价值理论，与他的劳动力大致相当。

马克思把研究者的注意力固定在了这个问题的历史方面，在这一点上，他超过了19世纪的其他任何人。正如韦斯利·克莱尔·米切尔（Wesley Clair Mitchell）教授所言："马克思从经济制度的累积改变中看到了经济学的核心问题……他显示了，当经济理论遭到来自这一面的攻击时有多么致命，尤其是，如果把当前的变化过程投射到未来的话。"在另外的意义上,马克思因为他所提出的问题而显得重要。他的工作是发现了资本主义是一种经济生活的制度,是一种历史现象,这一发现提出了数以百计的新问题,它们至今依然是经济学所要研究的问题。他的结论在他的同时代人看来是如此令人震惊,以至于他们都忽视了其方法的重要性;但是,到了19世纪的最后10年,英国的西德尼·韦布(Sidney Webb)、德国的沃纳·桑巴特,以及美国的托斯丹·凡勃伦(Thorstein Veblen),都实现了马克思所示范的历史方法与科学意图的结合。

马克思的追随者们表现出了显著的历史学派的趋势,事实上几乎是热衷于历史学派。随着历史学中知性主义的复兴[以克罗齐(Croce)和斯宾格勒(Spengler)的历史哲学的出现为标志],他们往往变得无法与那些其本人也被拉向马克思的轨道的历史学家区分开来,除非是通过更深层次地关注他们思想上的一致性。马克思的社会主义,由于是基于其纲要的国家和国际党派的发展,而迅速僵化为一种教条。他的知识分子追随者和他的党派都被"革命"的问题所分裂,这个问题是由爱德华·伯恩斯坦在1899年正式提出来的,但实际上,是俾斯麦1880年的社会主义立法的发展中所固有的,也是英国费边主义(渐进政策)的发展中所固有的。

无政府主义从一开始就困扰着社会主义者。在出发点上有某种共同的东西,都觉得现有制度不公平。社会主义者向国家社会主义漂移创造了一个分支,以1872年对无政府主义者的驱逐为标志。无政府主义者对国家的敌视,后来在乔治·索雷尔(Georges Sorel)的影响下得到了相当可观的组织化,索雷尔的《论暴力》(*Réflexions sur la violence*,1909)通过无所作为传播了革命的理想。国家是资产阶级控制的机构,应该借助一场总攻把它消灭掉。接下来,工会将接管它们各自的行业,除了工会之间的联盟之外,没有进一步的组织。英国的行会社会主义本质上是把消费者包括在内的工团主义,没有暴力提议。世界产业工人联盟(I. W. W.)就其起源而言是工团主义的,但后来受到布尔什维克主义的很大影响。

尽管与缪勒和李斯特的民族主义有着知识上的密切关系,尽管存在利用民族国家的显著趋势,但社会主义始终宣称国际主义。1864年,这方面被组织在"国际工人联合会"(第一国际)中,该组织一直坚持到了1870年之后的保守主义回潮,关于无政府主义的争吵极大地削弱了它,导致它在1876年解散。在接下来的15年里,社会主义得到了充分的发展,足以为第二国际的建立提供理论依据,在1891~1914年间,第二国际定期举行会议,在会上,正统观念得到了定义和重新定义,并决定了一些(不是很多)共同政策。第一次世界大战的爆发,对社会主义者的共产国际就像对资本家的所谓国际主义一样致命。尽管法国和德国的社会主义政党都保证不投票支持战争借款,但它们起初都支持战争,理由是:它是防御性的,或者更准确地说,是因为它们都被战争的歇斯底里裹挟而去。

第二国际为停战作出了几次软弱无力的努力。1917年,按照列宁所领导的更激进的社会主义者的命令,第二国际在斯德哥尔摩召集了一次会议,但会议没能给交战国政府施加任何压力,部分原因是由于英国和法国政府拒绝给本国代表发护照。

第二国际的劳工委员会

斯德哥尔摩的失败,以及俄国布尔什维克革命的成功,导致了第三国际的成立。1919年和1920年,在莫斯科举行的、由更加革命的成员参加的连续几次会议,制定了新的正统信条,并向整个资本主义制度和老的"黄色"社会民主党宣战,向帝国主义宣战,向军国主义宣战。只有那些不与资本主义作任何妥协(知识上的或实际上的妥协)的社会主义者,才会得到承认。组织高度集中在莫斯科的一个小委员会控制之下,事实上成了那些控制着苏联政府的集团的一个机构。

与此同时,第二国际在伯尔尼得以重组。激进分子的撤出,固定了已经显露出来的本质上的自由主义特征。无产阶级专政遭到了谴责,并规定了应该使用民主党革命方法;制定了一项适合这些原则的行动计划;作出了一定的努力,试图与莫斯科达成谅解,但白费力气。就这样,第二国际和第三国际同时存在,彼此之间形同水火。

在涉及经济思想时使用的两个术语需要定义:"正统的"和"科学的"。"正统的"(其最初的用法涉及宗教思想)意味着在教义和信条上与那个成功地拥有了权威(或者至少是得到权威的赞同和支持)的团体或党派相一致。在经济学中,其含义是类似的。正统经济学就是这样一种经济学:在涉及现有经济制度的信条或学说时,或者在涉及政府赖以支持它的那些法律和政策的措施时,它不持否定态度。这种类比有点令人困惑,因为在宗教史上,正统的概念是一个相对较晚的现象(例如,就基督教的情况而言,实际上仅仅始于公元 325 年的尼西亚大公会议);而在经济思想史上,在现代欧洲,正统观念出现得很早。亚当·斯密、李嘉图、杰文斯、马歇尔都是正统派。当然,社会主义者是非正统的。我们几乎不能把他们称为异端的或非正统的,因为没有人使用这些词。道德批评家也不是正统的,因为他们拒绝承认现有制度的目标。历史学派本身关于目标问题与正统经济学家并不存在争执,而只有关于方法的争执,尤其因为他们与社会主义思想的关联而一般不被归类为正统派。

"科学的"更难定义。它并不意味着"正确的",甚至也不意味着"就其本身而言是正确的",它也没有清楚地涉及方法。归纳法在自然科学中的流行,导致了一场态度坚决的运动,要在经济学中促进类似的方法。然而,像物理学一样,经济学的进步主要是通过一系列有点简单的假说来推论。大多数归纳性的作品,亦即历史的和统计学的,要么导致一些没有阐述过的结论,要么导致一些有伦理动机或政治动机的结论,也就是说,导致某种不纯粹客观的东西,因此在"科学的"这个概念的界限之内。实际上,经济学的理论化甚至比现代经院哲学更加接近于安塞姆(Anselm)、阿奎那(Aquinas)和邓斯·司各脱(Duns Scotus)等人的中世纪经院哲学,比现代世界的几乎任何其他智力活动都更加接近。与自然科学比起来,"科学"经济学的实际应用相对较少,而且是偶然性的。劳动分工、货币体系的组织、(战时)物价控制、国际贸易的管制,全都在不同的国家、不同的时期,由于经济学家的介入而受到了不同的影响,而且经常是有利的影响。然而,这些介入都属于作为技艺的(而不是作为科学的)经济学的技术层面,而不属于理论层面。

在理解我们的整个社会这个一般问题上,经济学的发展一直起着强烈的刺激作用。那些最不正统、最不科学、最制度主义的社会研究者,在历史上和知性上都是(通过肯定或否定)源于试图解决这样一个问题的直接努力:人努力得到他想要的东西,以及他为什么失败。

第十九章 经济生活的不同形式

非资本主义形式的经济生活的持续

究竟在何种程度上,资本主义尚不足以成为独有的经济生活的形式,不仅吸引所有参与经济活动的人,而且还占据了他们所有的经济活动呢？对于一个生活在世界上资本主义程度最高的地区(美国)的人来说,至少从某个角度来看,答案基本上是否定的。在每个地方,所有人似乎都通过市场的联系,与其他各地人的意愿捆绑在一起：南海岛民的椰肉干注定要在欧洲人的盥洗室里当肥皂用；西伯利亚和加利福尼亚茫茫荒野上的捕兽人是兴旺还是萧条,取决于时尚的潮涨潮落；美国的农场主是赚钱还是亏本,取决于利物浦谷物交易所的小麦价格。事实上,从这个角度来看,究竟是成为牺牲品还是成为受益者,所有人的命运都涉及资本主义的发展是一帆风顺还是困难重重。

从另外的观点来看,资本主义作为一种经济生活的形式甚至很难占主导地位。除了小农场主、小商人、政府雇员,以及像铁路和邮局雇员之类不完全是资本主义企业的经理或雇员之外,桑巴特推断,1914年之前,资本主义在整个经济生活中所占的份额,在美国约为38%,在俄罗斯之外的欧洲是25%～33%,在俄罗斯约为10%。即使我们用"全盛资本主义"来替代资本主义作为一个类别,这个观点也站得住脚。毫无疑问,很容易认识到,雇用很少人员干活的小商人或小制造商,以及自己耕田种地、只是偶尔雇用帮手的小农场主,在某种程度上是非资本主义的,这里所说的某种程度,一方面是与企业家相比(他们与企业的关系完全是管理),另一方面是与工人相比(即无产阶级,他们与企业的关系仅仅是工资关系)。

记住了这一差别,再来研究德国的统计数据(仅凭这些数据就可以作出很方便的区分),我们可以看到,即便是资本主义高度发展的国家(94.2%的企业和66.1%的个人从事商业),也依然保留了"手工业"的特征,雇主依然没有完全与他的雇员区别开来,而是与他们一起干活。尽管铁路、电报、海洋运输等只作为最大类别的企业存在,但在人的运输及江河与运河的运输中,小企业依然保持了类似的优势地位。在工业领域(包括采矿业和建筑业),优势交给了大企业,但即使在这一领域,最小的企业(1~5人)依然占到了所有雇员的将近30%。在地方化的职业中,如个人服务(理发师之类)和修理店,小企业依然占压倒性优势。总体上,在全盛资本主义的末期,在资本主义程度最高的国家之一,除了农业人口之外,将近一半从事经济活动的人依然是按照准手工业的方式被雇用。然而,实际上的"手工业者"大多已不再仅仅局限于他自己的产品;他销售各种与自己产品有关的现成产品;他通过引入各种技术装备(你不妨去看看美国任何城镇的修鞋店),从而使自己现代化了,并把像簿记这样的手段合理化了。他150年前的前辈走进他今天的店铺会感到很不自在。

美国芝加哥的修鞋店

当然,农业依然几乎完全是小企业,在很大程度上就性质而言是非资本主义的。除了野蛮部落之外,依然有75 000万~90 000万人(包括业主、佃户和工人的家人)以这样或那样的方式从事农业。东方(包括俄罗斯)占这个总数的 3/4,欧洲约为 15 000 万人,其余的属于"西方",即美国和澳大利亚。

尽管每个地方的农民都顽固地坚持自己的经济生活标准,但不同的地区有着广泛的不同。美国的 farmer 和埃及的 fellah,法国的 fermier 和俄国的 muzhik[1],只显示出了很少的一致性,而这种一致性在"资本化"程度更高的人类成分当中是那样显著。他们在经济方向上有着广泛的不同,从纯粹的满足需求到最高程度的经济理性主义,从纯粹的共产主义(就其字面意义而言)到极端个人主义。在大多数现代化地区,丹麦、美国、澳大利亚,农民表现出了资本主义精神的几乎所有特征。在俄国,至少在 1917 年的十月革命之前,在某种程度上直到今天,他们依然是农民。就社会地位而言,农业人口也各不相同,从半农奴到充分自由的人。他们的技术表现出最广泛的不同,即便是在同一个发展程度上,也存在很大的差异。

在一个其他几乎每个领域都取得了巨大进步的国家,尽管每个地方的农业工人在经济生活的水平上也存在广泛的不同,但每个耕作地区的农业生活依然相对比较萧条。

在西欧和中欧,古老的农业经济的瓦解,加上信用体系的不充分以及农产品的实际价格自 1870 年以来不断下降,使得农业呈现出萧条的面貌,各个国家为此制定了很多补救的法律,但都不足以改善这种状况。

在普鲁士,施泰因在 1807 年着手消灭宗教改革之后建立起来的特别残酷的农奴制;但东普鲁士大地主们的强大影响力损害并拖延了改革,使之变得让农民难以承受。1811 年的法律确立了两类农民——对自己耕种的土地拥有可继承权的农民和不拥有这种权利的农民;其中,第一类农民必须让与 1/3 的土地、第二类农民必须让与 1/2 的土地给地主,以获得剩余土地的所有权,还有一个更庞大的类别则没有根据这部法律得到任何好处,依然在法律上处于从属地位,直至 1850 年。在德国一些更先进的地区,奴隶制从未确立,像西北部地区,要么在它被法律废除之前就已经实际上消失了,像巴伐利亚州(1808 年)。有权有势的放款人所收取的高利率对德国农民来说似乎尤其难以承受,直至 1850 年帝国高利贷法的颁布。

在法国,大革命摧毁了直到当时依然存在的依附性占有权,但法国农业的根本结构基本上没有改变。尽管拿破仑战争给生产甚至给新技术(甜菜、马铃薯)带来了临时的刺激,但《拿破仑法典》所鼓励的占有权的无限分割阻止了资

---

[1] 这 4 个单词都有"农民"的意思,但有各自的历史文化背景。——译者注

本的成功应用(尤其是以机器的形式),这样一来,法国的农民得到的收益很少,与他们付出的努力不成比例。然而,从国家的观点来看,就它能够维持出口平衡这一点而言,法国农业在西欧几乎是独一无二的。

在英国,古老农业制度的衰落,我们已经充分指出过。1800年前后,人口的增长为农民提供了一个迅速拓宽的市场,而拿破仑战争则加剧了这一影响。然而,随着战争的结束,工业成分越来越强大的政治势力(它能够导致《谷物法》的废除)、资本在工业中越来越大的吸附作用,以及1870年之后殖民地的竞争(它导致物价稳定下跌),联合起来使得全国各地的农业生产越来越不景气。

在东方文明国家,极端贫困是农业生产者的宿命。在俄国,很低的技术水平导致很低的生产力,沙皇政府拿走了税收的很大份额,而物价却一直很低。粮食越便宜,农民被迫卖掉的粮食就越多,于是,饥荒便折磨着这个国家,西欧的廉价粮食就来自俄国。在英属印度,人均年收入据估计约为15.00美元,人均耕地在1901~1902年是1.28英亩,在1917~1918年是0.9英亩。在爪哇,人口从1880年的19 800 000人稳定增长到了1900年的28 800 000人,而每个家庭的稻米供应却下降了大约1/4。

在"殖民地西方",故事是一样的,必须记住的是,苦难的程度有所不同。在美国南方,"黑人榨取土地和牲畜,白人榨取黑人,而商人则榨取白人和黑人"。在奴隶制废除之后,分享制建立了,土地所有者提前预支土地、小木屋、牲畜、生产工具,以及一半种子对一半收成。至于另一半,参与共享的农民以较高的价格,向"店主"赊购他所需要的东西。其结果是,黑人习惯性地欠债。土地所有者使用同样邪恶的信贷制度,陷入同样的长期负债状况。在密西西比河流域和加拿大的小麦种植者当中,农民承受的债务负担很沉重(1910年,北达科他州是50.2%,艾奥瓦州是51.2%),但他们的很多困难似乎来自中间商的过高利润;消费者在芝加哥花1美元购买来自明尼苏达州的马铃薯,其中只有20.6美分进了农民的口袋。

在农民普遍萧条的表象之下,似乎是对资本主义的某种缺乏适应。尽管农民涉及技术发展和市场体系,但世界市场的定价机制被管理得如此巧妙,以至于农民生产力的提高,总是给人口中的工业和贸易群体带来好处,而不是给他自己带来好处;他变得依赖于赊账,而且由于他相对缓慢的周转率,以及对市场的缓慢反应,他大概比其他群体更加饱受货币价格波动之苦。在别的地方,资本家、企业家和劳动者的功能是分开的,而他却集这三者于一身,前三者的倒霉,都容易让他深受其害。

合作社

合作社是 19 世纪资本主义组织所带来的巨大变化,而且还在不断发展。在抽象的经济学意义上,很难把它与上一章被描述为"集中"的那个过程区分开来。也就是说,一个合作社本质上是一个个人组织,把他们的购买力或销售力联合起来,为的是能够以比平时更低廉的价格购买,或者以更高昂的价格销售。合作与集中(按照这个术语在上一章中的用法)之间的区别,与其说是纯经济学的,不如说是社会学的。按照这里的用法以及一般用法,它适用于人的联合,区别于资本的联合;组成联合的这些人,他们之间是一种消极的关系,而不是积极的关系,是最宽泛意义上的消费者,而不是生产者或销售者。信用的使用者、中间商服务的使用者(作为买家或卖家)、仓库和机器的使用者,联合起来以便获得更优惠的条件,比他们作为个人所能获得的条件更优惠。

1914 年之前发展出了三种主要的合作形式:信用合作社、生产(或销售)合作社和消费者(在这个词的更有限的意义上)合作社。

信用合作社主要是在德国发展起来的。弗里德里希·雷发巽(Friedrich Raiffeisen)在 1864 年发起了一场运动,作为逃离暴虐的高利贷者的一种方式,在德国的农业状况中,高利贷的现象是如此显著。打那以后,雷发巽银行发展得非常大:1913 年,它们的贷款(包括哈斯—达姆施塔特信用社)超过了 2 500 000 000 马克。它们基于成员(各自地和集体地)对每一笔贷款的无限责任这一原则,并局限于农业信贷领域。舒尔茨—德里奇银行把同样的方法应用于城市,后来在农业信贷领域也变得有点活跃。信用合作社得到了普鲁士州中央合作社及其他几个州的实质性的帮助,把信用扩大到了一般社团,而不是局限于地方协会。信用合作社从德国蔓延到了西欧的大多数地区。在合作商店如此成功的英国,信用合作社却很难维持下去。在法国,信用合作社最初是作为农会(生产合作社)的一项功能发展起来的,但杜兰基金会仅仅是为了提供农业信贷而存在。法国政府也对合作社提供金融支持。在巴尔干半岛,尤其是在保加利亚和塞尔维亚,信用合作社(连同其他形式的合作社)的出现,是作为原始的、以亲属关系为纽带的斯拉夫公社的一种过渡模式,而不是作为抵御资本主义机构的一种防卫措施。有人估计,在 1896 年,总共有 750 000 000 美元通过欧洲大陆的信用合作社贷了出去,8 年之后,总量约为 1 250 000 000 美元。

有一种信用合作社的形式,在英国和美国发展得极为广泛,这就是住房贷款协会。从它于1815年在苏格兰开始的时候起,它在英国发展得有些艰难,因为法律一直拒绝给予认可,直到1836年第一部《建房互助协会法》颁布,甚至直到1874年的第二部法案颁布后,发展形势才好转。与此同时,这一观念被一些移民法兰克福(当时是费城的郊区)的英国制造商以一种半模仿的方式所复制,1831年,牛津互助协会在那里成立。1893年之前的情况缺乏足够的统计材料,那一年,此类协会的成员数在1 500 000~1 800 000人之间,总资产约为550 000 000美元。这个数字,它们一直保持到了1905年前后;然后,资产开始增长,不久之后,成员数也开始增长。1913年,成员数增长至约2 000 000人,总资产将近翻了1倍。在英国,互助协会发展到了如此流行的程度,以至于它们发现,要把它们吸收的资本贷出去殊非易事。

住房贷款协会不同于欧洲大陆的信用合作社。首先,它的成员通过自己每月缴纳会费来提供借贷资金,而不是从外部找钱(尽管某些住房贷款协会也向信托公司借钱,以此来补充它们的资金)。其次,它比任何信用合作社都更严格地局限于以一种财产类型(城市不动产)作为贷款的抵押品。有些城市的住宅区,尤其是费城、明尼阿波利斯和圣保罗,据说几乎完全是用住房贷款协会的钱建起来的。总体上,住房贷款协会失去了其他合作计划所保持的慈善性质甚或是半宗教性质,它们提供了一个有意义的实例,从中可以研究合作社与资本主义之间的分界线(如果确实有什么分界线的话)。一些专业银行履行一样的功能,这限制了住房贷款协会在欧洲大陆的发展。例如,在法国,土地信贷银行就有一种抵押贷款的安排,依据明确的计划按月还款,没有合作社的特征。

消费者合作社遍及全世界。它们在英国的发展程度最高,在那里,第一个消费者合作社由罗伯特·欧文创建于1828年。1844年,欧文的第一个协会成功开办了一家小店,每周开门营业两天,每周的销售额共计10.00美元。1914年,消费者合作社的数量增长到了1 390个,成员数超过300万人,年销售额约为440 000 000美元;此外还有批发合作社,年销售额约为221 500 000美元。零售合作社拥有自己的工厂,每年的产值约为145 000 000美元。在法国、德国、瑞士及其他地方,发展出了非常重要的合作社推广运动,把英国的运动视为它们的原型。在美国,人们作出了接连不断的但并不怎么成功的努力,试图推广这种类型的合作社。

生产合作社和销售合作社引人注目的发展出现在丹麦的农业生活中。像西欧其他地区的农民一样,丹麦农民以中世纪庄园制度的形式经历过农业本身的合作管理;也像其他地区的农民一样,当他们在19世纪初摆脱了这一制度、赢得了自由之后,他们也坚持自己作为生产者的独立存在。无论是在丹麦,还是在欧洲任何别的地方,农业合作社在任何意义上都不是合作农业。它是合作制造及合作销售,材料和工具的合作购买,合作保险和标准化。它是一场相对比较新的运动,以惊人的速度传播。1882年,丹麦第一家合作乳品店开张;1892年,丹麦有1 000家这样的乳品店,第一次世界大战之前,它们占到了全部乳制品生产的4/5。第一家合作熏肉加工厂创立于1887年;到

罗伯特·欧文

1894年,总共有20家,占到全国产量的一半。禽蛋的合作收购、分级和出口开始于1895年;到1903年,有65 000个农户被这样组织起来。"1921年,250 000个农户,占人口的40%,被组织为4 000个合作机构,涉及每一个活动分支。平均每个农户参加大约10个合作社。丹麦农民自己完成在其他国家由资本主义机构完成的几乎所有职能。"

合作社在意大利的发展比在世界上其他任何国家都更加五花八门。很少有哪个人类活动的分支不被这样或那样形式的合作社所代表,在意大利,可以找到101种不同类型的合作社。一种特别有趣的生产合作社形式是"劳动协会",它根本不涉及原材料或信贷,而只涉及劳动。在各种劳动者当中都可以找到这样的协会:挖土工、建筑工、泥瓦匠、搬运工、装卸工、农业劳工。一个劳动协会可以帮你建造一艘蒸汽船,另一个协会可以帮你切割甘蔗头;一个协会给罗马平原上的大片土地排水,另一个协会在希腊修建铁路。

在法国,农会为它们的成员提供专业服务,并帮他们购买东西,但在法律上并没有资格帮他们售卖东西,除非是通过为这个目的而专门注册的单独的协会。合作的黄油厂和酿酒厂、打谷协会、酿酒协会、榨油厂等,数以百计。

在德国,此类合作社的发展主要涉及雷发巽银行。在美国,除了加利福尼亚的柑橘果农之外,合作社是战后的发展。在南欧和东欧,合作社运动因为注入了种族、宗教和政治的因素而变得复杂化。

合作社对于资本主义的意义既是保守的,同时也是革命性的。一方面,它是一种调整,借此,农民、手艺人和消费者可以使自己在资本主义世界里游刃

有余，轻松自在；另一方面，尤其是消费者合作社的形式(承担自己购买消费品的职能)，它构成了一种实际上早已有之的转变方式，把资本主义转变成了某种完全不同的东西。

当然，从数量上讲，合作社只包括了整个经济生活的很小一部分。然而，在某些地区和某些领域，它有着举足轻重的意义。德国的信用合作社在1819年吸收的"外部"存款是德国信贷银行的1/9～1/8。农业生产合作社在丹麦的支配地位我们已经指出过。英国的消费者合作社约占总零售业务的7%；德国在3%～4%之间。

总体上，合作社的潜在意义很大，尽管直到最近，我们还不能说它已经获得了与其他经济形式平起平坐的地位。

公有制

读者应该还记得，在资本主义刚开始的时候，以及在它的早期历史上，国家、国王和领主在资本主义企业的发展中扮演了主要角色。这一角色的重要性因为一场革命而大大降低，这场革命迄今尚未有人给它正式命名，但我们不妨暂时称之为个人主义的革命。其基本观念的伟大倡导者是亚当·斯密和约翰·斯图亚特·穆勒。它的事件就是在18世纪和19世纪初连续不断地消灭我们通常称为重商主义的整个社会体系和法律规章。它的座右铭是"自由"。它的一般结果是资本主义企业的发展，几乎完全是通过个人(只有极少的社会因素)发展起来的。

然而，这一时期相对较短。从19世纪的第4个10年起，西欧及欧化地区的国家和社会便在越来越大的程度上干预经济生活。这种干预采取了几种不同的形式：(1)通过劳动法、社会保险法和差别税制来管制私营企业；(2)国家或专门组建的公共团体来管理和经营企业；(3)国家、市政当局或专门的组织参与私人资本主义企业；(4)通过专门的机构来行使控制权，比如美国的州际贸易委员会。

说到劳动关系和社会保险的法律调整，其历史太过漫长，这里没法细述，只能简略地概括一下[1]。在英国，经过一连串无果而终的努力之后，1833年的《工厂法》有效地开始了工业监管，这部法律禁止雇用9岁以下的童工，并监

---

[1] 一篇杰出的记述可以在奥格(Ogg)和夏普(Sharp)的《现代欧洲的经济发展》(*Economic Development of Modern Europe*)一书中找到，第四部分，第355～615页。

管18岁以下的其他童工的雇用。从这个起点开始,当不受限制的资本主义活动对人力要素的后果变得明显的时候,相继成为资本主义国家的西欧各国政府便采取了一系列劳动保护和社会保险措施。忽略这一发展的中间步骤,我们可以列出1914年之前发展出来的典型措施的简要清单,从而简略地展示它的结果。在英国,1901年的法案禁止雇用12岁以下的童工,不仅限制了总的工作时间,而且限制了年龄较大的童工整个一天和一周工作时间的分配。另外一些措施禁止矿山雇用妇女,并把与工厂法规类似的管制措施应用于矿山。1908年的一项法案规定,不得让工人(不管是成人还是童工)在任何一段连续24小时的时间内在地下工作8个小时以上。1909年的《贸易委员会法》规定了家庭工业的劳动条件,甚至建立了确定工资的机构。法国和德国实现了类似的甚至标准更高的劳动立法。

童工问题曾经是一个令人触目惊心的社会现象

在社会保险上,俾斯麦统治下的德意志帝国设置了其他欧洲国家竭力仿效的标准。到1914年,社会保险制度(或多或少有些复杂)先后在英国、法国、荷兰、比利时、丹麦、挪威、瑞典、意大利、瑞士和奥地利建立起来了。就连俄罗斯和巴尔干半岛国家,这样的制度也至少开了头。典型的制度包括各种强制保险,保险费由工人、雇主和国家分担;意外事故赔偿金、养老金、疾病保险、失业保险,仅仅是大多欧洲社会所发展出来的整个社会保险体系的一些主要特征。

由国家、市政当局或专门机构这样的共同体来拥有和管理企业,从人们对它的抗议来看,似乎是对资本主义制度的一种更为根本的批评。"别让政府染指商业"是一句美国人耳熟能详的口号。反对政府在第一次世界大战之后保有美国铁路的有力宣传、对政府运营马斯尔肖尔斯水坝和提议中的顽石大坝的抵制,以及对安大略电力与照明系统公用事业利益集团的广泛诽谤,全都指向同一个方向:公有制被认为是对资本主义制度的严重威胁。完全可以怀疑,不管这种看法是不是正确,或者说,至少不管是在原则上还是在可能性上,作为一种合作观念,公用事业的公有制在经济社会性质上是一次重要的激进变革。

政府所有制意味着什么呢？1914年,在每一个国家,邮政系统都是政府垄断;在大多数国家,电话电报系统也是这样;在很多国家,铁路亦是如此。公路、桥梁、学校、图书馆、博物馆代表了一类政府资产,很难被称作企业,因为它们一般是非营利性的。除了这些常见的国有企业之外,1911年,丹麦政府还拥有73家另外的国有企业,雇用了7 411人;丹麦的各市政当局拥有126家国有企业,雇用了2 274人。在德国,1 558 315人受雇于公共企业,占所有工薪雇员的1/20。几个国家为了盈利而实行垄断专营——火柴、烟草和火药在法国是专营;酒在瑞士是专营;烟草和盐在奥地利是专营。市政当局几乎总是经营自来水供应系统,经常经营煤气厂和电厂,甚至殡葬企业。有些德国城市有如此广泛的企业,以至于可以用不着征税;有一座城市是如此幸运,以至于能够每年付给市民75.00美元,还为他们提供木材。美国和新西兰经营着大规模的土地销售业务和森林企业。普鲁士、荷兰、维多利亚(澳大利亚)、新西兰、北达科他和莱斯布里奇(亚伯达省)拥有并经营煤矿。辛辛那提、俄亥俄和佐治亚州拥有铁路,这是它们主要的收入来源。

各种五花八门的优点和缺点,分别被拥护者和反对者归到公有制的头上,但这个问题似乎一直有很大的争议,以至于根本不可能把任何清晰的总体意义赋予公有制。每种情况似乎都是个例。

公有制的一个变形,是国家和其他公共机构共同参与对私营企业的控制。在某些情况下,公共机构只保留参与控制的权利,而不提供任何资本,大的发行银行经常使用这一形式,尤其是德意志银行。在另外一些情况下,公共机构提供部分资本,其余的由私人资本家提供。这种方法在德国和美国的公用事业系统中大量使用。第三种形式是,公共机构和消费者与资本的提供者一起参与管理,这种方法在第一次世界大战之前用得不多,但打那以后就在一些大城市(德国的曼海姆和美国的费城)的牛奶供应行业广泛发展。

结 论

  这就是现代欧洲经济制度演化的大致轮廓。连同欧洲社会的其他方面，它从一个很不起眼的开始发展成了一个庞大的体系，把整个世界纳入了它的各个分支。它超越于纯粹的个人意志之上，以至于使得下面的考量纯属多余：它到底是福还是祸，在所有可能的制度中，它到底是最好还是最糟——无论如何，它就是现在这个样子。

  资本主义已经成熟。它再也用不着面对古老制度的挑战；它的标准和策略，它的目的和手段，它不再遭受与过去比较所带来的轻蔑。它只面对未来的挑战。曾经是伟大的激进主义之一，如今却成了伟大的保守主义。

  它的确成熟了，但依然有生产力。它依然能够从自身中创造出新的行为方式、新的组织机构、新的联合：你不妨看看杨委员会（Young Committee）的新国际银行。它的内部包含了新经济的萌芽，最终会取代它。现代社会主义、政府所有制、合作社，只能被想象为对资本主义的修改和批评。

  它的自我批评能力是其力量的组成部分。自巴贝夫（Babeuf）时代以来，产生了"圣西门们"、"路易·勃朗们"、"卡尔·马克思们"、"霍布森们"、"凡勃伦们"、"拉特瑙们"、"托尼们"——指出危险及逃离之路的先知们。它对技术的热爱扩大到了它自己生存的技术。技术让它度过了19世纪初期的大危机；当它更大的天命大功告成时，技术让它更容易适应万物格局中的一个次要位置。

  有人打算通过灾难性的革命过程来消灭它。它的优势地位的终结，更有可能作为一个渐进的演化过程而出现。也就是说，对它的取代将是一次伟大的历史转变，没有人能通过思考来加速或推迟。力量和材料的矿物来源曾经得到如此辉煌的利用，它们的枯竭可能意味着，有朝一日，经济的重心将会转到太阳的国度，转到拥有那片土地的种族或他们的后人。无论如何，资本主义经济，就像它作为其中的组成部分的整个文化一样，就像先前存在过的一切经济和文化一样，终究要面对一切尘世事物的共同宿命。

参考文献

第一篇
第一章

普通

Sombart, W. *Der moderne Kapitalismus* (3 vols. in 6 parts, 1916—1927). Ⅰ, 29—90.

Knight, M. M. *Economic History of Europe to the End of the Middle Ages* (1926). chap. Ⅴ.

Weber, Max. *General Economic History* (tr. F. H. Knight, 1927). part Ⅰ, Household, Clan, Villages and Manor.

Cunningham, W. *Western Civilization in Its Economic Aspects* (2 vols., 1908).

Thompson, J. W. *Economic and Social History of the Middle Ages* (1928).

包含关于乡村经济的拥有材料的其他作品

Boissonnade, P. *Life and Work in Medieval Europe* (tr. E. Power, 1927).

Ashley, W. J. *English Economic History and Theory* (1913).

Cheyney, E. P. *Industrial and Social History of England* (rev. ed., 1923). chaps. Ⅱ, Ⅴ, Ⅵ.

Coulton, G. G. *The Medieval Village* (1926).

Dopsch, A. *Die Wirtschaftsentwicklung der Karolingerzeit*. 2 vols. (1921—1922).

Fustel de Coulanges, N. *Histoire des institutions politiques de l'ancienne France*, tomes Ⅲ—Ⅳ (1887—1890).

Gras, N. S. B. *An Introduction to Economic History* (1922).

Gray, H. F. *English Field Systems* (1915).

Janssen, J. *History of the German People at the Close of the Middle Ages*. 16

vols. (English tr. , 1896).

Jessopp, A. *The Coming of the Friars* (1903). chapter on "Village Life in Norfolk Six Hundred Years Ago".

Lipson, E. *Introduction to the Economic History of England: The Middle Ages* (1915). chaps. Ⅰ — Ⅲ.

Luchaire, A. *Social France at the Time of Philip Augustus* (Eng. tr. , 1912).

Maitland, F. W. *Domesday Book and Beyond* (2nd ed. , 1907).

Sée, Henri. *Les Classes rurales et le régime domanial en France* (1901).

Seebohm, F. *The English Village Community* (1883).

Seignobos, Charles. *The Feudal Régime* (tr. E. Dow, 1904).

Traill, H. D. *Social England* (6 vols. , 1894—1898).

Usher, A. P. *Industrial History of England* (1920).

Vinogradoff, P. *English Society in the Eleventh Century* (1908); *Growth of the Manor* (1911); *Villeinage in England* (1892); article, "Village Communities", in *Encyclopaedia Britannica* (11th ed.).

原始资料

Bland, Brown, and Tawney. eds. *English Economic History: Select Documents* (1914).

Translations and Reprints from the Original Sources of European History. vol. Ⅲ, no. 5.

More, Thomas. *The Utopia* (Introduction).

Goldsmith, Oliver. *The Deserted Village*.

第二章

普通

Sombart, W. *Der moderne Kapitalismus*. vol. Ⅰ, pp. 91—309.

Ashley, W. J. *English Economic History and Theory* (1892). vol. Ⅰ, chaps. Ⅱ, Ⅲ.

Boissonnade, P. *Life and Work in Medieval Europe* (1921). book Ⅱ, chaps. Ⅳ—Ⅶ.

Cheyney, E. P. *European Background of American History* (1904).

Cunningham, W. *Growth of English Industry and Commerce During the Early and Middle Ages* (2 vols. , 1896).

Day, Clive. *A History of Commerce* (1900).

Knight, M. M. *Economic History of Europe to the End of the Middle Ages* (1926). chap. Ⅵ, pp. 153—158.

Levasseur, E. *Histoire du commerce de la France* (2 vols., 1911—1912).

Ogg, F. A., and Sharp, W. R. *Economic Development of Modern Europe* (1926). chap. Ⅲ.

Risson, P. *Histoire sommaire du commerce* (1902).

Weber, M. *General Economic History*. chaps. ⅩⅣ — ⅩⅥ, ⅩⅧ.

城市的兴起

Bucher, K. *Industrial Evolution* (tr. S. M. Wickett, 1912).

Gras, N. B. S. *Introduction to Economic History* (1922). chap. Ⅳ.

Pirenne, H. *Medieval Cities* (1924).

Schmoller, G. *The Mercantile System and Its Historical Significance* (1910).

Schevill, F. *Siena* (1909).

Cunningham, W. *Essay on Western Civilization* (1898—1900). vol. Ⅱ.

Below, G. von. *Probleme der Wirtschaftsgeschichte* (1907).

行会

Cheyney, E. P. *Industrial and Social History of England* (1923). chaps. Ⅲ, Ⅳ.

Evans, A. "The Problem of Control in Medieval Industry". *Political Science Quarterly*, vol. ⅩⅩⅩⅥ (1921), pp. 603—615.

Green, Anna S. *Town Life in the Fifteenth Century* (2 vols., 1894).

Gross, C. *The Gild Merchant* (2 vols., 1890).

Renard, G. *Guilds in the Middle Ages* (1919).

Saint-Léon, M. *Histoire des corporations des métiers* (1923).

Salzmann, L. F. *English Industries of the Middle Ages* (1913).

Thompson, J. W. *An Economic and Social History of the Middle Ages* (1928).

Unwin, G. *The Gilds and Companies of London* (1908); *Industrial Organization in the Sixteenth and Seventeenth Centuries* (1904).

原始资料

Bland, Brown, and Tawney. *English Economic History, Select Documents*. part Ⅰ, secs, 5 and 6.

University of Pennsylvania. *Translations and Reprints*. vol. Ⅱ, no. 1.

第二篇
第三章

普通

Sombart, W. *Der moderne Kapitalismus*. vol. 1, pp. 334—360.

Boissonnade, P. *Life and Work in Medieval Europe* (1927). book Ⅲ, chaps. Ⅰ, Ⅱ.

Burckhardt, J. *The Civilization of the Period of the Renaissance in Italy* (tr. S. G. C. Middlemore, 1898).

Ogg, F. A., and Sharp, W. *Economic Development of Modern Europe* (1926).

Risson, P. *Histoire sommaire du commerce* (1902).

Sombart, W. *Krieg and Kapitalismus* (1912).

Weber, Max. *General Economic History* (1927). chaps. ⅩⅩⅧ, ⅩⅩⅨ.

重商主义

Schmoller, G. *The Mercantile System and Its Historical Significance* (1910).

Haney, Lewis H. *History of Economic Thought* (1911). chap. Ⅷ.

Clément, P. *Histoire de Colbert et de son administration* (2 vols., 3rd ed., 1892).

Cunningham, W. *Growth of English Industry and Commerce During the Early and Middle Ages* (2 vols., 4th ed., 1904), Appendix.

Day, Clive. *History of Commerce* (1904).

Mims, S. *Colbert's West India Policy* (1912).

Sargent, A. J. *The Economic Policy of Colbert* (1899).

Unwin, George. *Industrial Organization in the Sixteenth and Seventeenth Centuries* (1904).

Usher, A. P. *History of the Grain Trade in France* (1913).

Lipson, E. *Economic History of England*. vols. Ⅱ, Ⅲ: The Age of Mercantilism (1931).

殖民

Morris, H. C. *A History of Colonization* (2 vols., 1908).

Keller, A. G. *Colonization: A Study of the Founding of New Societies* (1908).
Leroy-Beaulieu, P. *La Colonisation chez les peuples modernes* (4 vols., 1891).
Biggar, H. P. *Early Trading Companies of New France* (1901).
Cawston, G., and Keane, A. H. *The Early English Chartered Companies* (1896).
Day, Clive. *The Dutch in Java* (1904).

货币控制

Shaw, W. A. *The History of Currency, 1252 to 1894* (2nd ed., 1896).
Ehrenberg, R. *Capital and Finance in the Age of the Renaissance* (1928).
Sorribart, W. *Der Bourgeois* (1912).

宗教政策

Lecky, W. E. H. *History of the Rise and Influence of the Spirit of Rationalism in Europe* (2 vols., 1868).
Campbell, D. *The Puritan in England, Holland and America* (2 vols., 1892).
Sombart, W. *The Jews and Modern Capitalism* (1913).
Tawney, R. H. *Religion and the Rise of Capitalism* (1926).

第四章

普通

Sombart, W. *Der moderne Kapitalismus*. vol. I, pp. 463—571.

工业技术

Usher, A. P. *A History of Invention* (1929).
Taylor, R. A. *Leonardo the Florentine* (1927).
Dircks, H. *The Life, etc., of the Second Marquis of Worcester* (1865).
Georgius Agricola. *De re metallica* (trans. by Herbert Clark Hoover and Lou Henry Hoover, 1912).
Haskins, C. H. *Studies in the History of Medieval Science* (2nd ed., 1927).
Thurston, R. H. *History of the Growth of the Steam Engine* (1902).
Smiles, S. *Lives of the Engineers* (1861—1862); *Men of Invention* (1884).
Weber, Max. *General Economic History* (1927). pp. 302—314.
Feldhaus, F. M. *Die Technik der Vorzeit, der geschichtlichen Völker und der*

Naturvölker(1914).

Fournier, E. *Le Vieux-Neuf*: *Histoire ancienne des inventions et découvertes modernes* (2nd ed., 3 vols., 1877).

Knight, M. M. *Economic History of Europe to the End of the Middle Ages* (1927). pp. 246—253.

黄金与白银

Del Mar, A. *History of the Precious Metals* (2nd. ed., 1902); *Money and Civilization* (1886).

Humboldt, A. von. *Essai politique sur le royaume de la Nouvelle Espagne* (1811).

Soetbeer, A. *Edelmetall Produktion und Wertverhältnis zwischen Gold und Silber seit der Entdeckung Americas bis zur Gegenwart* (1879).

Lexis, W. "Beiträge zur Statistik der Edelmetall nebst einigen Bemerkungen über die Wertrelation". in *Jahrbuch für National Ökonomie*, 34: 361—417.

Ehrenberg, R. *Capital and Finance in the Age of the Renaissance* (English trans., 1928).

Lamprecht, K. *Deutsche Wirtschaftsleben im Mittelalter* (3 vols., 1879—1899).

Rogers, T. *A History of Agriculture and Prices in England, 1259—1793* (7 vols., 1866—1892).

Steinbeck. *Geschichte des schlesischen Bergbaus* (2 vols., 1857).

Adams, Brooks. *The Law of Civilization and Decay* (1895); *The New Empire* (1902).

Hobson, J. A. *Gold, Prices and Wages* (1913).

Foster, W. T. "The Circuit Flow of Money". *American Economic Review*, Ⅱ: 460—473 (1921).

第五章

1. 劳动

普通

Sombart, W. *Der moderne Kapitalismus*. vol. Ⅰ, pp. 785—919.

英国

Cunningham, W. *Growth of English Industry and Commerce During the Early* and *Middle Ages*(2 vols. ,4th ed. ,1904).

Ballagh,J. C. *White Servitude in Virginia*(1905).

Bowden,Witt. *Industrial Society in England Towards the End of the Eighteenth Century*(1925).

Cheyney,E. P. *History of England from the Defeat of the Armada to the Death of Elizabeth*(2 vols. ,1924—1926); *Industrial and Social History of England* (rev. ed. ,1923).

Cunningham,W. *Alien Immigrants to England*(1897).

George,D. *London Life in the Eighteenth Century*(1926).

McCormac,E. I. *White Servitude in Maryland*(1904).

Prothero,R. E. *English Farming*,*Past and Present*(1912).

Unwin,George. *Industrial Organization in the Sixteenth and Seventeenth Centuries*(1904).

Webb,S. and B. *English Poor Law History*. part Ⅰ,The Old Poor Law (1927—1929).

法国

Levasseur,E. *Histoire des classes ouvrières et de l'industrie en France avant 1789* (2 vols. ,2nd ed. ,1900—1901).

Clément,P. *Histoire de Colbert et de son administration*(2 vols. ,1892).

Martin,G. *La Grande Industrie sous la règne de Louis XV*(1899).

Renard,G. ,and Weulersse,G. *Life and Work in Modern Europe*(1926).

Rambaud,A. *Histoire de la civilisation française*(2 vols. ,9th ed. ,1921).

Sargent,A. J. *The Economic Policy of Colbert*(1899).

Sée,Henri. *Economic and Social Conditions in France During the Eighteenth Century*(1927).

德国

Marriott,J. A. R. ,and Robertson,C. G. *The Evolution of Prussia*(1915).

Schevill,F. *The Making of Modern Germany*(1916).

原始资料

Defoe,Daniel. *Giving Alms No Charity*(1704).

Mandeville,Bernard. *Fable of the Bees* (1714); *Essay on Charity and Charity*

Schools(1723).

Statutes of the Realm. 5 Elizabeth c. 4.

Young, Arthur. *Six Months Tour through the North of England* (4 vols. ,1770).

2. 资产阶级的出现

普通

Sombart, W. *Der Bourgeois* (1912). Tr. by M. Epstein as *The Quintessence of Capitalism.*

D'Avenel, G. *La Fortune privée à travers Sept siècles* (1897).

Rogers, Thorold. *A History of Agriculture and Prices in England* (7 vols. , 1866—1892).

Law, Alice. "The English Nouveaux Riches the Fourteenth Century". *Transactions Royal Historical Society*, vol. Ⅸ (n. s.), p. 49.

Hall, Hubert. *Society in the Elizabethan Age* (4th ed. ,1901).

Perkins. J. B. *France Under the Regency* (1892).

作为财富来源的劫掠

Prescott, W. H. *History of the Conquest of Mexico* (2 vols.); *History of the Conquest of Peru* (2 vols.).

Exquemelin, A. G. *The Buccaneers and Marooners of America* (1891).

Gasquet, F. A. *Henry Ⅷ and the English Monasteries* (2 vols. ,1889).

作为财富来源的奴隶制

Wilson, H. *History of the Rise and Fall of the Slave Power in America* (3 vols. , 4th ed. ,1875).

Cairnes, J. E. *The Slave Power* (2nd ed. ,1863).

Bassett, J. S. *Slavery and Servitude in the Colony of North Carolina* (1896).

Day, Clive. *The Dutch in Java* (1904).

Heyd, W. von. *Histoire du Commerce du Levant au Moyen Age* (2 vols. ,Leipzig, 1885—1886).

Helps, A. A. *The Spanish Conquest in America* (4 vols. ,1900—1904).

作为消费者的资产阶级

Defoe, Daniel. *The Compleat English Tradesman* (2 vols. , 1725 — 1727); *The*

Compleat English Gentleman(1890).

Sombart,W. *Luxus und Kapitalismus.*

Neuberger,Gtto. *Die Mode*：*Wesen*,*Entstehen and Wirken*(1913).

Tilley,A. *Modern France*(1922).

Weeden,W. B. *Economic and Social History of New England*(2 vols. ,1890).

3. 企业家

Clément,P. *Histoire de Colbert et de son administration*(2 vols. ,3rd ed. ,1892).

Sargent,A. J. *The Economic Policy of Colbert*(1899).

Clark,H. W. *History of English Nonconformity*(2 vols. ,1911—1913).

Cunningham,W. *Alien Immigrants to England*(1897).

Baird,C. W. *History of the Huguenot Emigration to America*(2 vols. ,1885).

Berg,W. E. J. *De Refugies en de Nederlanden*(2 vols. ,1845).

Elgas,B. A. *The Jews of South Carolina*(1903).

Hyamson,A. *A History of the Jews in England*(1908).

Sombart,W. *The Jews and Modern Capitalism*(1912).

第三篇

第六章

普通

Sombart,W. *Der moderne Kapitalismus.* Vol. Ⅱ ,pp. 23—173.

Fagmez,G. *L'Economie sociale de la France sous Henri Ⅳ*(1897).

Weber,Max. *General Economic History*(1927). chap. ⅩⅦ.

"商行"、"实体"、簿记

Anderson,Adam. *An Historical and Chronological Deduction of the Origin of Commerce*(6 vols. ,1790).

Child,Josiah. *A Discourse of Trade*(1668 and many later editions).

Ehrenberg,R. *Capital and Finance in the Age of the Renaissance*(1928). See index, s. v, *ditta di Borsa.*

Jager,E. L. *Luca Pacioli und Simon Stevin*(1876).

Postlethwayt, M. *The Universal Dictionary of Trade and Commerce* (2 vols., 1754).

Geijsbeek, John B. *Ancient Double-Entry Bookkeeping: Lucas Pacioli's treatise… reproduced and translated, etc.* (1914).

Savary des Bruslons, J. *Dictionnaire universel de commerce* (1732).

Scott, V. R. *The Joint-Stock Companies* (3 vols., 1912).

Weber, Max. *Die Handelsgesellschaften des Mittelalters* (1889).

Woolf, A. H. *A Short History of Accountants and Accountancy* (1912).

商业风格

Defoe, Daniel. *The Compleat English Tradesman; Robinson Crusoe.*

Franklin, Benjamin. *Autobiography.*

Namier, L. B. "Brice Fisher, M. P., a Mid-Eighteenth Century Merchant and His Connections". *English Historical Review*, 42:514—532.

Savary, J. *Le Parfait Négociant* (1675).

Tawney, R. H. *Religion and the Rise of Capitalism* (1926).

第七章

普通

Sombart, W. *Der moderne Kapitalismus.* vol. II, pp. 185—418.

Cunningham, W. *Growth of English Industry and Commerce, Modern Times* (2 vols.); *Western Civilization* (2 vols.).

Day, Clive. *A History of Commerce* (1904).

Geistbeck, M. *Der Weltverkehr* (1895).

Gras, N. S. B. *Introduction to Economic History* (1922). sec. 41.

Hewins, W. A. S. *English Trade and Finance.*

Knight, Barnes, and Flügel. *Economic History of Europe in Modern Times* (1928). chap. II. See also pp. 363—368.

Levasseur, E. *Histoire des classes ouvrières et de l'industrie en France avant 1789* (2 vols., 1901).

Renard and Weulersse. *Life and Work in Modern Europe* (1926). See index, s. v. Monopolies, Trade, Canals, Roads, River Transport, Postal Systems.

Ricard, J. P. *Le Négoce d'Amsterdam* (1710).

Weber, Max. *General Economic History* (1927).
Westerfield, R. B. *Middlemen in English Business* (1915).

周期与危机

Aftalion, A. *Les Crises périodiques de surproduction* (1913).

Ashley, W. J. *The Economic Organization of England* (1914).

Juglar, C. *Des crises commerciales et de leur retour périodique en France, en Angleterre et aux Etats Unis* (2nd ed., 1889).

George, M. Dorothy. *London Life in the Eighteenth Century* (1926).

Mitchell, W. C. *Business Cycles* (1913); *Business Cycles: The Problem and Its Setting* (1927).

运输方式

Forbes and Ashford. *Our Waterways* (1906).

Foville, A. de. *La Transformation des moyens de transport et ses conséquences économiques et sociales* (1880).

Jackmann, W. T. *The Development of Transportation in Modern England* (2 vols., 1916).

Letaconnoux, J. "Les Transports en France au XVIIIe siècle". *Revue de l'histoire moderne*, 11:97, 269.

Porter, G. R. *Progress of the Nation* (new ed., 1912).

Pratt, E. A. *A History of Inland Transportation and Communication in England* (1912).

Sax, Emil. *Die Verkehrsmittel in Volks und Staatswirtschaft* (2 vols., 1878—1879).

Smiles, S. *Lives of the Engineers* (3 vols., 1861—1862).

邮政系统

Rothschild, A. de. *Histoire de la poste aux lettres* (1873).

Sampson, H. *A History of Advertising from the Earliest Time* (1875).

Williams, J. B. *Early History of London Advertisement in the Nineteenth Century* (1907).

Besant, W. *London in the Eighteenth Century* (1902).

Karwill, V., ed. *Fugger News-Letters, Being a Selection of Unpublished Letters from the Correspondents of the House of Fugger During the Years 1568—1605* (2 series, 1924, 1926; trans. by P. de Chary from Fugger-Zeitungen, Vienna, 1923).

第八章

Sombart, W. *Der moderne Kapitalismus.* Vol. Ⅱ, 419—585.

Anderson, A. *Origins of Commerce* (6 vols., 1790).

Cunningham, W. *Growth of English Industry and Commerce* (2 vols., 1915—1921).

George, M. Dorothy. *London Life in the Eighteenth Century* (1926).

Hazlitt, W. C. *The Livery Companies of the City of London* (1892).

Kerr, A. B. *Jacques Coeur* (1927).

Levasseur, E. *Histoire du commerce de la France* (2 vols., 1911—1912).

Postlethwayt, M. *Dictionary of Commerce* (2 vols., 1754).

Renard and Weulersse. *Life and Work in Modern Europe* (1926). See index, s. v. Fairs, Amsterdam, and Antwerp.

Ricard, J. P. *Le Négoce d'Amsterdam* (1710).

Savary (the younger). *Dictionnaire universel de commerce* (1726); Supplément (1732).

Savary, J. *Le Parfait Négociant* (1675).

Usher, A. P. *The History of the Grain Trade in France* (1913).

Vidal, E. *The History and Methods of the Paris Bourse* (1910).

Weber, Max. *General Economic History* (1927). chap. ⅩⅩⅤ.

Westerfield, R. B. *Middlemen in English Business* (1915).

Wright, Richardson. *Hawkers and Walkers in Early America* (1927).

第九章

普通

Sombart, W. *Der moderne Kapitalismus.* vol. Ⅱ, pp. 589—908.

Clapham, J. H. *The Economic Development of France and Germany, 1815—1914* (1921).

Cooke-Taylor, R. W. *The Modern Factory System* (1891).

Gibbins, H. de B. *Economic and Industrial Progress of the Century* (1903).

Hobson, J. A. *The Evolution of Modern Capitalism* (1926).

Knight, Barnes, and Flügel. *Economic History of Modern Europe* (1928). chaps. Ⅲ, Ⅳ.

MacGregor, D. H. *The Evolution of Industry* (1911).

Mantoux, P. *La Révolution industrielle au* ⅩⅧ^e, *siècle* (1906). English translation, 1930.

Ogg and Sharp. *The Economic Development of Modern Europe* (1926). parts Ⅰ and Ⅱ, passim.

Renard and Weulersse. *Life and Work in Modern Europe* (1926). See index, s. v. Domestic Industry, Factories, Industry.

Ure, A. *The Philosophy of Manufactures* (1835).

Schultze-Gaevernitz, G. von. *The Cotton Trade in England and on the Continent* (1895).

英国

Ashley, W. J. *The Economic Organization of England* (1914). Lectures Ⅶ, Ⅷ.

Bowden, W. *Industrial Society in England Towards the End of the Eighteenth Century* (1925).

Boyd, R. N. *Coal Pits and Pitmen* (1892).

Cheyney, E. P. *Industrial and Social History of England* (rev. ed., 1923).

Clapham, J. H. *The Woolen and Worsted Industries* (1907).

Cunningham, W. *The Growth of English Industry and Commerce* (6th ed., 1915—1921).

Curtler, W. H. R. *A Short History of English Agriculture* (1909).

Gonner, E. C. K. *Common Land and Enclosures* (1912).

Halevy, E. *A History of the English People* (2 vols., 1924—1927).

Hammond, J. L., and Barbara. *The Town Laborer* (1917); *The Skilled Laborer* (1919); *The Rise of Modern Industry* (1926).

Prothero, R. E. *English Farming, Past and Present* (1912).

Slater, G. *The English Peasantry and the Enclosure of Common Fields* (1907); *The Making of Modern England* (1913).

Toynbee, A. *Lectures on the Industrial Revolution in England* (1884).

Unwin, G. *Industrial Organization in the Sixteenth and Seventeenth Centuries* (1904).

Usher, A. P. *The Industrial History of England* (1920).

法国

Levasseur, E. *Histoire des classes ouvrières et de l'industrie en France avant 1789* (2 vols., 1901—1920). Also continued under the same title, 1789—1870 (2 vols., 1903).

Chaptal de Chanteloup, J. A. C. *De l'industrie française* (2 vols., 1819).

Kovalesky, M. *La France économique et sociale à la vieille de la Revolution* (2 vols., 1909).

Laribe, A. *L'Evolution de la France agricole* (1912).

Lavergne, L. de. *Economie rurale de la France depuis 1789* (1921).

Forrester, R. B. *The Cotton Industry in France* (1921).

德国

Daivson, W. H. *The Evolution of Modern Germany* (1914); *Industria Germany* (1912).

Deliux, R. M. R. *The German Cotton Industry* (1913).

Sombart, W. *Die deutsche Volkswirtschaft im XIX Jahrhundert* (1903).

Wendel, H. C. M. *Evolution of Industrial Freedom in Prussia, 1845—1849* (1921).

原始资料

Bland, Brown, and Tawney. *English Economic History, Select Documents.*

Bourgin, G. and H. *Le Régime de l'industrie en France de 1814 à 1830* (1912). Texts.

第十章

普通

Sombart, W. *Der moderne Kapitalismus.* vol. II, pp. 943—1107.

Bourne, H. E. *The Revolutionary Period in Europe* (1915).

Cunningham, W. *Western Civilization in Its Economic Aspects* (2 vols., 1893—1900).

Kovalevsky, M. *Die ökonomische Entwicklung Europas bis zum Beginn der kapi-*

talistischen Wirtschaftsform(7 vols. ,1901—1914).

Ogg and Sharp. *The Economic Development of Modern Europe*(1926).

Renard and Weulersse. *Life and Work in Modern Europe*(1927). See index, s. v. Aristocracy, Imports, Monopolies, Population, Trade (foreign), Work-people; and, especially, see the conclusion.

Smith, Preserved. *The Age of the Reformation*(1920). chap. XI.

Oddy, Jepson. *European Commerce*(1985).

重商主义

Gide, C. , and Rist, C. *History of Economic Doctrines from the Time of the Physiocrats to Our Own Day*(1915).

Schmoller, G. *The Mercantile System and Its Historical Significance*(1910).

Sheffield, Lord. *Observations on the Commerce of the American States*(1784).

Smith, Adam. *The Wealth of Nations*(1776).

Spengler, Oswald. *Preussentum und Socialismus*(1921).

Thomas, P. J. *Mercantilism and the East India Trade*.

社会的重新分层

Botsford, J. B. *English Society in the Eighteenth Century as Influenced from Oversea*(1924).

Corti, Egon (Count). *The Rise of the House of Rothschild*(1928).

Feuchtwanger, L. *Power*(1926).

Gillespie, J. E. *The Influence of Oversea Expansion on England to 1700*(1920).

Gretton, R. H. *The English Middle Class*(1917).

Kovalesky, M. *La France économique et sociale à la vieille de la Revolution* (2 vols. ,1909—1911).

Namier, L. B. "Brice Fisher, M. P. , a Mid-Eighteenth Century Merchant and His Connections". *English Historical Review*, 42:514—532.

Nussbaum, F. L. *Commercial Policy in the French Revolution*(1923); "American Tobacco and French Politics, 1783 to 1789". *Political Science Quarterly*, Dec. , 1925; "The French Colonial Arrêt of August 30, 1784". *South Atlantic Quarterly*, Apr. , 1928.

Sée, Henri. *Economic and Social Conditions in France During the Eighteenth Century* (1927); *La Vie économique et les classes sociales en France au* XVIIIe, siècle.

Young, Arthur. *Travels During the Years 1757, 1788, and 1789* (in France) (2 vols., 1794).

第四篇
第十一章

普通

Sombart, W. *Der moderne Kapitalismus*. vol. Ⅲ, pp. 3—41.

资本主义的领导地位

Bagehot, Walter. *Lombard Street* (1872).

Brookings, R. S. *Industrial Ownership, Its Economic and Social Significance* (1925).

Carlioz, J. *Le Gouvernement des enterprises commerciales et industrielles* (1921).

Chapman, S. J., and Marquis, F. "The Recruiting of the Employment Classes from the Ranks of Wage-Earners in the Cotton Industry". *Journal of Royal Statistical Society*, 5:75 (Feb., 1912).

Dobb, Maurice. *Capitalistic Enterprise and Social Progress* (1925).

Hammersley, S. S. *Industrial Leadership* (1925).

Hawley, F. B. *Enterprise and the Productive Progress* (1907).

Kuh, Felix. *Arbeiterschaft und Unternehmertum in Wirtschaft und Staat* (1923).

Sombart, W. *The Quintessence of Capitalism* (1913); *The Jews and Modern Capitalism* (1913).

Tarbell, Ida M. *The History of the Standard Oil Company* (2 vols., 1904).

Taussig, F. W. *Inventors and Moneymakers* (1913).

Veblen, Thorstein. *The Theory of Business Enterprise* (1904); *Absentee Ownership and Business Enterprise in Recent Times* (1923); *The Instinct of Workmanship* (1914).

传记

Barrett, Walter. *The Old Merchants of New York City* (2 vols., 1862—1863).

Ford, Henry. *My Life and Work* (1926).

Hendrick, B. J. *The Age of Big Business* (1920).

Hughes, John. *Liverpool Banks and Bankers* (1906).

Myers, Gustavus. *History of the Great American Fortunes* (3 vols. , 1911).

Pinner, Felix. *Deutsche Wirtschaftsführer* (1924).

Riedler, A. *Emil Rathenau* (1916).

Smiles, Samuel. *Men of Invention and Industry* (1884); *Life and Industry* (1887).

Wiedenfeld, Kurt. *Die deutsche Wirtschaft und ihre Führer* (announced).

第十二章

普通

Sombart, W. *Der moderne Kapitalismus*. vol. III , pp. 42—73.

Knight, Barnes, and Flugel. *The Economic History of Europe in Modern Times* (1928).

Ogg and Sharp. *The Economic Development of Modern Europe* (1926).

现代国家

Laski, Harold. *Authority in the Modern State* (1919).

Meinecke, Fr. *Die Idee der Staatsräson in der neueren Geschichte* (1924).

Tonnies, F. *Gemeinschaft and Gesellschaft* (1887).

Weber, Alfred. *Die Krise des modernen Staatsgedanken in Europa* (1925).

国内政策

Cunningham, W. *The Growth of English Industry and Commerce in Modern Times* (1903).

Fisher, Irving. *The Purchasing Power of Money* (1913).

Leist, A. *Privatrecht und Kapitalismus im XIX Jahrhundert* (1911).

Levasseur, E. *Histoire des classes ouvrières et de l'industrie en France de 1789 à 1870* (2nd ed. , 1903).

Myers, G. *History of the Great American Fortunes* (3 vols. , 1911).

Rogers, Thorold. *The Industrial and Commercial History of England* (2 vols. , 1895).

De Ruggiero, Guido. *Storia del liberalismo Europeo* (1925).

Sée, Henri. *Esquisse d'une histoire du régime agraire en Europe aux XVIIIᵉ et XIXᵉ, siècle* (1921).

Sombart, W. *Deutsche Volkswirtschaft im XIX Jahrhundert* (6th ed., 1925).

Sugar, Otto. *Die Industrialisierung Ungarns unter Beihilfe des Staats und der Kommune* (1908).

Haney, L. T. *A Congressional History of Railroads in the United States, 1850 to 1887* (1910).

对外经济政策

Ashley, P. *Modern Tariff History* (2nd ed., 1910).

Bastable, C. F. *The Commerce of Nations* (9th ed. rev. by T. E. Gregory, 1923).

Bonn, M. J. *Der moderne Imperialismus* (1913).

Bowman, I. *The New World* (1922). Several later editions.

Cunningham, W. *Rise and Decline of the Free Trade Movement* (1904).

Dilke, C. *Problems of Greater Britain* (1890).

Fried, A. H. *Das internationale Leben der Gegenwart* (1908).

Fullerton, W. M. *Problems of Power* (1913).

Hobson, J. A. *Imperialism: A Study* (1902).

Hughan, Jessie W. *A Study of International Government* (1925).

Lenz, Friedrich. *Macht und Wirtschaft* (1916).

Madelin, L. *L'Expansion française* (1918).

Meredith, H. O. *Protection in France* (1904).

Nearing, S., and Freeman, J. *Dollar Diplomacy: A Study in American Imperialism* (1925).

Reinsch, Paul S. *Public International Unions* (1916).

Seeley, J. R. *The Expansion of England* (1883).

Taussig, F. W. *The Tariff History of the United States* (7th ed., 1923; 8th ed., 1931).

Veblen, Thorstein. *Imperial Germany and the Industrial Revolution* (1915).

Wallace, W. K. *Greater Italy* (1917).

Weber, Max. *Der Nationalstaat und die Volkswirtschaftspolitik* (1895).

Zimmermann, A. *Die Handelspolitik des Deutschen Reichs vom Frankfurter Frieden bis zur Gegenwart* (1899).

第十三章

普通

Sombart, W. *Der moderne Kapitalismus.* vol. Ⅲ, pp. 74—124.

Byrn, E. W. *The Progress of Invention in the Nineteenth Century* (1900).

Chase, Stuart. *Men and Machines* (1929).

Du Bois-Reymond, A. *Erfindung und Erfinder* (1907).

Hammond, J. L., and Barbara. *The Rise of Modern Industry* (3rd ed., 1927).

Pacoret, Etienne. *La Machinisme universelle ancienne, moderne et contemporaine* (1925).

Rossman, J. *The Psychology of the Inventor* (1931).

Scheler, Max. *Die Wissensformen und die Gesellschaft* (1926).

Spengler, Oswald. *Man and Technics* (1932).

Taussig, F. W. *Inventors and Money-Makers* (1925).

Ure, Andrew. *The Philosophy of Manufactures* (1835).

Usher, A. P. *A History of Mechanical Inventions* (1929).

Veblen, Thorstein. *The Instinct of Workmanship* (1914).

发明与技术发展的特殊路线

Binz, A. *Ursprung und Entwicklung der chemischen Industrie* (1910).

Diesel, R. *Die Entstehung der Dieselmotors* (1912).

Mach, Ernst. *Die Mechanik in der Entwicklung* (8th ed., 1921).

Muirhead, James. *The Origin and Progress of the Mechanical Invention of James Watt* (3 vols., 1854).

Slosson, E. *Creative Chemistry* (1920).

Thruston, R. H. *History of the Steam Engine* (1894).

Stieglitz, Julius. *Chemistry in Medicine* (1929).

发明家传记

Bessemer, Sir H. *An Autobiography* (1905).

Pinner, F. *Emil Rathenau und das elektrische Zeitalter* (1918).

Siemens, W. *Lebenserinnerungen* (12th ed., 1922).

Smiles, Samuel. *Lives of the Engineers* (1884).

Jeans, W. T. *The Creators of the Age of Steel* (1884).

第十四章

普通

Sombart. W. *Der moderne Kapitalismus*. vol. Ⅲ. pp. 127—303.

"资本"的概念

Fisher, Irving. "Precedents for Defining Capital". *Quarterly Journal of Economics*, May, 1904.

Marx, Karl. *Das Kapital* (1867). Tr. as *Capital: A Critical Analysis* (1887).

Bober, M. M. *Karl Marx's Interpretation of History* (1927).

Hawley, F. B. *Enterprise and the Productive Process* (1907).

Passow, R. *Kapitalismus* (1918).

Veblen, Thorstein. *The Theory of Business Enterprise* (1904).

1. 货币与信用

货币资本的发展与集中

Corti, Egon. *The Rise of the House of Rothschild* (1928); *The Reign of the House of Rothschild* (1928).

Ehrenberg, R. *Grosse Vermögen: Ihre Entstehung und ihre Bedeutung* (1905).

Giffen, Robert. *The Growth of Capital* (1890).

Helfferich, Karl. *Deutschlands Volkswohlstand*, 1888—1913 (1913).

Hendrick, B. J. *The Age of Big Business* (1920).

King, Wilford I. *The Wealth and Income of the People of the United States* (1923).

Money, L. C. *Riches and Poverty* (1910).

Myers, G. *History of the Great American Fortunes* (3 vols., 1911).

Robertson, J. M. *The Fallacy of Saving* (1892).

Taussig, F. W. *Inventors and Moneymakers* (1913).

信用

Bagehot, Walter. *Lombard Street* (1873; new ed., 1917).

Conant, C. A. *A History of Modern Banks of Issue* (6th ed., 1927).

Crane, W. R. *Gold and Silver* (1908).

Fisher, Irving. *The Purchasing Power of Money* (1913).

Hilferding, R. *Das Finanzkapital* (1910).

Minty, L. LeM. *English Banking Methods* (1925).

Sumner, W. G., et al. *A History of Banking in All the Leading Nations* (4 vols., 1896).

Taylor, W. G. L. *The Credit System* (1913).

2. 作为资本的商品

普通

Levy, Hermann. *Die Grundlagen der Weltwirtschaft* (1924).

Barker, J. E. *Modern Germany, Her Political and Economic Problems* (5th. ed., 1915).

Ogg and Sharp. *The Economic Development of Modern Europe* (1926).

增长了的商品生产

Clapham, J. H. *The Economic Development of France and Germany, 1815—1914* (1921).

Knowles, L. C. *The Industrial and Commercial Revolutions in Great Britain During the Nineteenth Century* (2nd ed., 1922).

Marshall, Alfred. *Industry and Trade* (1919).

McVey, F. L. *Modern Industrialism* (1914).

提高了的商品可用性

Kirkaldy, A. W., and Evans, A. D. *The History and Economics of Transport* (1915).

Critchell, J. T., and Raymond, J. *The History of the Frozen Meat Trade* (1912).

Day, Clive. *History of Commerce* (rev. ed., 1922).

Howard, E. D. *Cause and Extent of the Recent Industrial Progress of Germany* (1907).

Levasseur, E. *Histoire du commerce de la France de 1789 à nos jours* (1912).

Jackman, W. T. *The Development of Transportation in Modern England*

(2 vols. ,1916).

Lotz, W. *Verkehrsentwicklung in Deutschland seit 1800* (4th ed. ,1920).

Pogson, G. A. *Germany and Its Trade* (1903).

Smith J. Russell. *The World's Food Resources* (1919).

Whelpley, J. D. *The Trade of the World* (1913).

原始资料

Statistisches Jahrbuch (Germany).

Annuaire statistique (France).

Statistical Abstract (United Kingdom).

Statistical Abstract (British Empire).

Statistical Abstract (United States).

Rand, B. , ed. *Selections Illustrating Economic History Since the Seven Years' War* (2nd ed. ,1902).

第十五章

普通

Sombart, W. *Der moderne Kapitalismus*. Vol. III , pp. 304—469.

人口理论

Wright, Harold. *Population* (1923).

Leroy-Beaulieu, P. *La Question de la population* (1913).

Kautsky, Karl. *Vermehrung und Entwicklung in Natur und Gesellschaft* (1910).

Gonnard, René. *Histoire des doctrines de la population* (1923).

人口的增长与流动

Bodenstein, N. , and von Stojentin, M. *Der Arbeitsmarkt in Industrie und Landwirtschaft* (1909).

Cunningham, W. *Growth of English Industry and Commerce in Modern Times* (1903).

Dawson, W. H. *The Evolution of Modern Germany* (1908).

Daudet, E. *Histoire de l'émigration* (3 vols. , new ed. ,1904—1907).

Fairchild, H. P. *Immigration, a World Movement, and Its American Significance*

(1925).

Foerster, R. F. *The Italian Emigration of Our Times* (1924).

Gonnard, R. *L'Emigration européenne au XIXe siècle* (1906).

Hainisch, M. *Die Landflucht* (1924).

Hourwich, I. A. *Immigration and Labor* (1912).

Howe, F. C. *The Modern City and Its Problems* (1917).

Johnson, S. C. *A History of Emigration from the United Kingdom to North America, 1763—1912* (1914).

Knowles, L. C. *The Industrial and Commercial Revolutions in England in the Nineteenth Century* (2nd ed., 1922).

Levasseur, E. *La Population française* (1889).

Lewinski, Jan. *L'Evolution industrielle de Belgique* (1911).

Monckmeier, W. *Die deutsche uberseeische Auswanderung* (1912).

Nitti, F. *Population and the Social Problem* (1894).

Ogg and Sharp. *The Economic Development of Modern Europe* (1926).

Paterson, J. W. *Rural Depopulation in Scotland* (1896).

Roxby, P. M. "Rural Depopulation in England During the XIX Century". *Nineteenth Century*, 71 (1912): 174—190.

Smith, R. M. *Emigration and Immigration* (1890).

Souchon, A. *La Crise de main d'oeuvre agricole en France* (1914).

Weber, A. F. *The Growth of Cities in the Nineteenth Century* (1899).

Willcox, W. F. "The Expansion of Europe in Population". *American Economic Review*, Dec., 1915.

人口的技术适应

Ure, Andrew. *Philosophy of Manufactures* (1849).

Weber, Max. *Die protestantische Ethik und der Geist des Kapitalismus*.

Babbage, Charles. *On the Economy of Machinery and Manufactures* (1837).

Bücher, Karl. *Industrial Evolution* (1901).

Munsterberg, Hugo. *Psychology and Industrial Efficiency* (1913).

Tawney, R. H. *The Acquisitive Society* (1920).

Veblen, Thorstein. *The Instinct of Workmanship* (1914).

工资

Clark, J. B. *The Distribution of Wealth* (1902).

Brassey, T. *Work and Wages* (2 vols., 1904—1908).

Schoenhof, J. *The Economy of High Wages* (1893).

Hobson, J. A. *The Evolution of Capitalism* (1926).

Van Vorst, Bessie and Marie. *The Woman Who Toils* (1903).

Willbrandt, R. *Die Frauenfrage, ein Problem der Kapitalismus* (1906).

Drage, Geoffrey. *The Unemployed* (1894).

Beveridge, Albert. *Unemployment, a Problem of Industry* (3rd ed., 1912).

Rubinow, J. M. "The Recent Trend of Real Wages". *American Economic Review*, Dec., 1914.

Douglas, P., and Lamberson, F. "The Movement of Real Wages, 1890—1918". *American Economic Review*, Sept., 1921.

自由与强制

Wakefield, E. G. *A View of the Art of Colonization* (1849).

Leroy-Beaulieu, P. *De la colonisation chez les peuples modernes* (6th ed., 1908).

Bryce, James. *Impressions of South Africa* (1897).

Day, Clive. *The Dutch in Java* (1904).

Del Mar, Alexander. *History of the Precious Metals* (1902).

Wendel, H. C. M. *The Evolution of Industrial Freedom in Prussia, 1845—1849* (1921).

Hammond, J. L., and Barbara. *The Village Laborer from 1760 to 1832* (1919).

Bowden, Witt. *Industrial Society in England Towards the End of the Eighteenth Century* (1925).

第十六章

普通

Sombart. W. *Der moderne Kapitalismus*. vol. Ⅲ, pp. 470—711.

市场理论的发展

Taussig, F. W. *Principles of Economics* (1914).

Marshall, Alfred. *Principles of Economics* (8th ed., 1920).

Kyrk, Hazel. *The Theory of Consumption* (1923). Survey and bibliography.

Carver, T. N. *Principles of Political Economy* (1919).

需求的合理化

Bernays, E. L. *Crystallizing Public Opinion* (1925).
Mataja, V. *Die Reklame* (4th ed., 1927).
Neuberger, O. *Die Mode: Wesen, Entstehen und Wirkung* (1913).
Presbrey, Frank. *The History and Development of Advertising* (1929).

托拉斯与企业联合

Jenks, J. W. *The Trust Problem* (6th ed., 1925).
Jones, Eliot. *The Trust Problem in the United States* (1922).
Stevens, W. S. *Industrial Combinations and Trusts* (1913).

资本输出

Becque, E. *L'Internationalisation des capitaux* (1912).
Hobson, C. K. *The Export of Capital* (1914).
Jenks, L. H. *The Migration of British Capital to 1875* (1927).
Sartorius von Waltershausen, A. *Das volkswirtschaftliche System der Kapitalanlage im Ausland* (1907).
Veblen, Thorstein. *Theory of Business Enterprise* (1905).
Wilson, Charles. *De l'influence des capitaux anglais sur l'industrie européenne depuis la révolution de 1688 jusqu'à 1846* (1847).

劳动力市场的管理

Webb, S. and B., eds. *History of Trade Unionism* (1920); *The Public Organization of the Labor Market* (1909).

危机及其控制

Aftalion, A. *Les Crises périodiques de surproduction* (1913).
Anderson, B. M. *The Value of Money* (1917).
Clark, J. M. *Social Control of Business* (1926).
Edie, L. D. *The Stabilization of Business* (1923).
Fisher, Irving. *The Purchasing Power of Money* (1911).
Foster, W. T., and Catchings, W. *Profits* (1925).
Hansen, A. H. *Cycles of Prosperity and Depression in the United States, Great*

Britain, and Germany (1921).

Hardy, C. O. *Risk and Risk Bearing* (1923).

Juglar, C. *Des crises commerciales et de leur retour périodique en France, en Angletarre, et aux Etats-Unis* (2nd ed., 1889).

Lightner, O. *History of Business Depressions* (1922).

Mitchell, W. C. *Business Cycles: The Problem and Its Setting* (1927).

Mombert, P. *Einführung in das Studium der Konjunktur* (2nd ed., 1925). Bibliography.

National Industrial Conference-Board. *Public Regulation of Competitive Practices* (1925).

Patterson, R. H. *The New Golden Age* (2 vols., 1882).

Robertson, D. H. *A Study of Industrial Fluctuation* (1915).

Sprague, O. M. W. *A History of Crises Under the National Banking System* (1910).

第十七章

普通

Sombart, W. *Der moderne Kapitalismus*. vol. Ⅲ, pp. 712—948.

资本主义企业的融资

Edwards, G. W. *International Trade Finance* (1924).

Joseph, L. *Industrial Finance: A Comparison Between Home (British) and Foreign Development* (1911).

Meade, E. S. *Corporation Finance* (1912).

Passow, R. *Die A. G. (Allgemeine Gesellschaft)* (2nd ed., 1922).

Riesser, J. *The German Great Banks and Their Concentration* (1911).

Strasser, Karl. *Die deutschen Banken im Auslande* (2nd ed., 1925).

Thorp, W. L. *The Integration of Industrial Operations* (U. S. Census Monographs, Ⅲ, 1924).

Veblen, Thorstein. *Absentee Ownership* (1917).

托拉斯与卡特尔

British Ministry of Reconstruction. *Report of Committee on Trusts* (1919).

Cushing, A. *Voting Trusts* (1917).

Jenks, J. W. *The Trust Problem* (7th ed., 1929).

Jones, Eliot. *The Trust Problem in the United States* (1924).

Lawson, Thomas. *Frenzied Finance* (1911).

Macrosty, H. W. *The Trust Movement in British Industry* (1907).

Myers. G. *History of the Great American Fortunes* (3 vols., 1911).

Wiedenfeld, K. *Cartels and Combines* (1927).

Williams, D. J. *Capitalist Combination in the Coal Industry* (1924).

企业管理的知识化

Ashley, William (Sir). *Business Economics* (1926).

Brassey, T. *Work and Wages* (1872).

Clark, J. M. *Studies in the Economics of Overhead Costs* (1923).

Comstock, L. M. *Modern Retail Methods, Records and Accounting* (1925).

Duclos, Léon. *Les Transformations du commerce de detail en France au XIXe siècle* (1902).

Dutton, H. P. *Business Organization and Management* (1926).

Ford, Henry. *My Life and Work* (1922).

Jones, E. D. *The Administration of Industrial Enterprises* (1925).

Kimball, D. S. *Principles of Industrial Organization* (3rd ed., 1925).

Lincoln, E. E. *Applied Business Finance* (2nd ed., 1923).

Slosson, E. E. *Creative Chemistry* (1920).

Taylor, F. W. *Principles of Scientific Management* (1911).

Wegleben, Fritz. *Die Rationalisierung im deutschen Werkzeugmaschinenbau* (1924).

第十八章

普通

Gide, C., and Rist, C. *History of Economic Doctrines from the Time of the Physiocrats to the Present Day* (1915).

Boucke, O. F. *The Development of Economics* (1921).

Haney, L. H. *History of Economic Thought* (1911).

Encyclopaedia of the Social Sciences. Article "Economics" by several authors.

Birnie, Arthur. *An Economic History of Europe* (1930). chap. Ⅶ, "Socialism and the Social Problem".

Knight, M. M., Barnes, H. E., and Fluegel, F. *Economic History of Europe in Modern Times* (1928). pp. 410—433.

作为一门科学的经济学

Böhm-Bawerk, E. von. *Capital and Interest: A Critical History of Economic Theory* (Eng. tr., 1890).

Keynes, J. N. *The Scope and Method of Political Economy* (1890).

Marriott J. A. R. *Economics and Ethics* (1923).

Patten, S. N. *The Premises of Political Economy* (1885).

Tugwell, R. G., ed. *The Trend of Economics* (1924).

Young, A. A. "Some Limitations of the Value Concept". *Quarterly Journal of Economics*, 25:409—428 (1911).

社会主义

Böhm-Bawerk, E. von. *Karl Marx and the Close of His System* (Eng. tr., 1898).

Carpenter, Niles. *Guild Socialism* (1922).

Cole, G. D. H. *Guild Socialism* (1920).

Laidler, H. W. *A History of Socialist Thought* (1927).

Loria, Achille. *Karl Marx* (Eng. Tr., 1920).

Nicholson, J. S. *The Revival of Marxism* (1920).

Ruehle, O. *Karl Marx* (1929).

Seligman, E. R. A. *The Economic Interpretation of History* (1902).

Skelton, O. D. *Socialism: A Critical Analysis* (1911).

第十九章

普通

Sombart, W. *Der moderne Kapitalismus*. vol. Ⅲ, pp. 950—1000.

合作社

Blanc, E. T. *Cooperative Movement in Russia* (1924).

Cassau, T. O. *Consumers' Cooperative Movement in Germany* (1925).
Fay, C. R. *Cooperation at Home and Abroad* (3rd. ed., 1925).
Gide, Charles. *Consumers' Cooperative Societies* (1922).
Lloyd, E. A. *Cooperative Movement in Italy* (1926).
Lloyd, H. D. *Labour Co-partnership* (1898).
Schloss, D. F. *Methods of Industrial Remuneration* (2nd ed., 1894).
Webb, Sidney, and Webb, Beatrice. *The Consumers' Cooperative Movement* (1921).
Williams, Aneurin. *Twenty-eight Years of Co-partnership at Guise* (1908).
Howe, F. C. *Denmark: A Cooperative Commonwealth* (1921).

公有制

Guizot, Ives. *Where and Why Public Ownership Has Failed* (Eng. tr., 1914).
Thompson, Carl D. *Public Ownership* (1925).
Howe, F. C. *Socialized Germany; The Modern City and Its Problems* (1915).
Walling, W. E., and Laidler, H. W. *State Socialism Pro and Con* (1917).
Money, L. C. (Sir). *The Triumph of Nationalism*.

作者简介

弗雷德里克·路易斯·努斯鲍姆(Frederick Louis Nussbaum, 1885～1958年),美国历史学家,尤其致力于欧洲经济史的研究。努斯鲍姆出生于俄亥俄州的苹果溪,1906年毕业于康奈尔大学,获文学学士学位,1915年获宾夕法尼亚大学哲学博士学位,先后在西北大学、坦普尔大学和南卡罗来纳大学任教,1935年加盟怀俄明大学,担任欧洲史教授,直至1956年退休。努斯鲍姆的主要作品包括:《法国大革命时期的商业政策》(Commercial Policy in the French Revolution, 1923)、《现代欧洲经济制度史》(1933)和《科学与理性的胜利》(The Triumph of Science and Reason, 1953)。

译后记

在西方的史学传统中,经济史算得上是一个颇为显赫的分支,涉足这一领域的,不乏名师大家,像马克斯·韦伯、汤因比、布罗代尔和詹姆斯·W.汤普逊等人,卡尔·马克思就更不用说了。然而,在这一领域,有一个人和一本书却不能不提到,那就是桑巴特的《现代资本主义》。桑巴特是德国经济学家和社会学家,新历史学派的代表人物,他的这部纪念碑式的作品以宏阔的视野,全面展现了现代资本主义的萌芽、兴起和发展,煌煌六大册,共计3 000多页,堪称研究资本主义发展史的鸿篇巨制。但也正是因为它的篇幅,让普通读者望而却步,束手兴叹。

努斯鲍姆教授的《现代欧洲经济制度史》便是在这一背景下撰写和出版的,在某种程度上,此书可以说是《现代资本主义》的引论或导读,这一点,作者本人已经在序言中明确指出了。但是,正如作者自己所说的那样,他并没有局限于桑巴特的材料或阐述,通观全书,尤其是第四部分,比桑巴特的作品更多地用到了美国的数据和材料。说到这里,不免觉得《现代欧洲经济制度史》这个标题有容易引起误解的地方,在这里,欧洲并不纯粹是一个地理上的概念,从经济史的意义上看,用作者自己的话说,美国和日本是"现代资本主义欧洲的组成部分",因为,"经济史上的共同特征比地理或政治上的分离更加重要"。

关于本书的目的,作者在序言中已经明确交代了,他的两个"如果"是不是有效地实现了呢?我们不妨引用加利福尼亚大学梅尔文·奈特(Melvin M. Knight)教授的话:"努斯鲍姆教授的这本书,是介绍我们这个时代最有影响力的经济史著作的一部非常好的导论"[《政治经济学》杂志(The Journal of Political Economy)第42卷第2号]。研究经济史的同行能下这样的评语,也算是难得了。

这本书的篇幅虽然算不上多么厚重,但涵盖范围广,涉及时间长,翻译这样一本书,译者自知学殖浅陋,捉襟见肘,自然是不消说的,不当甚或错谬之处,还望读者方家不吝教正。

秦传安
2011 年 10 月 20 日,北京花家地